明朝的变局

土木之变

李应全 ／ 著

辽宁人民出版社

U0132131

© 李应全 2023

图书在版编目（CIP）数据

明朝的变局.土木之变 / 李应全著. —沈阳：辽
宁人民出版社，2023.8
　ISBN 978-7-205-10726-0

　Ⅰ.①明… Ⅱ.①李… Ⅲ.①中国历史—明代—通俗
读物 Ⅳ.① K248.09

中国国家版本馆 CIP 数据核字（2023）第 034572 号

出版发行：辽宁人民出版社
　　　　地址：沈阳市和平区十一纬路 25 号　邮编：110003
　　　　电话：024-23284191（发行部）　024-23284304（办公室）
　　　　http://www.lnpph.com.cn
印　　刷：北京长宁印刷有限公司天津分公司
幅面尺寸：165mm×235mm
印　　张：19
字　　数：288 千字
出版时间：2023 年 8 月第 1 版
印刷时间：2023 年 8 月第 1 次印刷
责任编辑：赵维宁
封面设计：东合社·安宁
版式设计：一诺设计
责任校对：吴艳杰
书　　号：ISBN 978-7-205-10726-0

定　　价：49.80 元

目 录
Mulu

第五章

北京！北京！

第一章

无根之人

人吧，这一生，说起来挺奇怪的，要吃要穿，然后就追求赚大钱、要大权，死了，再有个大墓，似乎一辈子就十分圆满了。当然不是人人都这么想，但是很多人是这么想的。人总得有个目标，不管是物质目标，还是精神目标，活起来才有劲，有个盼头。就像《沧浪之水》里面的一句话："人吧，活着就要活那一线光，谁不想往亮的地方走？"

本书所说的宦官，也有自己的一个小目标——做太监。不想做太监的宦官，不是好宦官。想做太监的宦官不能一步登天，都得先从工具人做起。

小宦官是上级宦官的工具，上级宦官是大太监的工具，大太监是皇帝的工具。宦官，说白了就是个忙里忙外的工具人，本质都一样。

工具人，人格被物化，失去自我，被当成工具使用。

工具人，受够了被当工具，还是脱不开身，还是要当工具，无非从小工具变成大工具，从不顺手的工具变成了别人手里顺手的工具。

这些人的人生，就像一个茧，忙忙碌碌耗尽短暂的一生，"为谁辛苦为谁忙"，有的功耀史册、化茧成蝶，有的到头来作茧自缚、遗臭万年。

我和孩子一起养蚕，观察它。在纸箱里撒下桑叶，它就开始咀嚼，不到半天工夫，桑叶便只剩下瘦骨嶙峋的叶子筋脉。它不停地吃桑叶，日复一日，直到长大，然后一圈一圈地吐丝，把自己一层一层地包裹起来。然后，留下蚕卵，化作飞蛾，扑扇翅膀飞走了，悄无声息地死了，留下一具像躯壳一样的蚕茧。

它的一生就这样短暂，如樱花，如朝露，似闪电，似海市蜃楼，这样为了他人、没有自我的一生何其悲哀，却又无可奈何。

它的活动范围就在这个小小的、逼仄的、暗无天日的箱子里，它全部的想法都花在吃桑叶上，它最后的成果就是或白花花或金灿灿的丝，把自己缠了一层又一层，犹如一个沉甸甸、空洞洞、固化的躯壳。

宦官，跟蚕一样，只是主子的工具人。他们没有自我，奉行着庸人哲学，早已阉割了自己的身体、自己的思想，只不过用自己的头脑，盛着别人的灵魂，用自己的脑袋做别人的跑马场，他们的小目标就是成为别人的化身。他们一生几乎就是在皇宫里转来转去、斗来斗去、上来下去，把全部的身心花在讨好皇帝、勾心斗角上，去追求披上一个沉甸甸、亮闪闪的躯壳——各个监的大太监。

这是一种神物，还是一种怪物？

宦官这个职业，是个神奇的存在。它的存在，是封建社会的必然产物，先有专制君主存在，而后必有被专制的宦官，自秦代以来，便由他们来管理宫中事务。

在明代朱元璋废除宰相后，司礼监太监是仅次于皇帝的政治存在，有时作用甚至超过内阁首辅。宦官或执掌权柄或影响政局，王振、曹吉祥、汪直、刘瑾、魏忠贤等都是如此，罪孽深重，延及数世，内阁反而成了"聋子的耳朵——摆设"。如果说国之将亡、必出妖孽，那么，这个妖孽不是妲己、杨贵妃、小周后这种替人背锅的"红颜祸水"，而是这些三尺铁碑都镇不住的阉竖、政客。

明代灭亡的几大关键因素除了君臣互相拆台、大礼仪之争、农民起义之外，另外一个原因就是宦官掌权。清代大学士傅以渐指出，有明三百年，事如一团乱丝，若其经营之弘远，继位君主之英伟，君臣上下一德而昌盛，上下隔离拆台而灭亡，宦官执掌权柄而罪孽延及数世，女祸造妖而祸发充盈朝廷，大礼议聚讼而思假天祭祖之难，盗贼蜂拥而起而思守令险陷之要，贾子有云："前事不忘，后事之师。"

宦官也有尊严。从不同朝代对宦官的称呼上，可以看出人们对被阉割的男人是鄙视、厌恶、不尊重的，蔑称他们为妇寺（寺为"侍"的古字）、小人、小臣、宦竖、阉人、阉竖，类似于嘲讽和辱骂了。从工作性质上，一部分宦官从事的是打扫卫生、看门保卫的工作，人们叫他们涓人（洒扫）、中涓、阍人（门卫）。但也有人恭维他们与皇帝关系比较近，叫他们为中贵、宠臣、幸臣、巷伯（因居住于宫巷）。此外有人叫他们为宦者、中官、内官、内臣、内侍、中监、内监、寺人、中人、中臣、常侍、中使等，属于中性称呼。

宦官们也是有尊严的人，对于蔑称，一向是非常抵制的，只可意会，不可言说，如果犯了忌讳，那排山倒海的惩罚将在前边等着你。王振是个阉人，但别人不能说他是个阉人、阉宦等，就跟说朱元璋做过和尚、叫花子一样，犯了天大的忌讳，他必定跟你死磕到底。

驸马都尉石璟是皇帝的女婿，于正统九年（1444），举报王振府上的家奴、阉人吕宝偷盗，只说了"阉宦"两个字，深深地刺痛了王振脆弱的玻璃心。他把驸马都尉抓进锦衣卫监狱折磨了一番。他连皇帝的女婿都敢动，试想哪个人敢说王振的生理缺陷呢？

另外一个高官也因为常骂"中官为老奴"，倒了大霉，发配充军。

罗绮，进士，任大理寺右寺丞，参赞宁夏军务，常常弹劾阿附王振的指挥任信、陕西署都指挥佥事陈斌，为他们所排挤，他们就想把罗绮弄走，落得耳根清净。

陈斌等人举报罗绮贪酷，但巡按监察御史调查发现，这些举报大多不实，没法治他。可是当宁夏总兵官、都督同知黄真又举报罗绮常常说"中官为老奴"等话的时候，王振坐不住了。

怒气冲天的王振把罗绮调回北京，三法司判处"大嘴巴"的罗绮赎徒还职。王振觉得还不过瘾，改令锦衣卫继续审问，因为锦衣卫指挥同知马顺是他的心腹，会按他的心思办事。

马顺直接判处罗绮谪戍辽东，王振这下才满意了。

说说"中官为老奴"，便能罚你充军，这在文明社会就是一桩奇闻，但在人治时代却是习以为常之事。

熬到王振死了，罗绮申诉冤情，景帝又不听。兵部尚书于谦、刑部尚书金濂双双举荐他复出，罗绮才从一个充军的罪囚成为右少卿。营救朱祁镇回北京时，罗绮以德报怨，作为李实的副手第一批出使瓦剌。

这老兄还是不吸取教训，管不住自己的一张大嘴，又被死去的王振坑了一把。罗绮已经是二品官的左副都御史了，得罪石亨被贬官，又被老家的人举报，说他与磁州同知龙约聊天时胡说八道。龙约说，天子朱祁镇仍宠信宦官，把香木刻成王振的形状安葬。罗绮笑道："朝廷失政，致吾辈降黜。"这一查处下来，逮捕罗绮，判处死刑、抄家，财产于文华门向百官展览，家属戍边充军，妇女没入浣衣局。罗绮熬到英宗死了，才被赦免为平民，还其家产。

君主专制制度下，祸从口出、罪行人定是常有的事情，没有任何言论自由可言，人们会因为一句逆耳之言而家破人亡。

百姓歧视宦官的观念，还跟一种刑罚有关——宫刑。

宦官之所以被人歧视，是因为没有"把儿"，从身体到心理都是残疾人。东汉以前还允许有"把儿"，东汉以后则把"把儿"弄丢了。

宫刑适用于重罪的犯人，为五种肉刑（指黥——刺面并着墨、劓——割鼻、刖——斩足、宫——割势、大辟——死刑）之中最为悲惨的刑罚，割除男人的生殖器，就是西汉史学家司马迁所受的刑罚，使男人没有性生活，并且断子绝孙，实在太狠毒了，比其他伤害身体的3种肉刑更残忍。

在古代，人的最大价值就在于传宗接代，承传禅续。而男人受宫刑后，断子绝孙，被认为是人生最悲惨的事情。

这些刑罚，都是专制君主制定出来的法律，用来吓唬、残害人民，使人民不敢轻易犯罪，但是人民不是吓大的，由于法网太密，以致人们违法犯罪如吃饭、喝水一般司空见惯，吓唬的效果有限。因此，《大诰》中将人"阉割为奴"的刑罚，于洪武二十八年（1395）废除。

其后的每个皇帝都宣布宫刑非法，三番五次屡申禁令，禁绝宫刑。仁宗下诏书说，文武诸司不得残暴地使用鞭打脊背等刑罚，不得擅自使用宫刑使人绝后，对于自宫者以"不孝"论处。但是，宫刑还是如野草一般难以根除，在民间和官场上还有很多事例。比如，宣帝时还在用腐刑，即使是知识分子也有被割掉生殖器的。英宗时期，将44名煮盐的囚犯施以宫刑，真是惨无人道的淫刑。但宫刑毕竟是被政府禁止的刑罚，此后数量越来越少了。

官员家里，也有阉割过的奴隶服务主人，但他们不是宦官。朱棣时期的锦衣卫指挥使纪纲，胆大妄为，迫害建文帝旧臣无数。其生活腐朽奢靡，在私宅里戴王冠、穿王服，让歌女奏乐敬酒、山呼万岁，做着黄袍加身的春秋大梦，并将数百名百姓阉割，充为左右，简直就像宫廷里使用宦官一样。由于宫刑是非法的，纪纲属于顶风作案。后来，纪纲蓄养大量亡命之徒，制造兵器以万计，以谋反罪被凌迟处死。

宦官尽管身世悲惨，身体和被宫刑的人一样，但是一旦进了宫，专供皇帝及其皇族役使，仿佛成了围绕在天上帝座周边的"宦"星，前途开始变得美妙了起来。

"宦"本来是天上星座的名称。历代的皇帝都自称天子，鼓吹当皇帝是荣膺天命、天命所归、奉天承运，不接受老百姓"王侯将相宁有种乎"的质疑。他的虚拟爸爸是天上的紫微大帝，住在北极星（又叫紫微星）的位置。而紫微星的西边也有 4 颗星陪伴，叫作"宦"星。

在地上，由明代宦官阮安当总设计师，模仿天上的布局营建北京的宫殿，就是今天的故宫。天子是地上的主宰，而这些身体残疾的奴仆陪伴在他身边，作为帝王的近幸者被称作"宦官"。

天子学说，这一套君权神授的说辞，笼罩着云山雾罩的神秘色彩，犹如一层狰狞的面具，掩盖着瘦小单薄的身体，越是神秘莫测，越能用来装神弄鬼、愚弄百姓，君主得以专制，百姓得以放弃自己的民主权利。天子自称是天的儿子，神通广大，法力无边，而老百姓只是听天由命、服务天子的"天民"。皇帝说自己的权力是上天赏赐给他的，拒绝承认权力来自人民，拒绝承认后世皇帝的权力来自传承先辈的开国功绩。

皇帝还认为他是地上的神，权力与生俱来，不受任何人间凡人的约束，只有高高在上、无所不知、最伟大、最公正、最无私的天，才是他的唯一主宰。除此之外，他没有制约，无所畏惧，人间的凡人对他无可奈何。如果天上打雷、下冰雹、长久干旱、流星雨爆发、发生地震，那就是天子有错，惹得天公爸爸发怒了，天子就要焚香祭天，写检讨书（罪己诏）反省言行，求得天公原谅。只有很少的英明的皇帝懂得"水能载舟，亦能覆舟"的道理。

农民起义军也纷纷模仿，玩起了"魔幻现实主义"的把戏，跟神仙"攀亲戚"，说自己是某某神仙转世、下凡，或者自己是什么神仙的亲属，揭竿而起。元末红巾军北伐，首领韩林儿称"小明王"；韩山童、刘福通起义，自称"明王出世"；朱元璋接手红巾军，定国号为大明，与白莲教有或多或少的关联。朱元璋称帝后，下诏严禁白莲教，并把取缔"左道邪术"写进《明律》（其实是宗教，并不是"左道邪术"），用法律形式固定下来，白莲教就逐渐衰落了。

皇帝通过营造金碧辉煌、精心设计的高大上的建筑，来体现他是天下的主宰。历代天子都模仿天象，在国家的正中心建造宫殿办公和居住，以和他的爸爸——天上的紫微大帝，保持步调一致。紫微大帝住在北极星（又叫紫微星）那个位置，那里有座叫紫微垣的宫殿。北极星独自居于天轴之上，是天下的枢纽和中心，为众星环绕。

那么，天子是地上的主宰，他独自居住于地轴上，是地上的枢纽和中心，被地上的子民和建筑环绕。

在明代朱棣时代，经过勘测，这个地轴就是北京城和宫城的中轴线，是贯穿南北的中央子午线，和天轴对应。

而朱棣的居住办公地，应该位于地轴线的轴心，就像紫微大帝居住在天的中心紫微垣一样，这样就能天人合一、人神合一，达到太极、无极的理想境界，体现皇帝是天下的真正主宰。

所以，皇帝的宫城叫紫禁城，那把龙椅，刚好位于地轴线的轴心上。

因为北极星周围星辰的景象分为3个区域——紫微、太微、天市，又叫三垣，所以朱棣就模仿三垣，在北京建造3个区域的建筑群和3道厚厚的城墙，展现天子的威严。

这样，宦官作为皇权的衍生物，就成了这些建筑群的常客。

一入皇宫深似海，宦官本为可怜虫。

这些可怜虫的来源有几种：

（一）战俘。云南人郑和被朱元璋俘虏后，被割掉生殖器进宫，做了航海家。永乐年间，英国公张辅占领交阯（今越南社会主义共和国北部地区），选了几个长相俊美的男孩阉割，送进北京皇宫，包括金英、范弘、王瑾、阮安、阮浪等人，有的做了司礼监太监，有的做了建筑设计师，有的则死于政治斗争。

（二）罪人的亲属。比如怀恩，本来姓戴，宣德初年因为其族兄、兵部侍郎戴纶被处死，其父亲太仆卿戴希文受到株连被抄家。幼童小戴入宫，成为悲惨的宦官，赐名为怀恩，在成化年间升为司礼监掌印太监。

（三）招募。民间男子报名，从小自愿进宫。正统十四年（1449）十一月，总兵官宁阳侯陈懋一次献上净身男童108人。

（四）私阉入宫。成功者如魏忠贤，是在中年落魄之时净身进宫，成为九千岁。

更多的是梦断皇宫的失败者。比如宣德十年（1435），皇帝下诏释放13名内官和自净身者回家。

有一对兄弟，相约自阉，由于选拔严重内卷而落选，生活无着，成了叫花子。

男人没了命根子，由雄性变得雌雄不分、非男非女，胡须脱落，声音变细，性格必然发生变化，个性变态，媚上欺下。你很难理解，究竟是怎么样的魔力，吸引他们不惜阉割为奴、卖身皇家。

当然，我们不要戴着有色眼镜去一律歧视宦官，不要认为只要是宦官，他就是坏人。宦官中也有杰出者，从东汉发明造纸术的蔡伦，到在唐朝创造"开元盛世"的过程中出谋划策的高力士，从明代七下西洋的郑和，到明末与崇祯皇帝一起殉葬的司礼监秉笔太监王承恩，为国建功立业、忠心护主的宦官也不在少数。

载之史册的明代杰出的宦官也不少。

郑和有将才。

朱棣获取全国政权后，武力攻打南北的野心开始膨胀，征服海洋的雄心也在滋长，于是派出郑和驰骋于海上。郑和首次下西洋的日期是1405年7月11日，所以，7月11日这一天便被定为中国的航海日。郑和一出手，就杀敌5000余人，擒获了海盗陈祖义。

永乐四年（1406）至永乐五年（1407），朱能、张辅、沐晟率军 80 万人征服安南。郑和的船队近可控制占城，远可控制满剌加。

永乐九年（1411）六月，锡兰（今斯里兰卡）国王亚烈苦奈儿及其家属率领 5 万余人，想灭了郑和。郑和对部下道："贼大众既出，国中必定空虚，且谓我客军孤怯，不能有作为，出其不意攻打它，可以得志。"于是，留下一部分人拼死抵抗，自己亲率 2000 余人，从小道急攻土城，生擒亚烈苦奈儿及其家属，带回南京，后将其释放回国。

郑和七下西洋，开拓海疆，30 年驰逐于海上，战胜了洪涛接天、巨浪如山的十级台风，显示了高超的航海技术，使 30 余国归心明朝，功业之盛大，即使前辈班超也不能与之相比。

如阮安，成为朱棣营建北京的总设计师。

如怀恩，保护了孝宗。朱见深和广西纪姓土司的女儿、宫女纪氏发生一夜情后，使她意外怀孕，悄悄生下朱祐樘。贵妃万贞儿知道后，给纪氏堕胎、贬居冷宫，还要淹死朱祐樘。靠怀恩、纪氏、门监张敏、废掉的吴皇后的拼死保护，朱祐樘像穿山甲一样无声无息地潜伏在宫中，秘密长到 6 岁。他的头发一直没剃过，拖至地面，形同野人。一天，张敏为宪宗梳头，宪宗叹息没有儿子。张敏连忙伏地说："万岁有儿子。"告诉了宪宗全部真相。朱见深听后大喜，立朱祐樘为皇太子。随后宫中发生一系列蹊跷事件，纪氏暴亡，门监张敏吞金自杀，可能都是受了万贞儿的迫害。万贞儿与梁芳勾结，策划废掉太子，改立兴王。怀恩奋力抗争，被打发到凤阳孝陵烧香。

陈矩。陈矩在神宗时负责东厂兼司礼监，秉持"祖宗法度，圣贤道理"的八字诀做官，成功处理了陷害郑贵妃的"妖书案"，将大事化小、小事化了，避免了将政治事件扩大化。

但是，历史上有太多紊乱朝政、贪赃枉法的宦官，以妖魅之术取悦皇帝，以无能才具冒充栋梁，最终导致祸国殃民，成为国家机体上的毒瘤，有的甚至危及皇权，"夫阉尹之祸，如毒药猛兽，未有不裂肝碎胆者也"（宋代苏轼语）。

下面介绍历史上宦官的特点。

一、左右国运的力量

左右国运的力量大体分成几种：皇帝家族、文官集团、武官集团、外戚、宦官，再加上农民起义势力的领袖。宦官是其中一支重要的势力。

宦官生长在深宫之内，成天围绕在皇帝身边，手脚勤快，耳聪目明，头脑活络，八面玲珑，因此消息极其灵通，部分人有极强的权力欲望，身居高位时能左右国家大政，在关键时刻——皇位传承、发动政变、处理大案件——会左右国家命脉，起到牵一发而动全身、四两拨千斤的关键作用。

特别是宦官每天和各个部门的主要负责人朝夕相处，同气相求，容易结成利益同盟，靠做一些小动作，就能轻易控制皇帝的废和立。

但是大权在握的皇帝除掉宦官，却易如反掌，如同将孤独的雏鸟、腐烂的老鼠扔进垃圾堆一样。

比如赵高。

诛杀异己的赵高，是中国第一个专权的黑心宦官。苏轼评价他："始皇致乱之道，在用赵高。"

赵高直接杀了嬴政家族的皇位继承人扶苏、秦二世胡亥，在短短 3 年之内，将秦始皇原来的班底残害得干干净净，释放出宦官倾覆江山社稷的极大负能量。

以至于有传言，赵高本为赵国公子，不惜自宫进入秦宫当宦官，杀尽秦朝宗室，为已经灭亡的母国复仇。

赵高复仇的版本是值得复盘的，看他怎样用一只黑手，葬送了曾经辉煌无比、武力强大的秦朝。

赵高是赵国宗室的远亲，天生有生理缺陷——"天阉""隐宫"，属于不能生育后代、非男非女的阴阳人。其父亲受宫刑，世世卑贱，赵高不过是母亲风流快活后的私生子。

赵高因为能力强，精通法律，突破了苦难出身的限制，为秦始皇赏识，获得提拔，任中车府令。他教最小的皇子胡亥学习法律，长时间掌管皇帝的车马。更重要的是，秦始皇把掌管符玺的权力交给他。

皇帝用符来控制武官，以玺来控制文官。符也称符节。遇有国家大事，兵符或虎符一分为二，君主留下左符，大将军持右符。传达命令的人拿皇帝的左符去会合大将军手上的右符，当左符、右符合成一对儿，大将军则执行命令。玺是秦始皇发明的玉石印章，盖过章后的竹简就有了"魔力"。

皇帝所用非人，就等于自掘坟墓。赵高首先在掌管符玺、发布命令的权力上做文章，想出一条灭秦毒计。

自信的秦始皇拒谈生死，一直没有确定皇位继承人，也不分封诸王，导致了一系列政治雪崩的严重后果。

公元前210年，秦始皇第五次出巡，在河北境内重病将死。死前，召来赵高代拟诏书，交代后事——

"以兵属蒙恬，与丧会咸阳而葬。"

就是命令长子扶苏从当时抵御匈奴的边防前线、修筑长城的地方——今天的陕西绥德县，将兵权交给大将军蒙恬后，立即赶回咸阳，主持皇帝丧事。

但是这个诏书有硬伤，没有指定自己的皇位继承人。扶苏贤能仁义、刚毅武勇，信人而奋士，深得众将拥护，再加上大将军蒙恬辅佐，无疑是最合适的皇位继承人。

秦始皇没让他继位，就在河北急匆匆地病死了，只有幼子胡亥、丞相李斯、宦官赵高等五六个人知道皇帝宾天了。

诏书写好了，应发给长子扶苏。赵高掌握着玉玺，就故意将诏书扣押在自己手里，不交给使者。他等待这个千载难逢的时刻已经很久了，小集团秘不发丧，照常给皇帝进献御膳，而百官奏事如故。

赵高借机搞大事，首要目标是整死扶苏。因为扶苏和他三观不合、关系不好。如果贤能的扶苏上位，赵高就形同废人，前途堪忧。而当时年仅20岁的胡亥贪图享乐，愚蠢无能，容易被控制，软肋很多，正是做提线木偶的绝好人选。

于是，赵高第一个去说服公子胡亥搞事。

赵高拿长子扶苏将称帝逼其就范，说："众多儿子没有下诏封王，而独独赐予长子诏书。长子一到，即立为皇帝，而公子将无尺寸之地，为之奈何？"

胡亥只知道玩儿，忙问怎么办。赵高说："方今天下大权、存亡，在于公子、我以及丞相李斯，愿公子谋取它。让别人做臣子与你臣服于别人，你制约别人与你受制于人，其中滋味岂可同日而语？"

答案当然是摆弄别人爽，被别人摆弄不爽。胡亥很犹豫，但也没那么糊涂，认为这样太冒险，后果会很严重："废兄长而立弟弟，是不义之举。违背道德，天下不服，身殆倾危，会导致国家灭亡而绝祀。"

赵高做了一番诡辩，把不忠不义不孝的阴谋，美化成正能量的政治决断，胡亥动心了，批准赵高去拉拢丞相李斯。

老奸巨猾的赵高说："皇帝所赐长子的诏书及符玺，皆在胡亥之所（实际在自己手里），决定太子人选在于君侯（指李斯）与我之口。事将何如？"

代表文官的李斯害怕地说："安得亡国之言！此非人臣所当议论的话题。"文官集团属于做官技术派和专家，一般相对保守、安于现状、循规蹈矩、向上向善，不管谁当皇帝都拥护，只要有口饭吃，很愿意心安理得地混到退休回老家。

赵高又拿大将军蒙恬压他："君侯自料，能力能比蒙恬强吗？功劳能比蒙恬高吗？深谋远虑而不失误，能比蒙恬牛吗？无怨于天下，与蒙恬能比吗？与长子有交情而被信任，比得过蒙恬吗？"

这5个方面，李斯都远远不如蒙恬大将军，蒙了。

蒙恬属于武官集团，皇帝要你打仗就去死命打，皇帝不要你打了，就交回兵权老实回家待着。新皇帝如果没有武官集团的支持，也是玩不转的。

赵高又分析，我以刀笔之吏进入秦宫，管事20余年，但是未尝见过秦代丞相、功臣有封及二世的人物，因为他们最后都被诛杀了。长子扶苏刚毅而武勇，信人而奋士，即位后，必任用蒙恬为丞相，而你李斯只能被驱逐回老家。

恐吓了一番李斯后，赵高吹捧自己的学生胡亥慈仁笃厚，轻财重士，尽礼敬士，可以为嗣君。

但李斯不为所动，赵高依旧死缠烂打，发出显露杀机的通牒：方今天下之权命悬于胡亥，我赵高能得志。君听臣之计，即长有封侯，世世称孤。今天你不听从我的劝告，将祸及子孙，足以寒心。

在赵高的一番威逼利诱之下，李斯的心理防线崩溃了，仰天而叹，垂泪太息，不参与沙丘政变只有死路一条，于是三人合谋，伪造诏书，谋立胡亥为太子。又伪造诏书给长子扶苏，逼他自杀。

假诏书模仿了秦始皇的语气，斥责扶苏和大将军蒙恬率领数十万军队戍边十几年，不但没有尺寸之功，相反屡次上书诽谤皇帝，日夜怀恨在心。命令"不孝之子"扶苏赐剑自刎，令对皇帝不忠的蒙恬自尽。

如果扶苏、蒙恬能识破他们的阴谋，翻盘不是没有机会，然而愚孝愚忠的扶苏不辨真假，无政治经验，也无挣扎求生的欲望，不听蒙恬的苦苦阻拦，在使者的几次催促下，流着眼泪，自刎而死。

蒙恬据理力争，不肯自裁，被抓进监狱关押。胡亥听说扶苏已死，欲释放蒙恬，但与蒙恬家族有仇的赵高不同意。有一次，赵高犯了大罪，秦始皇让蒙恬的弟弟、官拜上卿的蒙毅依法惩治。蒙毅依法判处赵高死罪，为秦始皇赦免。赵高因此怀恨在心，非常害怕蒙氏被重新起用，要将蒙恬迫害致死。赵高和胡亥一起狼狈为奸，逼迫蒙恬自杀了。

胡亥成为皇帝后，对秦始皇和扶苏的势力进行大清洗，将自己的 12 个兄弟在咸阳处死，又将 6 个兄弟和 10 个姐妹碾死于杜邮（今陕西咸阳东），将皇室成员一网打尽。其他文武大臣非死即伤，赵高换上了自己人。

赵高摸准秦二世喜欢享乐的秉性，投其所好，让他纵情于声色犬马之中，尽情享乐了 3 年。他对赵高说："人生居于世间，犹如六骥过隙。吾既已君临天下，欲悉耳目之所好、穷心志之所乐，以终吾年寿，可乎？"赵高连连叫好，哄着胡亥享乐至极、醉生梦死，自己好大胆专权、大胆害人。

胡亥也问过李斯同样的题目，欲永远享乐天下，问李斯有什么良策。

智力横绝一世的老臣、帮助秦始皇统一六国的实干家李斯，却和胡亥的志趣不在一个频道上，献出独断专权、酷法治民的治国方法，胡亥对此不感兴趣，一门心思享乐，大修阿房宫。

秦二世当上皇帝的第一年，就碰上了陈胜、吴广起义。陈胜起义前对吴广说："天下苦于秦太久了。今有人听闻扶苏无罪，秦二世杀了他。百姓多闻其贤，未知其已死。项燕为楚将，数有功劳，爱护士卒，楚人拥护他。"于是，两人打着公子扶苏、项燕的旗号起义，海内豪杰之士云集响应。

有人以陈胜、吴广造反报告秦二世，秦二世把他抓起来审讯。后来使者学乖了："他们只是一群盗贼，郡守尉正在追捕，现在全部抓获，不足以为忧。"秦二世大悦，他就是这么个喜欢听好事、不喜欢听坏事的角色。

然而李斯坐不住了，同右丞相冯去疾、将军冯劫就关东群雄并起的事情上书秦二世胡亥，建议停建阿房宫，减少徭役。赵高故意在秦二世与宫女纵情享乐、神经高度亢奋的时候，安排李斯等人进谏。起义军攻城略地的负面消息，坏了他的雅兴，秦二世大怒："吾经常多闲日，丞相不来。吾宴饮之时，丞相动辄来请事。"下令将他们逮捕入狱。

李斯在狱中多次上书，都被赵高扣留。赵高向秦二世进谗言说，李斯的长子李由与陈胜起义军有勾结，不打楚军，丞相权力过大，超过陛下，有裂地称王的野心。秦二世更加疏远李斯，任由赵高对李斯严刑拷打。

李斯仰天而叹："往昔桀杀关逢龙，纣杀王子比干，吴王夫差杀伍子胥。这三个大臣，难道不忠诚吗？当今吾的才智不及他们三人，而秦二世之无道超过桀、纣、夫差。吾以忠诚而死（实际在沙丘政变中对秦始皇有不忠之举），宜矣。秦二世之治，难道不混乱吗？以前杀尽兄弟而自立，杀忠臣而重用贱人，修建阿房之宫，赋敛天下。吾不是不进谏，而是他不听我的。现在造反者已占领一半天下，而皇帝还尚未醒悟，而以赵高为辅佐，吾必见到贼寇攻进咸阳，宫廷荒废，国家沦亡，麛（jūn）鹿在朝堂上游荡。"

李斯熬不住酷刑，被迫承认谋反，最后五刑并施，被腰斩，夷三族。冯去疾、冯劫也被杀。

赵高害死李斯后，升为秦朝丞相，引诱胡亥不上朝，深居宫中，不理世事。胡亥对外界陈胜、吴广、刘邦、项羽的争霸赛一无所知，"喜荣华正好，恨无常又到"。赵高指挥死党、女婿咸阳县令阎乐等，以捕盗贼为名义，杀进望夷宫，逼迫秦二世自杀。

群臣和将领们都不支持赵高篡位，赵高不得不迎立嬴子婴，立子婴为秦王。赵高让子婴斋戒以后，到宗庙参拜祖先，接受传国玉玺，正式登王位。

子婴说："我听说赵高与楚国勾结，灭掉秦朝的宗族后，想在关中称王。如今赵高让我斋戒后朝见宗庙，无非是想趁机杀掉我。"子婴于是和他的两个儿子以及宦官韩谈商量，趁机将计就计，除掉赵高。

子婴假托生病，不去宗庙，引诱赵高上门。赵高数次派人来请子婴无果，亲自前往子婴所在的斋宫相请。韩谈按照预定计划，一剑刺死赵高。随后，子婴诛灭赵高三族。在位仅46天的子婴到刘邦军前投降，秦朝由此灭亡。一个多月后，项羽率领大军进入咸阳，杀死子婴。

赵高机关算尽，反误了性命。这是宦官最接近皇位的一次，但是难以成功。

赵高导演了沙丘政变，赐死扶苏和大将军蒙恬，除掉了最强的竞争对手，使胡亥顺利继位当上秦二世。宦官的能量、破坏力何其之大。

同样在挫败政变的过程中，宦官也能发挥耳目作用。

唐代宦官李辅国作为丞相，谁当皇帝，可以由他说了算。

李辅国少时为阉入宫，40多岁了还默默无闻地为宫廷养马，连个弼马温都不是，因为精通养马，得以服务太子李亨。

昏庸之君沉浸在靡靡之音中无法自拔，以致把治国的正事给耽误了。李隆基后期同样如此。

唐玄宗李隆基安于享乐，被杨贵妃迷得神魂颠倒，经常在华清池一边泡清泉，一边听《霓裳羽衣曲》。夜晚，"天阙沉沉夜未央，碧云仙曲舞霓裳。一声玉笛向空尽，月满骊山宫漏长"。到了次日仍在缠绵，"云鬓花颜金步摇，芙蓉帐暖度春宵。春宵苦短日高起，从此君王不早朝"。

唐玄宗任用奸臣，政治腐败而黑暗。755 年，杨玉环所谓的干儿子，身兼范阳、平卢、河东三镇节度使的安禄山反叛，占领东都洛阳，在灵宝击败唐将哥舒翰近 20 万大军，随后长驱直入，攻陷首都长安。

唐玄宗仓皇逃往四川，太子和宦官李辅国扈从。行至马嵬坡（今陕西兴平西），随行的将士发生哗变，"六军不发无奈何，宛转蛾眉马前死"，宠妃被缢死，其兄杨国忠伏诛，唐玄宗闹出了一出《长恨歌》的悲剧后，逃到成都。《霓裳羽衣曲》弦断无人听，谁知到了五代南唐后主李煜手里，此曲迷倒了李煜，把江山也弄丢了。

李辅国看唐玄宗泥菩萨过——自身难保，认为时机已到，劝太子李亨即帝位，即唐肃宗。李亨令郭子仪、李光弼等将领讨伐安史叛军，先后收复长安、洛阳。安禄山在儿子安庆绪的刀下丧生。

李辅国扶持肃宗即位有功，立即飞黄腾达，专掌禁军。四方奏事，掌管御前符印军号，跟赵高以前掌管兵符、玉玺一样。

唐玄宗由成都返回长安，居兴庆宫（南内），称太上皇，但是并不老实，每天与外人交通，身边仍有龙武大将军陈玄礼与内侍监高力士谋划，不利于肃宗专权。

为防止复辟，李辅国把玄宗迁居西内，玄宗成为孤家寡人，抑郁而终。

唐肃宗重用宦官李辅国、程元振。此后，李辅国权倾朝野，大臣百官奏事，皆通过他上报皇帝。他指使特务侦缉官吏，官吏有小过错，也严加审问。从府县到中央司法系统断案，必报李辅国裁决，无人敢有异议。宰相李揆见李辅国也要执子弟之礼，叫他"五父"。

建宁王李倓为肃宗第三子，富有才略，善于骑射，然而性格刚直，屡次进言称张皇后随意放纵，与李辅国勾结。李辅国与张皇后反诬李倓谋反，唐肃宗不辨真假，一怒之下，赐死李倓。

在唐肃宗病重期间，张皇后玩多面手法：一方面想杀宦官李辅国，他久典禁军，皇帝诏令皆从他之手发出，擅自逼迁唐玄宗，其罪甚大；另一方面，张皇后又惧监国的太子李豫功高难制，密谋杀掉他，改立越王李系。

宦官程元振得知了张皇后的计划，告诉了李辅国。唐肃宗病死之日，李辅国出动禁军，逮捕并处死越王和张皇后，扶持太子李豫登基，即唐代宗。

唐代宗忌惮李辅国，以药子昂掌握禁军，夺其兵权，又派人深夜将李辅国刺杀，割下头颅，扔到厕所之中。

如果没有宦官程元振通风报信，太子李豫登基的计划可能就黄了。

程元振掌权后，因为乱政而死于流放途中。

朱元璋评价说，其时李辅国、程元振及鱼朝恩数辈势皆极盛，唐代宗一旦杀掉他们易如反掌，如同孤独的雏鸟、腐烂的老鼠，微贱得不值一提。大抵小人窃取权柄，人主如果能决意去除他们，亦有何难？

二、志在思死

有的宦官心眼很坏，心狠手辣，六亲不认，安心于做残忍的事情，是豹声阴鸷、安忍无亲的祸国之辈。特别是明代宦官掌管了特务机构东厂、西厂、内行厂之后，做尽了天怒人怨的坏事。

明末清初思想家王夫之曾经嘲讽宦官之恶，甚于士人：

"宫刑施人，绝人生理老无所养，死无与殡……且刑人并齿于天地之间，人道绝而发已凋、音已雌矣，何惧乎其不冒死而求逞于一朝。"

他嘲笑宦官被施了宫刑后，丧失了男人的机能，老无所养，死后无人同穴，孤魂野鬼，连个来祭奠扫墓的人都没有，任由墓草疯长，无处话凄凉。所以宫刑的悲惨，等同于被砍头的死刑。男人被阉割后，性情乖张，肢体萎缩，性情变得细腻、阴险、凶狠，嘴里发出豹子一样奇怪的声音，安心于做残忍的事情，以致六亲不认。他们在人间的社会伦理关系完全消失，头发凋零成秃子，声音雌化似女人，而他们冒死委身于朝廷，而朝廷怜悯这些无用之人，把他们引入官府，不知已经埋下了深重的祸根。宦官之恶，甚于士人，只因其性情无棱角、无子孙之虑，故不怕死，更何况因为淫荡无耻而能陪伴君主左右。

王夫之把宦官说得十分不堪，可也有一定的道理。

为一点虚名小利，宦官失去了太多。他们放弃了作为普通人的许多美好情感，远离父母，无妻子、儿女，孤独地走完一生。宦官非男非女，又不能满足与自己"对食"的女人，其境遇比泰国变性人还惨。他们的眼里除了皇帝外，没有其他人，是皇帝最忠实、最服帖的奴仆，成天圈在深宫大院，从事最卑微的服务，养成残忍的变态心理并不奇怪。支撑宦官活下去的梦想，在于捞取权势和财富。

孔融指出宦官志在思死，恶人辈出，不思悔改，是国家的大祸患：

"且被刑之人，虑不念生，志在思死，类多趋恶，莫复归正。夙沙乱齐，伊戾祸宋，赵高、英布，为世大患。"

作恶的宦官代表人物，要数明代后期的魏忠贤。东厂正是魏忠贤把持的魔窟，大家都不敢叫他名字，尊称他为"厂臣"。大学士起草圣旨，必须把魏忠贤与皇帝并称，必称"朕与厂臣"，没有人敢直书魏忠贤的名字。皇帝称万岁，魏忠贤则是"九千九百岁"，比皇上只少100岁。

《明史》记载："民间偶语，或触忠贤，辄被擒僇，甚至剥皮、刲舌，所杀不可胜数，道路以目。"

在魏忠贤掌权时，老百姓没有任何言论自由，敢怒不敢言，在民间偶尔发发牢骚，批评他一下，触怒了魏忠贤，动辄被逮捕杀害，甚至被剥皮、打断脊梁骨、刺心、割舌头。魏忠贤剥起人皮来就像在饭桌上剥番薯皮一般，被他残杀的人不可胜数。

历史中记载了很多例子。

例一，一个姓徐的普通百姓和朋友喝酒，特意选在密室，其中一人喝到兴起，数落魏忠贤的恶行，说他不久会败落。其他三人都噤若寒蝉，不敢出声。骂声未绝，东厂特务破门而入，把一屋子的人全抓走，送到魏忠贤的宅邸。

魏忠贤的家里还有行刑的地方。刚才乱说话的人，手脚被钉在门板上，鲜血淋漓。魏忠贤令手下人取来灼热的沥青给他"洗澡"，然后用槌子敲打，不一会儿，剥下来一张完整的人皮，然后磔死。

事后魏忠贤赏赐其他一起喝酒、不敢出声的三人黄金。这三个人吓得魂飞魄散，一动也不敢动，形同木偶，估计黄金也不敢拿吧。

这种祸从口出的场景，想想都十分恐怖，老百姓没有言论自由，对残暴的统治十分憎恨和恐惧。这样的恶人恶官，恐怕在中外历史上都很难找到可以与之匹敌的。

例二，辽阳男子武长春去小姐家里嫖妓，说了些妄言，被东厂特务擒拿。

武长春落到了一个魔鬼手里，他就是"五彪"之一、锦衣卫都指挥佥事许显纯。

许显纯将武长春严刑拷打，污蔑他为间谍，上报称："武长春是敌人间谍，如不擒获，将有变乱发生，幸好有赖厂臣忠诚机智，立下奇功。"

抓获一个妄言的嫖客，就夸大其词，污蔑为敌人的间谍，直接整死。这种冤案，被当作魏忠贤的奇功一件，阉党拍马、制造冤案的手段，真是无所不用其极。

例三，中书吴怀贤，读到杨涟弹劾魏忠贤的奏疏时，击节赞叹。这一赞叹不得了，家奴将他告发，吴怀贤被抄家，在诏狱中被拷打致死。家奴告发主人，表明社会已经到了人人自危的地步。

魏忠贤打击东林党人，无所不用其极，残酷程度令人发指。号称"五彪"的武臣田尔耕、许显纯、孙云鹤、杨寰、崔应元掌握了锦衣卫和镇抚司，迫害东林党人，拷打惨烈严酷，进入监狱的人大多不能出来。杨涟、左光斗、黄尊素等10多人都死在他的手下。许显纯伪造各人的供词以掩盖真相。

奇怪的是，政治暗无天日，天下舆论汹汹，魏忠贤这么丑陋、凶恶的人，海内官员争相望风献谄，唯这种大恶人马首是瞻，唯恐拍马不够及时、声势不够浩大，为他歌功颂德，人还没死，就遍地为他争相建造穷极工巧的生祠，宣扬子虚乌有的功德。

一个在国子监读书的监生，名叫陆万龄，对政治一知半解，无耻地请求以魏忠贤配祀孔子庙，以魏忠贤的父亲配祀孔子的父亲启圣公。

将魏忠贤这种大恶人当作圣人一样供奉，初看是国子监的学生滑天下之大稽，然而细细思之，当时的社会风气何尝不是如此？人们的"三观"普遍堕落，人人为了保命，不惜指鹿为马，黑白不分，争相阿谀奉承。谋求升官的人见人说人话、见鬼说鬼话，信口雌黄，哪管什么真相或者正义？

三、狐狸搏斗于猛兽

宦官处在严重内卷的宫廷中，时时刻刻都会因为过错被惩罚、被关押、被迫害，为了避祸，他们大部分的精力花在琢磨皇帝的喜怒哀乐上，这样对情商的要求就比智商更高，要性格巧媚，察言观色，说话中听，博人欢心。所以朱元璋说："阉寺之人，朝夕在人君左右，出入起居之际，声音笑貌，日接乎耳目，其小善小信，皆足以固君心。"

如果智商不高、情商又不高，说话惹得皇帝不高兴，做的事情闯了大祸，是很难混下去的，搞不好时时刻刻都会掉脑袋。

因此，宦官善于谄媚，像宠物狗一样遍地打滚，是环境逼出来的生存技能。"夫谗佞之徒，国之蟊贼也。争荣华于旦夕，竞势利于市朝。以其谄谀之姿，恶忠贤之在己上；奸邪之志，恐富贵之不我先。朋党相持，无深而不入；比周相习，无高而不升。令色巧言，以亲于上；先意承旨，以悦于君。朝有千臣，昭公去国而不悟；弓无九石，宁一终身而不知。"（李世民语）

不是说宦官不能用，而是怎么用。李世民谈用人之道时说："智者取其谋，愚者取其力，勇者取其威，怯者取其慎，无智、愚、勇、怯，兼而用之。故良匠无弃材，明主无弃士。不以一恶忘其善，勿以小瑕掩其功。"就是说，天生我材必有用，人人都可以用，但是要选择不同的赛道，用人之长。

任用宦官，同样用人之长，就好比衣服要合身，小孩不要戴大帽子。但顺从和有才，又往往是一对矛盾体，顺从了不能奋其才，有才了又不太顺从。而宦官往往顺从而少才，只需要专一地讨好皇帝就有前程，不需要讨好其他人，形成了专一不贰的奴性，这样很容易取得皇帝无止境的信任。如果赋予这些顺从的奴才极大的权力，去处理军国大事，结果一般都是害人害己，犹如小鸡炖于大鼎、狐狸搏斗于猛兽、小瓶容纳大江、小车超载粮食，后果一定很糟糕。

"宰相必起于州部，猛将必发于卒伍"，这说明了人才的成长规律以及实践、实干的重要性。而宦官从小生长在宫殿这种狭小的空间里，对宫廷之外的事情几乎一无所知，受教育程度不够，学问少、见识少、眼界小、不接地气、不懂国情民情，因此，他们的才能很多属于表面功夫、看人眼色，承载不动厚重的信任，往往出现德才不配位的情况，甚至倾覆江山社稷。

比如，宋代童贯。

靖康之祸，源自童贯。

童贯，为北宋"六贼"之一，从小就善于揣度皇帝的意旨，预先做出顺承之事。他有颜值优势，情商又高，身材魁梧，下巴生有胡须，皮骨劲如钢铁，看起来一点都不像阉人。对后宫自妃嫔以下的女子，他都有目的地献饷结交。拿到他好处的人，都争相夸赞他有才、人好。

宋徽宗喜欢书画艺术，沉溺闲情雅趣，痴迷得几乎忘了本职工作。"上有所好，下必甚之。"童贯投其所好，精心揣摩皇帝的意图，在杭州为宋徽宗搜括书画、奇巧等珍贵文物。宋徽宗见到书画，立即神清气爽，急不可耐地欣赏、描画起来。作为皇帝的"艺术知音"，童贯深得皇帝信赖。

童贯在朝廷建立朋友圈，出现了"一公一母"两个宰相。童贯先帮助蔡京成为宰相，蔡京上位后，反过来投桃报李，推荐他担任西北监军，掌枢密院的兵权长达20年，权倾内外。蔡京为太师，自称公相。而童贯也官至太师、太傅、泾国公，京都人称呼身为太监的他为"媪相"（母相）。

童贯恃功而骄，选拔将领、官吏，都直接奏明宋徽宗，不经人事、组织部门商议。

方腊在杭州淳安发动农民起义，不久占领杭州。童贯率军镇压，处决方腊，杀害 7 万起义军。

"辽为兄弟之国，存之足为边捍；金为虎狼之国，不可交也。"然而，为收回燕云十六州（以北京和山西大同为中心的 16 个州），宋与金稀里糊涂结盟，按照海上之盟，辽灭亡后，宋每年将原来给辽的大红包交给金国，金同意将燕云十六州归还宋朝。

随后，金进攻辽中京，宋攻辽的燕京。童贯率领 20 万军队北伐燕京，结果大败而回，腐朽无能让金看了个干干净净，勾起灭宋之欲望。

童贯乞求金兵攻占燕京，向金军缴纳百万贯，赎回被劫掠一空的燕京等空城，侈言恢复之功。

宋金吃掉了辽国，然后金掉头来吃掉宋。

完颜宗翰南侵，童贯正在太原。太原守将张孝纯劝他号令天下兵马全力抵抗，童贯怒斥说："贯受命为宣抚，不是来守疆土的。君必欲留贯，设置将帅有何用？"张孝纯拊掌感叹："平生童太师作几许威望，及临事却蓄缩畏慑，奉头鼠窜，有何面目复见天子？"童贯不听，由太原逃至开封。

天会四年（1126），金太宗再派两员大将兵分两路进攻开封。已即位的宋钦宗下诏亲征，以童贯为东京留守，而童贯怕死，同徽宗一起南逃。徽宗过浮桥出城时，卫士们拥挤不堪。童贯嫌逃得速度太慢，命人射箭，射杀 100 多人。看童贯已经无利用价值，宋钦宗将其贬官、发配充军。童贯还没走到目的地，皇帝命人追杀童贯，将其人头带回开封悬首示众。

不久，开封城破，靖康之变发生，宋徽宗、宋钦宗等人远涉北国了此残生，北宋亡了。

皇帝付以童贯大权，所托非人。童贯本无智谋，专以欺君罔上为能，妄奏捷报，以为己功，擅置将吏，卖官鬻爵，培植私党。在与金人等的交涉中，往往赠送厚礼以结交，等金军南下，他连抵抗的意志都没有了。

明末大臣李廷机评价童贯和金灭辽，反而为金反噬："童贯擅专权，与京（指蔡京）相表里。童与金人谋，共图契丹地。契丹既已亡，引祸害自己。"

童贯、王振、魏忠贤等宦官，都说明了一个道理：小才不可大用，小力不可担任要职。"函牛之鼎，不可处以烹鸡；捕鼠之狸，不可使以搏兽；一钧之器，不能容以江汉之流；百石之车，不可满以斗筲之粟。""有轻才者，不可委以重任；有小力者，不可赖以成职。"（节选自李世民《帝范》）

四、小人党而不群

在古代政治中，朋党是被禁止的，关系好的，一个人犯罪，其他人要连坐。

"君子群而不党，小人党而不群。"君子与众人合群，但不结私党，而小人搞结党营私，却不与众人合群。各类"朋党"为压制、打击政敌，获取个人利益或小集团利益的最大化，常常利用同门、同乡、同年、提拔等多种关系，结成各种利益集团，大搞山头主义。朋党斗起来时，划线站队，只认人头，不讲是非。

宋仁宗时，范仲淹推行改革新政，以吕夷简、夏竦为首的保守派反对改革，不说新政的是非，而是直接攻击范仲淹、欧阳修等人结为"朋党"。欧阳修写《朋党论》予以回击，指出"君子与君子以同道为朋，小人与小人以同利为朋"，如果排斥小人这样的伪朋党，任用君子组成的真朋党，则天下大治。君子"所守者道义，所行者忠信，所惜者名节。以之修身，则同道而相益；以之事国，则同心而共济，始终如一"。他又举例，前世之主胡乱打击"朋党"，亡国了："能使人人异心不为朋，莫如纣；能禁绝善人为朋，莫如汉献帝；能诛戮清流之朋，莫如唐昭宗之世，然皆乱亡其国。"他试图证明这样一个道理：人君用小人之朋，则国家乱亡；用君子之朋，则国家兴盛。

而宦官一般文化水平不高，不属于士，也没有士的精神，为维护自己的势力，往往会结党营私，加剧党争。

宦官和外戚势力争斗，是封建政治的一个痼疾。这是因为，古代医疗条件有限，人的寿命较短，皇位的继承经常会断档。许多皇帝即位时年幼无知，需要依赖母后一支势力扶持，这样就造成外戚专权。当皇帝长大成人、亲政收权，必然要收拾外戚势力。

如果外戚不交权呢？那皇帝就麻烦了。

皇帝自幼长于深宫，势单力孤，从外部无法获得政治资源，转而借助朝夕相处的宦官势力。而宦官要壮大实力，只能结党营私，才有力量战胜外戚。清除外戚势力后，宦官更为得宠，形成专权擅政的局面，皇帝反而成了傀儡。宦官的黑暗统治，又会激起文官集团的反抗，党争就会持续下去，加剧皇朝的灭亡。

比如东汉是宦官专权最厉害的时期，把皇帝当傀儡，迫害外戚和文官集团。

汉桓帝即位时不过是 15 岁的少年，与唐衡、单超、徐璜等 5 个宦官歃血结盟，除掉专权的外戚势力梁冀。这 5 个宦官被封侯，时称"五侯"，"五侯"把持朝政后，遭到桓帝打击。

侯览、苏康、管霸等宦官，再次崛起，亲属及其党羽占据从中央到地方的各级官职，阻塞了知识分子的仕进之路，导致政治黑暗的局面——

"举秀才，不知书，察孝廉，父别居。寒素清白浊如泥，高第良将怯如鸡。"

面对司法腐败，河南尹李膺、太尉陈蕃等奋起抗争。

一些宦官故意在大赦前杀人，而在大赦后获释。宦官张让的弟弟张朔担任野王县令，以杀孕妇取乐。听说李膺要法办他，张朔躲进张让家的夹柱之中。李膺率人拆毁夹柱，将其正法。

张让向汉桓帝告状，桓帝责问李膺，李膺乞求"留我五日，灭尽大恶，回来甘受鼎镬之刑"。桓帝得知真相，认为李膺没有过失，批评张让诬告。从此，各个宦官都怕李膺，不敢出宫干坏事。

河南术士张成，曾给汉桓帝占过卦，他儿子在大赦前故意杀人，被铁面无私的李膺在大赦后处死。张成和宦官一伙诬告李膺等人养太学游士，诽谤朝廷。桓帝下令逮捕 200 余人，李膺遭受酷刑。太尉陈蕃认为李膺等人忧心国事、忠诚无私，拒绝受理案件，被免职。窦皇后的父亲窦武及尚书等人为李膺喊冤，汉桓帝罢免了这些人，且终身不得任用。

汉桓帝死后，年仅 13 岁的汉灵帝刘宏即位，窦太后临朝称制，大将军窦武与太傅陈蕃辅佐。陈蕃与窦武在窦太后支持下，杀死了在朝中专权的宦官管霸、苏康。

窦武还计划除掉大宦官曹节等人，可惜计划被宦官偷走，众宦官歃血为盟，发动政变。

曹节率人进宫劫持了灵帝和窦太后，派兵捉拿窦武。窦武慌忙避入军营。曹节等人纠集千余兵马围攻，将窦武斩杀。陈蕃召集属吏和学生 80 余人，持刀冲入承明门，被宦官杀害。

宦官势力再次把持朝政，李膺等人再次丢官。刘宏被宦官集团"十常侍"（宦官张让、赵忠、夏恽等 12 人）玩弄于股掌之中，称"张常侍是我父，赵常侍是我母"。

张让怂恿刘宏设立"四园卖官所"，公开卖官敛财，又在汉宫西苑设"裸游馆"，专供刘宏淫乐。

他们任人唯亲，对百姓则横征暴敛，激起百姓反抗。张角兴兵作乱，"其源皆由十常侍多放父兄、子弟、婚亲、宾客典据州郡，辜榷财利，侵掠百姓，百姓之冤无所告诉，故谋议不轨，聚为盗贼"。（《资治通鉴》）

山东名士张俭上书弹劾宦官侯览的母亲等人无恶不作，侯览以谋反罪诬陷张俭。糊涂的灵帝让宦官大肆捉拿张俭党羽，李膺自投诏狱，被拷打而死。张俭成功出塞，随后流亡。

灵帝驾崩后，皇后的哥哥何进拥 14 岁的刘辩即帝位，即汉少帝。何进为首的外戚集团统领羽林军，有意结束宦官专政，招揽袁绍为自己效力。

中平六年（189），袁绍劝说何进诛杀宦官，何进报告何太后。然而，何太后的母亲舞阳君及何进的弟弟何苗，被宦官们收买，从中阻挠，因此何太后不同意诛杀宦官。

袁绍建议何进对太后进行兵谏。何进于是下令并州牧董卓带领军队到京。曹操闻之笑道："阉竖之官，古今宜有，但世主不当假之权宠，使至于此。既治其罪，当诛元恶，一狱吏足矣，何至纷纷召外兵乎？欲尽诛之，事必宣露，吾见其败也。"

果然，宦官们反戈一击，进入宫中埋伏，等何进进宫奏事时，将他斩杀。

听说何进被杀，袁绍攻打宫城，焚烧青琐门，指挥士兵搜索宫中的宦官，不论老幼全部斩尽杀绝，死者多达2000多人。

张让等人劫持刘辩往黄河方向逃窜。袁绍部下穷追不舍，张让望天悲哭，说："臣等殄灭，天下乱了。惟愿陛下自爱！"张让等人投河而死。

外戚集团最终获胜，"十常侍之乱"结束。

董卓掌权，废少帝，立献帝，大肆淫乱后宫。王允利用吕布和董卓的矛盾，使用反间计，杀死董卓。

在明代，则有著名的阉党。英宗幼年即位，宠信宦官王振，阉党势力开始形成。宪宗时宦官汪直、武宗时宦官刘瑾广树党羽，专擅朝政；熹宗天启年间，大宦官魏忠贤专权，朝臣趋附，阉党势力登峰造极，大肆迫害士大夫组成的"东林党"。朱由检上台后，严厉打击阉党，其主要成员一一伏法。

五、宫里的真假宦官

皇宫离不开宦官，所以将男人阉割后入宫，保证后宫血统的纯正。

对男人如此，朝廷对选拔女人进宫也很讲究，是有门槛的。

钟鼓司的宦官陈义、教坊司的左司乐晋荣，因为选拔妓女给皇帝当妃子，掉了脑袋。

陈义秉承旨意，负责选拔女孩为景帝当后妃。晋荣负责教坊司，对陈义很巴结，手下有很多漂亮的女孩，专供陈义挑选。

妓女李惜儿为江南美女，来到北京做"北漂"，取艺名"牡丹花"。其人姿色妖魅，双目勾魂，为众人倾倒，被推为花魁。经过选拔，李惜儿先进入宫中，在教坊司工作。景泰五年（1454），陈义就把李惜儿等人选中，进献给景帝当妃子。

景帝果然被李惜儿迷得神魂颠倒。李惜儿的哥哥李谙也是艺术表演家，因为妹妹受宠，李谙先后升为锦衣卫百户、副千户，并获得已故太监李德所建的灵福寺和园地，作为香火院。

英宗上台后，景帝的宠儿李惜儿下落不明，教坊司告发了这件事。

英宗生气地指斥陈义和晋荣是"奸邪小人，逢迎以图富贵"。他俩被锦衣卫拷打，招供罪状后伏诛。司礼监则将其他妓女释放回家。

天理上后宫要保持干净，但是宦官、宫女乃至太后也是人，灭绝不了人的欲望，因此杜绝不了后宫淫乱的现象。

比如，秦代假宦官嫪毐，成了赵太后的玩物。

《史记》记载，卫国商人吕不韦同时也是政治生意人，擅长"奇货可居"，将"人"低买高卖。

嬴异人是国君之子，在赵国做人质，起初本身"不值钱"。但是，吕不韦通过一番操作，从政治上将异人变现，"卖出高价"。

吕不韦先是把自己的妾赵姬送给嬴异人做老婆。赵姬生于富家，绝美善舞。吕不韦就让她献舞，美妙的舞姿迷倒了不谙世事的嬴异人（后改名"嬴子楚"）。吕不韦"忍痛割爱"，将她送与嬴异人为妻，不久生下嬴政。

为了使嬴政价值升值，吕不韦又一番神操作，扶持嬴子楚成为庄襄王，赵姬成为王后。庄襄王去世后，13岁的长子嬴政继位，最终"上市"变现。

吕不韦被拜为相邦，成为皇帝的"仲父"，权倾天下，收割了一波政治红利。

太后再嫁，在古代政治中是不被允许的。然而太后赵姬生性浪漫不羁，追求人生享乐，和丞相吕不韦共同执政之时，旧情重燃，成为情人。随着嬴政年龄渐长，吕不韦怕日久出祸、风险太大，于是找了个"接盘侠"，和太后分手。

"接盘侠"就是大帅哥、大阴人、假宦官嫪毐（前269—前238）。

嫪毐进宫颇费了一番周折，得先进行伪装。吕不韦、太后让嫪毐以宦官的身份进宫。赵太后偷偷重赏主持腐刑的官吏，合谋作假，保住嫪毐的奇异功能。嫪毐仅仅拔了须眉之后，就以宦官的身份堂而皇之地进宫，侍奉太后。太后果然绝爱之，两人成天鬼混，不知岁月流逝。《史记》记载："太后淫不止。"据野史记载，赵姬一次与嫪毐出游，在马车内足足待了五天五夜。随行的士兵掩面感叹："女子之色，虎狼之物甚是难填；论女子之至淫，非太后莫属。"

由于侍候太后立下奇功，嫪毐居然获封长信侯，和太后在雍城偷偷生了两个儿子。嫪毐日渐骄奢，豢养门客，壮大实力，野心膨胀到得意忘形，居然与太后密谋——

"王即薨，以子为后。"嫪毐做起了让儿子继任皇帝的春秋大梦。

一日，嫪毐与侍中贵臣喝酒，喝得胆大忘形，争言斗气，他瞪着眼睛醉醺醺地大叫："吾乃皇帝之假父（干爹）也，你们这些穷光蛋，何敢与我对抗？"

大言不惭，泄露天机。

有个穷光蛋在酒桌上认尿，却在饭桌下扳回一局，跑去举报。嬴政暗中调查，查出嫪毐果然是他"干爹"，但隐而未发，令嫪毐和太后犹如芒刺在背般的恐惧。

公元前238年，22岁、已经亲政的嬴政来到雍城举行冠礼。嫪毐窃用秦王玉玺和太后玉玺发动叛乱，发兵攻打嬴政居住的蕲年宫。秦王令相国昌平君、昌文君，调动咸阳士卒平叛，下令："凡有战功的，均拜爵厚赏；宦官参战的，也拜爵一级。""生擒嫪毐，赐钱百万；杀死嫪毐，赐钱五十万。"士兵受到激励，奋勇争先，杀死嫪毐部下数百人，活捉嫪毐。

秦王将嫪毐处以车裂极刑，夷其三族，将他与太后的两个孽子装在袋子里摔死；囚禁母亲于雍城的棫阳宫；将吕不韦罢相，全家流放四川。吕不韦真是成也赵姬、败也赵姬，奋斗了一生的政治生意犹如炒期货，至此平仓出局，全盘皆输，那就不如在途中饮鸩自尽吧。吕不韦于是自杀了。

儿子囚禁母亲，为天地不容的不孝之举。朝臣有敢为太后事进谏者，一律杀掉，27名进谏大臣相继陈尸阙下，尸积成堆，人头则挂在宫墙上示众。齐王建、赵悼襄王来朝，把酒于咸阳宫，相谈甚欢之际，看到阙下死尸，莫不私议秦王不孝。

来此旅游的沧州人茅焦，决心做伏尸阙下的第28人，请求入谏秦王。秦王勃然大怒，命人架起汤镬，直呼要把这个河北狂徒给煮了。

茅焦平心静气地跟秦王说："今天下之所以尊秦者，非独威力使然；亦以大王为天下之雄主，忠臣烈士，毕集秦庭故也。今大王车裂假父，有不仁之心；囊扑两弟，有不友之名；迁母于棫阳宫，有不孝之行；诛戮谏士，陈尸阙下，有桀纣之治。夫以天下为事，而所行如此，何以服天下乎？昔舜事瞽母尽道，升庸为帝；桀杀龙逢，纣戮比干，天下叛之。臣自知必死，第恐臣死之后，更无有继二十八人之后，而复以言进者。怨谤日腾，忠谋结舌，中外离心，诸侯将叛，惜哉，秦之帝业垂成，而败之自大王也。"

他以成就帝业为诱饵，劝秦始皇遵守孝道，倡导仁义，收复人心。秦王怒气消解，听取了茅焦的建议，亲自发驾雍州，和茅焦一起往迎太后，将她接到咸阳。

在明代，宫内这样饮食男女的现象也不少。宫女跟宦官结成地下情人关系，叫"对食"。在朱棣时期，发生了鱼吕之乱。

朱棣心爱的贤妃权美人来自朝鲜，长得异常美丽，不需要整容也倾国倾城，又很有艺术细胞，玉箫吹得特别好。朱棣对她宠爱有加，永乐七年（1409）册封她为贤妃。

朱棣第一次亲征大漠大获全胜，但是心爱的权美人经不住长时间的征战跋涉，病死了。朱棣落了许多泪，经过山东峄县时，把她葬在那里。

可是，权氏的死却让后宫陷入麻烦。

后宫是宫斗剧的发生地。如果有人不明不白地死了，宫女首先被作为怀疑对象，稍有不慎就被嗜杀的冷血者咬死。

一个宫女因私泄愤，告发说：贤妃权美人死得不明不白，是一个姓吕的宫女在茶里下毒药，进献给权美人，把她害死。

朱棣本来就悲痛不已，心肝宝贝竟然死于非命，那还得了？他怒不可遏，把吕氏处死，数百名宫女、宦官同时被杀。

但更大的波澜还在后面。

妃子中一个姓鱼，还有一个姓吕。她们跟大多数宫女一样，命运看起来很美，实际上很悲惨。不过是侍候皇帝的婢女，远离父母兄弟，失去家庭的欢乐。

后宫里佳丽几千人，想得到皇帝的恩宠难于上青天。只有极少数人能得到皇帝恩宠，封为嫔妃。大多数宫女失去情感自由，在感情上十分寂寞。为了寻找精神依靠，她们偷偷地找宦官做男友。宦官当然也有这种需要，因为朱元璋禁止宦官娶妻，否则处以剥皮之刑。于是宦官冒着生命危险，偷偷地找宫女做情人。

宫女跟宦官的"对食"关系，在宫中已经成为公开的秘密。他们互称对方为"菜户"，就跟现在称"老公""老婆"一样，男女之间那种视觉、味觉、听觉、手感上的刺激和偷偷摸摸犯罪的快感，让他们暗爽不已、欲罢不能，不惜甘冒凌迟、剥皮的严惩。这种关系当然是玩火，一旦泄密，必死无疑。妃子鱼氏、吕氏中了头彩，地下情人关系被朱棣知晓，因此畏罪自杀。朱棣愤怒不已，命画家把她们和宦官搂抱的春宫图画出来，警告其他人不要效仿。

朱棣逮捕了吕氏的婢女。婢女经不起严刑拷打，屈打成招，竟然承认有弑君的恶念。朱棣怒不可遏，无限上纲上线，一次处死2800余名宫女，完全丧失理性。

与朱棣经历相反的是，宦官魏忠贤，却靠"对食"因祸得福。

魏忠贤本是一市井无赖，中年净身，进入宫廷，为了富贵，不惜以身犯险。

熹宗的奶妈客氏，遇到魏忠贤的刻意讨好，她迅速移情别恋，甩了宦官魏朝，与魏忠贤建立了新的对食关系。当皇帝为他们这种复杂的三角关系做和事佬时，客氏毅然宣布跟魏忠贤走，两人从此深深勾结。

熹宗上位后，魏忠贤、客氏双双受宠。目不识丁的魏忠贤，按例不能当司礼监太监，但是其情人客氏对皇帝进行精神催眠，魏忠贤得到了这个关键的职位，由此逐渐掌握大权，走上了祸国殃民的巅峰。

第二章

宦寺当国

一、被偷走的铁碑

鉴于历史上宦官乱权的惨痛教训，明代前几任皇帝严禁宦官干政。不能参政的宦官，不过是替皇帝洒扫的奴仆，犹如无毒的蟒蛇、无爪的老虎，地位低下、受人歧视。

朱元璋愚化宦官

朱元璋处罚宦官最严，严禁宦官参与政事。

占领江东之后，朱元璋的宦官不到 100 人。洪武二年（1369）秋八月，朱元璋令吏部制定内侍诸司官制，说，朕观《周礼》，阉寺未及百人。后世至逾数千，卒为大患。今虽未能复古，亦当为防微之计。古时此辈所治，止于酒、浆、醢醯（指鱼肉酱），司服守祧。今朕亦不过以备使令，可斟酌其宜，毋令过多。(《明史纪事本末》)

朱元璋认为使用宦官，做耳目、腹心都会出问题，对侍臣说："求善良于中涓，百无一二。用为耳目，即耳目蔽；用为腹心，即腹心病。驭之之道，但当使之畏法，不可使之有功。有功则骄恣，畏法则检束。"只有用法律来约束他们，使他们害怕，而且使他们没有功劳，简直是对他们诛身、诛心，还诛前途。

洪武末年颁布《祖训》，定下十二监及各司局，人员比以前齐备。

朱元璋定下规矩，宦官只能干粗活，不得兼任外臣文武官衔，不得穿外臣冠服，官无过四品，月给米一石，衣物、食物由内庭供应。宦官不得干预政事，干预者一律杀头。政府各部门不得与宦官有任何文件往来。

宦官天天在政治的旋涡里浸染，却绝口不能提政治，这种严苛的要求，足以使一个人精神分裂。

有一个老阉人供事日久，精神已经松懈，估计把朱元璋制定的规矩忘记了，也估计是心里憋坏了。一日，他从容语及政治之事，这可犯了大忌。朱元璋听到后龙颜大怒，立即把他逐回老家。

有一个人，堪称执行这种严苛要求的模范，名叫杜安道。

杜安道，以一手高超的理发技艺为朱元璋精心服务数十年，但凡帷幄计议，都瞒不了他，但是他性格缜密，不泄内情，经过诸大臣面前，总是闭口不言，作一个揖后就匆匆告退。他形同哑巴，又似理发机器人，让朱元璋大为放心。

即使对杜安道这种人，朱元璋宠信有加，也没别的恩遇，最后仅提拔他为光禄寺卿。

朱元璋还在宫门口立一块"镇妖碑"，在三尺铁牌之上，铸一行大字——

"内臣不得干预政事，预者斩。"

朱元璋的釜底抽薪之计是直接抹去宦官的智商，让他们永远是文盲，不许读书识字。这样，既看不懂皇帝的谕旨，也不能通过文件向外发布消息，让宦官没有参与政事的能力。如果发现宦官会读书识字，并且干预政事，他的下场一定很凄惨——剥皮处死。

后设置内官，由略通书算的小内使管理典簿、文籍。又设尚宝监，管理御用的图书，仅仅识字而已，不知道书里写的是什么意思。

因此，朱元璋时代的宦官胆小如鼠，一个个都是大老粗。

宦官赵成到河州买马，其后买马的还有司礼监庆童等人，慑于朱元璋的规矩，都不敢有所贪污。

不过这个规定，也差点要了朱元璋的命。遇到危险，宦官不能用文字传递信息，只能用嘴。遇到个结巴宦官，那情况简直糟透了。

丞相胡惟庸准备刺杀皇帝。他的家离皇宫不远，他编造了一个谎言，诡称胡府中有一口井，井中突然冒出了酷似薄酒的甘泉，叫醴泉水。他邀请皇帝临幸他家，观赏醴泉，伺机进行刺杀。朱元璋也感到好奇，同意了。

宦官云奇平时守卫皇宫的西华门，知道了这个阴谋，站出来阻止皇帝送死。

在皇帝的车驾走出西华门后，云奇冲上跸道，勒住马匹。他是广东人，平时说话结结巴巴，因为一时太激动，此时说不出一句话。云奇又不会写字，大家不知道他要干什么。

朱元璋思忖：小宦官居然跳出来阻挠我去做客，大不敬！

正在兴头上的朱元璋异常恼怒，命人痛殴。左右抡起瓜锤击打，当场打断了云奇的右臂。云奇忍住剧痛，依然抬起被打折的胳膊，指向胡惟庸的宅第，毫不退缩。

朱元璋会意，登上宫墙，遥望胡家，隐隐约约看到府里有动静，怀疑其中暗藏刀斧手，于是没去观赏醴泉，让胡惟庸没能得逞。

但伤重的云奇因力阻太祖行驾，被误认为无礼，惨死于瓜锤之下。

胡惟庸还勾结御史大夫陈宁、御史中丞涂节等人阴谋造反，暗地向天下同党传递消息。

告发胡惟庸的，恰恰是他最信任的涂节。

洪武十三年（1380）正月，涂节和中书省的另外一名职员上书皇帝，告发胡惟庸谋反。

朱元璋大怒，顷刻间，成千上万颗人头落地。肃清逆党的大运动席卷全国，淮西集团被彻底清洗。凡是朱元璋认为心怀怨望、行为跋扈的大臣，不管跟胡惟庸有没有关系，说你是胡党，你就是胡党，一律处死抄家。胡惟庸三族被杀。

朱元璋感知云奇的忠义，追赠其为左少监，嘉靖时，皇帝再追赠云奇为司礼监太监。

起用宦官

这一块"镇妖碑"，就像一柄达摩克利斯之剑，时刻高悬在宦官们的头顶之上，那冷冷的寒光，刺得宦官们日夜胆战心惊。因此，朱元璋时代宦官们很少有敢作恶的。

受朱元璋影响，建文帝驾驭宦官非常严厉，下诏宦官出外稍有不法行为，允许地方官先抓捕、戴上戒具，然后上报。建文帝以为这些走狗忠于自己，可是这些人最会见风使舵。

宦官们恨严苛对待他们的建文帝，暗中给朱棣做卧底，泄露朝廷机密。等到朱棣的燕军逼近南京，宦官们纷纷逃入燕军，泄露朝廷虚实，帮助大军轻易占领南京。

宦官们投降后，在朱棣即位后大多得到任用，因此从朱棣开始，对宦官渐渐放开手脚、加以重用，赋予宦官出使、专征、监军、分镇、刺探臣民隐事等大权，他们就开始抖威风了。宦官直接代表皇帝利益，只对皇帝个人负责，可以打破各种部门利益，推动问题顺利得到解决。

永乐元年（1403），朱棣派内官监李兴慰劳暹罗国王。

永乐三年（1405），遣太监郑和率领船队下西洋。

永乐八年（1410），派内官王安等人到都督谭青的军队监军。又命马靖出镇甘肃，马骐出镇交阯（今越南北部）。

永乐十八年（1420），在北京设置东厂，任用宦官当特务，刺探国内一切人的情报。亲信宦官担任首领，称为东厂掌印太监，也称厂公或督主。东厂大堂悬挂大幅岳飞画像，提醒东厂缇骑办案毋枉毋纵，堂前还有一座"百世流芳"的牌坊，可惜东厂在实际办案中背离初衷、非常离谱。

东厂权力在锦衣卫之上，只听命于皇帝，不经司法机关批准，可随意监督、缉拿臣民。杀人至惨，而不丽于法。大太监王振、刘瑾、冯保、魏忠贤都曾统领东厂。

但是朱棣对于宦官犯法，动辄处以极刑，宦官因此不敢放肆。

宣宗时，为宦官设立了高官职位。

内府衙门又叫"二十四衙门"，包括十二监：司礼监（照阁票批朱）、御马监（管马、大象、皇庄、草场）、内官监（管建筑材料）、司设监（管典簿、仪仗）、御用监（管装修陈设）、神宫监（管太庙）、尚膳监（管饮食）、尚宝监（管宝玺、敕符、印信）、印绶监（掌古今通集库、铁券、诰敕等）、直殿监（管保洁）、尚衣监（管皇帝的衣服）、都知监（掌各监行移、关知、勘合，随驾前导）。四司：惜薪司（管薪炭）、钟鼓司（管钟鼓、内乐、杂戏）、宝钞司（造草纸）、混堂司（管浴池）。八局：兵仗局（制造军器、火药）、银作局（打造金银器饰）、浣衣局（宫人养老院，不在皇城内）、巾帽局（管帽靴）、针工局（掌管宫中衣服）、内织染局（御用印染厂）、酒醋面局（管理宫内食用的酒醋、糖酱、面豆）、司苑局（管蔬菜、水果、园艺）。

这些基本是后勤部门，负责皇帝和宫内人的衣食住行等。

但是司礼监属于政治部门，大权在握。

宦官的权力主要集中在以下几个方面：

（一）朝廷权力。

司礼监为皇帝贴身服务，设四大太监：提督太监、掌印太监、秉笔太监、随堂太监。

秉笔太监、掌印太监，这两个职位权力最为显赫。秉笔、随堂太监负责章奏文书，照内阁票拟批朱。秉笔太监协助皇帝处理政务，靠批朱以售其奸。在无能的皇帝手下，秉笔太监就成了"翁父""立皇帝""九千岁"，真正掌握实权。

掌印太监负责内外章奏及御前勘合。

提督太监负责皇城内仪礼刑名，管理长随、当差、听事的宦官，门禁，催督光禄供应。

从王振开始，太监掌握了重要的人事任免权。

（二）宦官充任监军，到各地边军监视和掣肘军事将领。

（三）明代的特务机构，很大一部分由宦官控制，开启宦官干政之门。

宦官担任东厂掌印太监。

宪宗时为加强特务统治，于成化十三年（1477）在东厂之外增设西厂，与东厂、锦衣卫合称厂卫，用太监汪直为提督。

西厂权力超过东厂，活动范围自京师遍及各地，后屡开屡废。西厂可以侦查任何人的言行，并进行拘留、用刑，可不向皇帝奏请。

（四）宦官还有部分经济实权，比如担任矿税监，又称"矿监税使"。

矿税监于万历二十四年（1596）设置，均以宦官充任头目，垄断矿产开采，为皇帝敛财，充实国库，于各处横征暴敛，先后激起多起民变。

朱棣至朱瞻基时期，因为官场上的士大夫知重名节，宦官的势力虽然在膨胀，但"党与未盛"，不至于动摇国本。

到了明英宗执政时期，不许宦官干政的"镇妖碑"就开始摇摇晃晃了。王振要实现自己的野心，夺取权力的魔杖，就必须盗走这块碑，否则一生都难有大作为。太皇太后死后不久，王振觉得机会来了，便命人悄悄撤去这块"镇妖碑"，认为自己可以为所欲为。

从此，潘多拉盒子被打开，明朝的噩梦来了，宦官越来越嚣张。到了明代后期，阉党横行天下，荼毒生灵，除了刚正不阿的东林党外，其他官员竞相巴结魏忠贤，以致政治越发腐朽。无数的魑魅魍魉相继登台，直到把明朝折腾灭亡。"明代阉宦之祸酷矣，然非诸党人附丽之，羽翼之，张其势而助之攻，虐焰不若是其烈也。"

"王伴伴"入宫廷

王振作为明代宦官干政第一人，是一个可以烧掉一座房子来煮一个鸡蛋的人物。只有一个人，看不出这个国贼的本来面目，反而认他做"先生"。他就是王振最亲的人——明英宗朱祁镇。明英宗如此宠信王振，王振却是土木堡之变的罪魁祸首，将皇帝一步步送进北方瓦剌部的俘虏营，也断送了自己的小命。随着樊忠"吾为天下诛此贼！"的一声大喝，一锤结束了这个国贼可耻的一生。

那么，王振是如何一步一步上位的呢？

任用王振，是英宗败坏祖宗法度的结果。

王振能爬到一人之下、万人之上的地位，完全是出于和朱祁镇的关系太铁。

王振是蔚州（今河北蔚县）人（《明史》《明实录》都说他是蔚州人，《明史纪事本末》说他是山西大同人有误）。

一种版本是，王振从小就是宦官。内书堂开张以后，聪明伶俐的王振被选入内书堂读书（《明史》）。

另外一个版本是，王振是当地的一个落第秀才，在私塾做了9年老师（清代查继佐《罪惟录》），没有考取什么功名。

按照明代的规则，举人以下的读书人如同没壳的蜗牛，没有机会进入高官行列。

明代科举分成上下两层，下层是秀才、举人，没啥花头，没法当大官。上层则是进士与翰林，将来几乎都是做大官的，没有做小官的。

王振不是不想当大官，但是对考进士望而生畏。成为一个进士有多难呢？一是府县考秀才，过第一关；二是省试，到省会考乡试，过举人这一关；三是到北京参加会试，这一关过了，就是进士，也叫进士及第。

进士还得进培训班，由朝廷大官教学，读书满3年，再考试，成绩好的进入翰林院。进了翰林院就有了做大官的资格。明清的许多名人，都出自翰林院。

任何一个具体的制度，都不是十全十美的，不会绝对有利而无任何弊端，也不会绝对有弊而无任何好处，有部分群体从中获益，则有部分群体从中受损。明代非进士、翰林不能做大官，这种制度就有两面性。

好处是：政府通过考试，选拔一批人才，成为进士与翰林，作为政府官员的人才库。他们获得了好出身，留在中央上接天线，安心读书、修学，学习许多政治知识，了解政府的实际政事，等待政府用人。

坏处是：重出身、唯学历，不重视人本身的才能和努力，断了举人的进步之路。而两汉到唐宋，任何人都可以从小官做起，人人都有当大官的希望。到了明代，选才范围突然变窄，举人以下就躺平了。

所以，以王振这样的落第秀才想当大官，以他的学历那是癞蛤蟆想吃天鹅肉——异想天开。

这个难不倒王振聪明的脑瓜子，他选择了一条十分曲折的接近皇帝的路线——自阉入宫当宦官。然后，他进入宦官培训学校内书堂读书。果然，在这里他遇到了人生中的贵人——朱祁镇。

朱祁镇生于宣德二年（1427），后来成为太子。太子是储君，身份并非与生俱来。只有获得皇帝"册封"，才会取得太子的身份。如果一切顺利，太子将来可以继承皇位、登上宝座。太子在朝堂上的地位是第二号，拥有监国的权力，并拥有自己的"小朝廷"——东宫。

年幼的英宗身边需要一个宦官侍奉，陪他读书和玩耍。曾在内书堂读书的王振抓住了这个千载难逢的机会。陪太子读书，自然也不是一般人可以胜任的。

史称王振"狡黠"、富有智慧、善于伺察人意。八面玲珑的王振颇得宣宗青睐，以东宫局郎的身份服侍皇太子朱祁镇。因为陪伴朱祁镇长身体和长脑子，人们都称呼王振叫"王伴伴"。

太子对于王振来说，就是他的命，就是他的事业，就是他权力的来源，就是他玩转天下的神器。只要能玩转朱祁镇，他就能得到梦寐以求的任何东西。

宦官学校内书堂

史学家孟森说："历代阉祸，岂非皆自宣宗造之？"其将历代宦官之祸，归结为是宣宗开了一个坏的头。

宣德元年（1426），明宣宗朱瞻基在即位之初，下诏征求直言。湖广参政黄泽建言了正心、恤民、敬天、纳谏、练兵、重农、止贡献、明赏罚、远嬖幸、汰冗官等10件事。其中建议皇帝"远嬖幸"，就是远离得宠的奸伪小人，也包括宦官。

黄泽认为宦官性格阴险，善于伪装，是政治毒素，劝皇帝应吸取汉唐宦官干政的教训，不要亲近他们，要远离他们，不让其有插手军队、干预政治的机会。

宣宗对黄泽的建议予以嘉叹，深表赞同，但是鉴于宦官已经从明成祖时代开始登上政治舞台，并没有采纳黄泽的建议。宣宗反而下令设置"内书堂"，教导宦官们读书识字，提高他们的素质。宦官势力的崛起和壮大，正是从宣宗时期开始的。

"内书堂"是宫内的太监培训学校，进去学习的是10岁左右的宦官，数量在二三百人。

　　皇帝指定翰林学士担任教师，提供正规的书本教育。这些教师文化水平很高，首先是进士，在培训班进修3年，成绩好的进入翰林院。高素质的教师培养出来的宦官素质也较高，至少大多通晓文义，文盲大幅减少。

　　刑部主事刘引中是内书堂最早的教师，身份由此改为翰林院修撰。

　　比较有名的老师是大学士陈山。

　　陈山曾参与编修《永乐大典》，担任过明宣宗朱瞻基的老师，教授经书，宣宗即位后任户部左侍郎。

　　然而，一个建议让他彻底失去了宣宗的信任，从而与内书堂结缘。

　　宣德元年（1426）八月，汉王朱高煦发动叛乱，宣宗亲自征讨，陈山和襄、郑二王一同留守北京。朱高煦、朱高燧是两兄弟，他们这两个朱棣的儿子，却在此时结成了谋反同盟。

　　平叛一路顺利，宣宗的大军凯旋后，陈山建议宣宗乘胜利之威，移师河南彰德（治所在今安阳），攻打并抓捕赵王朱高燧，则朝廷永远安宁，可无萧墙之虞。在是否抓捕赵王的问题上，大臣们分成了使用硬手段和软手段的两派。

　　杨荣支持陈山的主张，对宣宗说："陈山之言，为国之大计，请先下敕书责问赵王，谴责其与朱高煦联手谋叛六师。军队突袭，不用掉转脚跟的工夫就可以擒拿他。"

　　陈山和杨荣的主张错了吗？当然没错。赵王已经是瓮中之鳖，怎么处置他有一千种方法，陈山只不过用了其中的一种——铁腕手段，只是有点严厉和粗暴罢了。

　　但是杨士奇、杨溥坚决反对抓赵王，主张用软的手段。宣宗采用杨士奇等人的方法，先将一些举报信发给赵王。赵王接到举报信，痛哭认怂，交出护卫王府的部队，不再折腾，既轻易消除了祸患，又保留了家族的亲情。

　　如果朱高燧有他父亲朱棣当年的手段和实力，建文帝的悲剧未必不会在宣宗身上重演。只是，朱高煦志大才疏，输得一败涂地，赵王朱高燧无路可走，是使用软刀子还是硬刀子对付他们，全看皇帝的心情而已。至于顾及什么亲情，什么不要杀伤人命，不过是虚伪客套。君不见，当朱高煦在牢笼里还桀骜不驯的时候，狠下心来的宣宗直接下令，把他扣在铜缸里烧成了一把骨灰。

此事后，宣宗不再重用陈山，认为他才能不足。

厌恶归厌恶，陈山的官职还在升，后来任户部尚书，兼谨身殿大学士、文渊阁直阁事、领文学士供职文华殿，任两朝实录总裁官。

一天，宣宗站在左顺门，远远望见陈山来上朝，问杨士奇："你说说陈山这个人怎么样？"杨士奇不喜欢陈山，说："陈山虽然侍从皇帝很久了，但是寡于学术，不识大体，不是君子。"皇帝说："是啊，赵王的事情差点被他耽误了。内阁是政本之地，岂可令这样一坨屎把它弄脏了？"

在皇帝眼里，陈山弄脏了内阁，因为他评价陈山，用了一个"溷"字。

陈山于是被剥夺重要职务，就这样稀里糊涂地成了太监学校的教师，专门教宦官读书识字。他还有4名翰林官作为教学助手。

教这帮宦官，大材小用，没什么意思。陈山五次三番请求辞职，皇帝偏偏不放他走。

陈山的没落失意，却换来了宦官势力的崛起。

英宗时期的翰林修撰张益，也当过宦官学校的老师。他考中进士后，选为翰林庶吉士，授中书舍人，升大理寺左评事，仍于翰林任职。他教小内使读书，为人平易，有求必应。后来他升为侍读学士，在土木堡之变中阵亡。

此后宦官接受教育就成为一种制度，传承下去。经过内书堂的训练，宦官们多通文墨，通晓古今，具有了批阅大臣奏本、传达皇帝诏谕的本领。宣宗在政治上，不仅提升内阁地位，任用"三杨"、蹇义、夏原吉等，而且允许宦官读书、参政，提高了宦官的地位。这种做法一定程度上提高了行政的办事效率，但也促进了宦官势力的崛起。

宣宗时，宦官们不敢放肆乱来，犯有重罪的宦官会遭到处决和严惩。宦官袁琦私自令阮巨队等人出外采办、搜刮财物。事情被皇帝知道后，袁琦被磔死，阮巨队等人全部斩首。裴可烈等人所行不法，立马被诛杀。

皇帝让信得过的奴仆去处理奏章，大开宦官乱政之门。数代传下去之后，宦官势力积重难返。有些宦官逞其智巧，博得主子欢心，遇到君主昏庸，则伺机作奸犯科，在皇帝不知情的情况下上下其手，滥用特权。当英宗、嘉靖等人怠忽职守或不问政事，宦官滥用权力的情况变得非常严重。这证明了朱元璋严禁宦官干政的远见，但宦官干政同时又是他废除宰相制度的副产品。

他没有料到后世皇帝是这么孬。

王振上位

至少在宣德年间，王振就升到了太监的位置，受到朱瞻基重用。

宣德元年（1426）秋七月，王振已经在传达皇帝谕旨。

宣宗很重视人命。秋色肃杀，又到了录囚的时节，这次要处死70名强盗及杀人重囚。宣宗对左都御史刘观说："这些人本来不可宽宥，你们仍然要再审录一遍。"刘观答道："已经屡次审录，没有冤情，应判处死刑。"

退朝之后，宣宗还是不放心，派太监王振出来，告诉刘观等人："刚才那些判处死刑的囚犯姑且不要处斩，立即详尽写好他们所犯的情罪呈上来，朕要详细阅览。"宣宗仔细看了他们的罪状，才把他们杀了。

宣宗在巡边时，任命王振参与提督皇城内外的一切事务。

仁宣时期，北方边境基本没有大的战事。朱元璋创建的基层卫所制度到此时已经崩溃，为土木堡之变埋下伏笔。技术（火器研发）落后，糟糕的待遇留不住人心，军士没有仗打，上升渠道变得很窄，这样就没有人愿意当兵了，中低级军官素质不够，大家只能通过军功和谏言升职。这样一潭死水的局面，导致士兵们大量逃亡，有的卫所甚至只剩下一两个人。到了正统三年（1438），原来300万左右的军队规模已经大幅缩水，战斗力急剧下降，全国的逃兵已经达到了120多万人。

瓦剌部的首领脱欢抓住和平的机会，以脱脱不花汗的名义统一安乐王、贤义王及和宁王所部，并联姻忠顺王，强大了起来，逐渐侵蚀明朝边界。

为了维护边界安宁，宣宗分别在宣德三年（1428）、宣德五年（1430）、宣德九年（1434）进行 3 次边境巡逻。宽河之战中，明宣宗用数百名铁骑直驱前行，兀良哈部知道是皇帝亲征，全部下马，拜倒在地，请求投降。

宣德九年（1434）九月，朱瞻基将率军队巡边，令王振参与提督皇城内外的一切事务。朱瞻基对留守北京的武定侯郭玹等人说："命太监杨瑛、李德、王振、僧保、李和等，提督皇城内外一应事务。命少师蹇义，少傅杨士奇、杨荣，礼部尚书胡濙、杨溥，工部尚书吴中等扈从。"可见，王振此时处于权力上升期。

填补权力真空

宣德十年（1435）正月，宣宗在乾清宫病死，当时宫中传言，朱祁镇的奶奶、张太皇太后打算立襄王朱瞻墡为皇帝。张太皇太后召集群臣到乾清宫澄清谣言，指着太子朱祁镇，哭泣着说："此新天子也。"

君臣跪倒在地，山呼万岁。

龙位上的朱祁镇年仅 9 岁，相当于今天的三年级小学生，就这样披上了龙袍。

封建社会的毛病就在这里，传位只能传给嫡长子。有个正常的男青年继位那是"老天之恩赐"、国家之万幸，偏偏这领导人的继承问题就如哮喘发作的病人——上气不接下气，随时要断气。有的继承人不是傻子，就是幼子，有了位子其实还是空架子，有权力不会用，有大刀不会耍，有龙椅不会坐，国家大事要交给别人处理，别人处理不好天下就遭殃，别人处理得太好了就要猜忌人家。

现在又到了"孤儿寡母"的治理模式。大臣们请张太后垂帘听政，张太后拒绝说："毋坏祖宗法。第悉罢一切不急之务。"

作为过渡手段，张奶奶虽然秉政，却属于外戚势力，也没有多少治国理政的能力和经验，是政治外行。

但她有自知之明，不亲自处理国家政务，不重用自家人，不允许外戚干政，而是把国家一切政务交给多朝元老、内阁大臣"三杨"——杨士奇、杨荣、杨溥处理。

"三杨"是个超级强的政治联合体。

杨荣性格开朗豁达，果敢坚毅，遇事敢作敢当，处理国家大事随机应变，尤其懂得军事，不次于唐代的姚崇。他数次跟从明成祖北征大漠，能知边将贤否、要塞险易远近、敌情是顺是逆，是朱棣的得力助手。朱棣非常威严，脾气很大，与大臣们议事无法决断时，常常怒发冲冠，失态咆哮，弄得大臣们手足无措，战战兢兢。但杨荣一到，朱棣脸色便转好，决策很快就理顺、出炉了。杨荣在朝凡40年，未尝一日不上朝，参与考察廷试，九修四朝实录，皆是总裁，累朝眷遇之隆，元勋世戚都不及他。

按照居住地排列，杨士奇为西杨，杨荣为东杨，杨溥为南杨。西杨有相才，东杨有相业，南杨有相度。

由于太皇太后有令，年幼的英宗需要和张辅、"三杨"、胡濙商量国家大事，只有五人都赞成，重大决策方可实行。政治大权掌握在"三杨"手中，集体决策，形成政归台阁的局面。大臣有事，先汇报太皇太后，每过几天，太后必派遣宦官到内阁，询问施行什么事，然后宦官回来详细禀报。

太后让渡权力给"三杨"，"三杨"掌权顾及太后和英宗，也不敢用力过猛，这就形成了一定的权力真空的"模糊地带"。这个权力真空，被一个人钻了空子，他就是王振。

王振和朱祁镇岁数相差这么大，能玩得似水如鱼、情同父子，那还是需要一定本事的。

英宗朱祁镇幼年丧父，缺乏父爱，对王振非常依赖，称呼王振为"先生"，而不直呼其名。王振对幼小的皇帝具有很强的支配力量。

清代张廷玉说，王振以狡黠得到皇帝欢心。英宗复辟以后，对王振还追念不已，抑何其感溺之深也。"感溺之深"，形容了他们之间难分难舍、沉迷不悟、不能自拔的关系，而且这种深厚的感情持续了彼此的一生。这种从小培养起来的感情，犹如一个孩子对于母亲的感情，想断也断不了。

当然，王振也不是一味逢迎。

宣宗好奇心强，兴趣广泛，好斗蟋蟀、喜欢看球，"人主好奇技淫声、鸷鸟猛兽，游幸无度，田猎不时"，"人主好高台深池，雕琢刻镂，珠玉珍玩，黼黻絺绤"。

一次，宣宗看到普通的预备役士兵王敏球技不错，堪称北京城的"马拉多纳"，很是赏识，将他阉割之后送进皇宫，陪他们父子踢球。

这天，朱祁镇与王敏正在踢球，踢得高兴，看到王振来了。王振对于朱祁镇迷恋踢球比较反感，朱祁镇就马上停下来，走了。

朱祁镇来到阁中，王振下跪说道："先皇帝（指宣宗）为了一个球子，差点误了天下，陛下又传承了这种爱好，这是要将江山社稷放在哪里呢？"

朱祁镇听了之后，羞愧得无地自容。

王振办事非常讲究技巧和分寸，既能达到自己的目的，又不使人反感。

据《智囊全集》记载，北京功德寺的后宫有一座佛像极为工巧壮丽，就是王振造的。原来，张太后经常去那里礼佛，幼小的英宗随太后一起出游，曾经在功德寺的后宫一连住了3个晚上。

王振认为后妃住在佛寺不太好，但是又不能阻止或者劝谏太后不要再去佛寺住宿。他便想出了一个办法，命人秘密制造了一座佛像。

佛像造好以后，请小英宗进言太后："母后大德，子无以报，已命人装佛一堂，请求放在功德寺的后宫，以酬厚德。"太后大喜，点头允许，这座佛像就安放在了后宫之中。太后命中书舍人书写金字藏经，放在东西房。但是，从此以后，太后因为那里有佛像、经书在，不可就寝，所以再也不去住宿了。

王振宁愿花费大价钱造佛像送进寺庙，也不提出劝太后不要在寺庙住宿的建议，可见其心思之缜密。

一朝天子一朝臣，重用宦官也不例外。司礼监太监金英的资历比王振老，但那是宣宗的人，还是他的保姆式太监"王伴伴"用起来顺手。在英宗继位后，王振便越过金英等人，出任宦官中权力最大的司礼监掌印太监。

由于有内阁领头的集体领导机制，王振想发挥自己的作用并不容易，太皇太后有时听到王振自己决断，不付内阁讨论，必立即召来王振进行责问。

王振每次去内阁，装作怯生生的样子，站在门口不敢进去。"三杨"看见他来了，立即热情招呼他进去议事。

面对内阁势大的情况，王振并没有止步不前、坐以待毙，他的小脑瓜一刻也没闲着，只有一点点搞自己的小动作，一点点挣表现。

开经筵

英宗即位半年，到了秋天，辅臣感到对幼主的教育责任重大，提议开经筵，让他接受教育、增进治国智慧。经筵是帝王听讲经籍的地方。

对皇子的教育和培养是统治者的一项十分重要的工作。在治国理论的学习上，以前的皇子主要学习儒家经典、历史典籍。这一套东西，你不能说它没用，朱元璋给皇子学的是这个内容，康熙皇帝小时候学的也是这个内容，是一套行之有效的皇子教育培养制度。

朱元璋敕建了图书馆大本堂，收藏古今图书，请名儒教授太子、亲王，选民间俊秀及公卿嫡子，进入堂中伴读。后来，太子朱标读书改在文华堂，由学士宋濂当老师。当时的教材有《尚书》《春秋》《资治通鉴》《大学衍义》《贞观政要》等。每天早朝过后，由侍读官陪太子读四书、史籍，再由侍讲讲解内容，然后由侍书官指导练字。凡所读书，3天后要求熟练背诵。朱元璋对太子、诸王提出的读书要求是正心、实用。

大学士杨溥在内阁第一个提出为英宗开经筵的建议。他说，圣帝明王，莫不务学。先帝在时，屡次谕臣等劝学东宫，遗音尚在。皇上肇登宝位，必明晓尧、舜之道，以图唐、虞之治。乞求早开经筵，择老成识大体者辅导。太皇太后、皇太后，为皇上慎选左右侍从之臣，涵养本源，辅成德性。太皇太后张奶奶听后大喜。

兵部尚书杨士奇、工部尚书杨荣、礼部尚书杨溥说，皇上统御万邦，根本在于致力于圣学。君主有德，在于臣下；君主无德，也在于臣下。因此，凡经筵讲读之官、左右侍从之人，必皆选正人用之，君德庶有成也。

英宗读书的事情就定下来了，张奶奶劝导他要好好学习。

英宗命英国公张辅等人推举讲读官。

朱祁镇敕谕以张辅主持经筵事，"三杨"则同知经筵事；少詹事兼侍读学士王直，少詹事兼侍讲学士王英，侍读学士李时勉、钱习礼，侍讲学士陈循，侍读苗衷，侍讲高谷，修撰马愉、曹鼐兼任经筵官；翰林春坊等衙门的儒臣分直侍讲。

又以成国公朱勇、工部尚书吴中、吏部尚书郭琎、礼部尚书胡濙、兵部尚书王骥、刑部尚书魏源、都察院右都御史顾佐侍班。

正统元年（1436）二月，胡濙等人制定出隆重的经筵礼仪——

每月初二、十二、二十二会讲直殿。内官先一日于文华殿设御案于御座之东稍南，设讲案于御案之南稍东。

是日早，司礼监官先陈所讲经书，书以《大学》一册，经以《尚书》一册，置御案，书在东，经在西。又各以一册置讲案。讲官二员各撰讲义一篇，预置于册内。

皇上御奉天门早朝毕，退御文华殿。将军侍卫如常仪，鸿胪寺官引三师、三少、尚书、都御史、学士及讲读执事等官于丹陛上，行五拜三叩头。礼毕，以次上殿，依品级东西序立侍仪。御史、给事中各二员，于殿内之南分东西北向立，序班二员举御案置御座前，二员举讲案置御案之南，正中鸿胪寺官赞进讲。讲官一员从东班出，一员从西班出，诣讲案前，北向并立，鸿胪寺官赞鞠躬拜叩头兴平身毕，翰林执事官一员从东班出，进诣御案前，跪展书册毕，退立于御案之东稍南，讲官一员进至讲案前讲书，讲毕，稍退，执事官复诣御案前，跪掩书册毕，退就东班。又执事官一员从西班出，进诣御案前，跪展经册毕，退立于御案之西稍南，讲官一员，进至讲案前讲经，讲毕，稍退，仍并立。执事官复诣御案前，跪掩经册毕，退就西班。鸿胪寺赞讲官鞠躬拜叩头兴平身礼毕，各退就东西班序班，二员举御案，二员举讲案，退置原所。鸿胪寺官赞礼毕，上还宫。（据《明英宗实录》）

以上是每月三大讲的礼节。开经筵为朝廷盛典，英宗来到文华殿听讲，由张辅、"三杨"等主持讲座。六部尚书等侍班，另有其他人员。

每日一小讲，只用讲读官4人，学士轮流侍班，不用侍卫、侍仪、执事等官。侍班讲读等官入见行叩头礼，东西分立，先读书，然后读经或读史，每次伴读十几遍后，讲官直说大义，惟在明白易晓。讲读后，侍书官指导英宗练毛笔字，练字结束，各官叩头退下。

平日里，给皇帝讲课的翰林学士基本都是状元级别的进士，阵容豪华。给英宗朱祁镇讲课的有翰林学士高谷、苗衷、马愉、曹鼐、陈循等人。

曹鼐31岁时考中进士、状元。他的经筵讲得好，明切畅达，对朱祁镇很有启发，左右侍从都喜欢听他讲课。马愉也是状元，为太子老师。为了不让朱祁镇听得吃力，他们都很认真地备课、站着讲课。讲课以"研经论史"为主要内容，由浅入深，让小孩子都听得懂。

在讲课的过程中，英宗朱祁镇从历史中、经典中获得了处理问题的能力，也与这些老师建立了亲密的互动关系。这些老师后来很多进入内阁，参与大政方针的决策。

英宗阅兵

司礼监太监王振在文化方面插不上话，就在军事方面动脑筋。他就趁杨溥等人提议开经筵的机会，建议英宗除了学习，还要走出宫门，进行阅兵。

英宗觉得好玩，令王振偕文武大臣，在北京朝阳门外的近郊举行阅兵。

王振第一次带小皇帝阅兵，就提拔了自己的亲信。这是王振第一次擅作威福、行使权力。

首次阅兵集合了京营及诸卫的武职人员，阅兵的内容是比赛骑射，把成绩分为四等，第一等叫最，第四等叫殿。

王振提拔的武官名叫纪广，任隆庆右卫指挥，属于后军都督府。他以前世袭父职，为隆庆右卫指挥佥事，守卫居庸关、怀来一带，后来投到王振门下，攀上了高枝。纪广富有胆略，临阵勇敢，不惧敌人。

两人的关系日益亲密，王振有意找个理由提拔他，遂向娃娃皇帝上奏：纪广成绩第一。

王振矫旨将纪广从正三品的卫指挥使提拔为正二品的都督佥事。这个职位十分紧要，五军都督府的正二品官享有军权，可以掌印、金书职位掌管府事，或任总兵、副总兵镇守，或挂印出征。几年后，纪广以右参将的身份镇守宣府，不久升为右都督，任总兵官。

提拔纪广，是王振干政的重要一步。

又过了3个月，英宗觉得好玩，又要阅兵。他坐在将台上，令诸将骑射，以3枝箭决定胜负。

1万骑兵踊跃参赛，然而一个个懦弱无能、骑射不精，三发三中的人，居然一个也没有。大家正在失望之际，只见驸马都尉井源，弯弓跃马，三发三中。大家拍手称奇。

井源为顺德府（今河北邢台）人，武艺高强，自幼酷爱习武，少有大志，听闻北方边患频仍，决心投笔从戎，保卫国防。井源参军后，骁勇善战，出奇制胜，多次受到皇帝嘉奖。皇帝将他招为驸马爷，成为朱高炽长女、嘉兴大长公主的丈夫，官授驸马都尉，多次担任英宗的随驾扈从。

看到井源拔得头筹，娃娃皇帝英宗也"龙颜大悦"，将放在上位的酒杯拿起来，赐给井源。

赏赐如此之薄，连观众都看不下去了。大家七嘴八舌，议论纷纷：上次比武第一名的纪广升官了，而今天天子怎么对骑射冠军只赏赐一只酒杯呢？

大家已经形成了思维定式，好像拿第一就可以提拔。其实，井源是皇亲国戚，不是王振的人，用不着巴结讨好王振，王振也就不推荐他升官，所以拿了第一也没用。所以，这次比武大家都为井源打抱不平。看来，还是得傍王太监这棵大树才有前途啊。

多年以后，井源在土木堡之变中英勇战死，这是后话。

重典御下

王振的第二招便是引导小皇帝重典御下。

治吏自然要从严，防止大臣欺蔽君上，如果官员犯了罪，自然要严惩不贷，这是朱元璋传下来的政治传统。

然而，打铁还需自身硬，不仅要对自己严格，而且还要对别人严格。

至于严格到什么程度，还有一个度的考量，严格得过了头，则适得其反、过犹不及，成了王振整人的手段。

王振是个利己主义者，宽于待己、严于待人，仗着受宠于英宗，逐渐干预外庭之事，借助小皇帝之手严格驾驭臣下。大臣们往往只是犯了小过错也下狱问罪，法网这么密，下狱者络绎不绝，怨声载道。而王振开心不已，从中操弄权力、树立威信。

正统元年（1436）十二月，兵部尚书王骥、右侍郎邝野被抓进监狱。

起因是西北边情紧急，瓦剌脱欢人马势头特盛，经常来骚扰陕西等边境，出没无常，守备官军临敌又不能杀敌。10 岁的朱祁镇命王骥等人商议汇报如何防御，但是过了 5 天还未回奏。当天，早朝奏事完毕，娃娃皇帝将王骥叫到面前，责备说："边情紧急如此，尔等为什么迟延不议？欺负朕年幼吗？"于是命人把王骥等人抓进监狱。

10 岁的小皇帝不可能有这么厉害，背后必定是王振在唆使，小皇帝鹦鹉学舌而已。

英国公张辅等人赶快上备边之议，说："甘肃、延绥、大同、宣府各边，俱有镇守总兵等官，师旅不谓不多，烽堠不谓不备，然而残虏得以为寇，是因为守将提督之不严。欲命大将出师，则贼寇出没无常，初无巢穴可捣。"为今之计，宜令各处镇守等官，尽心处置，不要冲上前被贼杀了，仍令都督蒋贵、赵安各率精骑，在贼人经常出没的地方巡哨，遇贼就追杀，不要放他们入境。延绥地方旷远，都指挥王永率领的兵少，乞求将山西在北京操备的官军选拔 2000 人，举智勇的都指挥一员管领，前去支援王永。其在京旧选 4 万人，令成国公朱勇训练，以备有警。朱祁镇同意了他的建议。

尽管如此，即使如英国公张辅，报告如果写得慢了，还要被王振追责。畏避不举的御史、给事中还要被杖 20 下，并且罚款。

太监在宫里也不是那么好混的，为政严明的张太皇太后可不是傻瓜，她都看在眼里，使用宦官充当耳目，内阁和外面的事情她都摸得一清二楚呢。

她看出"王伴伴"不是东西，三天两头对他施以警告，是第一个给"王伴伴"带来死亡威胁的人。

一日，张太皇太后来到便殿，朱祁镇西面而立。

张太皇太后召来英国公张辅，大学士杨士奇、杨荣、杨溥，尚书胡濙等人，商量国家大事。

太皇太后首先对这些大臣辅佐年幼的英宗表示感谢："卿等老臣，嗣君冲年，幸好同心协力，共安社稷。"

太皇太后特地召杨溥上前，动情地说："先帝每念及卿的忠诚，屡次发愁叹息，不想今日再一次看见卿。"

想到去世的仁宗，杨溥感动得伏地而泣，太皇太后也流下眼泪。左右皆悲怆不已。

因为在朱棣巡幸北京之时，当时的太子朱高炽居守南京，因为亲弟弟朱高煦屡次进谗言，朱棣非常不喜欢朱高炽，因此严厉打击太子一派的势力，大臣动辄被打进诏狱关押，大家都战战兢兢，活得苦哈哈的。陈善等人相继死去，才高八斗的解缙在醉酒之后，在一个寒冷的雪夜被锦衣卫埋在雪堆里冻成了冰棍，而杨溥及黄淮等人被关在暗无天日的监牢里，一关就是10年。仁宗朱高炽和这些苦难的哥们儿长期相依为命，日日忧愁于心，每次与张太皇太后说起此事，常常惨然泣下，所以太皇太后才有这番话。

太皇太后看了看朱祁镇，说："此五位大臣，是三朝所选拔的人才，特意留给皇帝。有什么要实行的事情，必与他们事先谋划。非五人所说，你不可实行。"英宗表示受命。

一会儿，张太皇太后又命人把太监"王伴伴"叫来。

"王伴伴"还以为有什么好事，乐颠颠地来到便殿，俯伏于地，听张太皇太后"赏赐"。

太皇太后刚才还讲得动情，现在忽然变了脸色，脸上由万里晴空马上变得阴云密布，对"王伴伴"厉声说："汝侍候皇帝起居，多为不法，罪当处死！"

这一声断喝，犹如一声炸雷，轰得王振跪不住。

王振没有心理准备，吓得面如土色、身体筛糠、冷汗直冒。女官将一把冷冰冰的佩刀架在王振的脖子上，要宰了他。

朱祁镇慌忙下跪，为他求情。

张辅等 5 人也纷纷跪倒。

看来，大家都不想杀了王振，要处死王振的，只有她一个人。

张太皇太后不再坚持，面色稍有缓和，说："皇帝因为年纪太小，岂知此辈祸害家国？我听从皇帝暨诸大臣的建议，宽恕你王振，此后不可令你干预国事。如果再犯，必定严惩不贷。"

王振唯唯诺诺，庆幸自己捡了一条命，心里恨死了这个打压他的张奶奶，恨死了不许宦官干政的朱元璋，恨死了压在他头上的"三杨"。火暴脾气、唯我自大的王振选择了忍气吞声，或许他在想："你想干掉我，总有一天，我就干掉你孙子。"

世间的能量都是流动的，你给了我负能量，哪一天它也会释放出来，反噬你自身。

张太皇太后对王振还是不放心。每过几天，太皇太后必派遣宦官到内阁，问施行什么事，回来详细汇报。如果听到什么事情由王振自己处置、不交给内阁商议，她必定立即召来王振，严厉责骂一番。

在张太皇太后严管之下，王振夹着尾巴做人，不敢过度放肆。宦官只是个跑腿的奴才，对累朝元老的内阁"三杨"心中忌惮，内阁的权力比宦官大多了。

尹凤是朝鲜人。洪武末年，明朝到朝鲜索取阉人，尹凤随之进入南京皇宫。他见证了朱祁镇的成长经历，认为英宗在做皇太子时"轻佻"。《朝鲜文宗实录》记载内监尹凤的话，披露了宣宗喜欢游戏、后宫杀害幼子、英宗小时候轻佻的情况："帝（指宣宗）爱好游戏，至一旬不进谒皇太后。且后宫争妒，宫人所生的孩子，潜相杀之。皇太子（指朱祁镇）亦轻佻。"尹凤一直待到英宗复辟前后，然后回到朝鲜，因此他的话是可信的。

史学家谷应泰对此时没有除掉王振，感觉颇为可惜，说："奈何章帝宾天，太后震怒，论诛王振，大臣缄口，坐令勃鞮之祸伏于多鱼，石显之专萌于病已。而仁、宣之业，则几乎熄，朝廷尚为有人哉？"

就是说，在宣帝去世后，在太后震怒之时，是讨论诛杀王振的好时机，然而大臣们默不作声，导致泄露机密埋下祸患，之前曾出现的春秋时期的晋国宦官、刺客、投机家勃鞮之祸，和西汉汉元帝刘奭时期奸臣石显那样的专权乱政之事，恰恰是萌发于朝廷自身的政治乱象。仁、宣之业，由此几乎熄火中断，朝廷上还有人才可用吗？

勃鞮武艺高强，从小宦官的位置一步步地爬到了大王身边，先后成为晋献公和晋惠公非常倚重的人物。勃鞮曾两次奉大王之命追杀晋献公的儿子重耳（后成为晋文公），不知道是故意放水，还是谋划不周，追杀均以失败告终。第一次刺杀，勃鞮仅仅割断了重耳的袖子，重耳爬墙逃走了。勃鞮第二次追杀重耳，重耳又没死，离开了北狄。在秦穆公军队的帮助下，重耳回到晋国，成为晋文公，随后派人杀死了晋怀公。勃鞮觐见晋文公，以齐桓公和管仲之事说服晋文公接纳自己，密告晋惠公的旧部吕省、郤芮企图放火烧死他。吕省、郤芮逃到黄河边，死于秦穆公之手。

谷应泰认为，勃鞮和王振都是很坏的宦官，一再背叛，反复无常，泄露机密，出卖自己的主子。

而石显，是汉元帝刘奭时期的奸臣，趁皇帝生病之时专权，结党营私，打击异己，直到汉成帝刘骜继位，石显被免官，死在回乡路上。谷应泰认为，王振就是像石显这样专政的奸臣。

二、斗着斗着就老了

人就是一团欲望，不满足的时候会痛苦，满足了则会无聊。

王振的欲望还没满足，还是压在石头下的一棵小草，他默默祈祷，压制他的石头快点风化。

蹇义、夏原吉先后去世，"三杨"相继老去，张太皇太后的身体也扛不住岁月的侵蚀。王振暗暗培植私人势力，逐步靠近权力中心，排斥"三杨"，仁、宣大业逐渐衰退。

正统四年（1439）冬十月，福建按察佥事廖谟杖死了一名驿丞。

这名被打死的人是杨溥的老乡，而打死人的人又是杨士奇的老乡。这下有好戏看了。

杨溥怨恨廖谟，定性为因私杀人，要判处其死刑。

而杨士奇想保护廖谟，定性为因公杀人，刑罚较轻。

廖谟到底是故意把人打死，还是误杀人，现在已经无法判定了，因为古代的杖可以任意操纵轻重，几杖下去也能打死人，但遇到行杖的人得到贿赂，100杖下去，被打的人也好好的。

杨溥与杨士奇意见不一致，都想偏袒自己的老乡。

争议不决之时，请太皇太后裁决，太皇太后也很为难，对"两杨"都没法得罪。

王振说："二人皆挟老乡之故，一个论抵命，刑罚太重，另外一个论因公杀人，刑罚太轻。处理办法是，宜进行降职。"

太后觉得"两杨"哪一方的建议都不妥，遂听从王振的意见，将廖谟降为同知。

王振的意见被采纳，染指朝事就上了瘾。

喜宾客、善交际的杨荣有个嗜好，颇通馈遗，就是喜欢收礼，边塞的将军每年都送给他良马。

早在宣德五年（1430）六月的一天，宣宗在文华殿召见杨士奇，单独对他说："张瑛曾经说：杨荣养的马甚多。今仔细审察，皆是边将赠送给杨荣的。杨荣大负于朕。"

尽管杨荣收了这么多良马，杨士奇还在和稀泥："杨荣屡次跟从文皇（朱棣）北征，典兵马，所以接近诸将。今阁臣中，知道边将有才否、阨塞险易远近及寇情顺逆，臣等皆远远不及杨荣，不宜以小过错而介意。"

收了这么多马，还是小过错，杨士奇也是如此包庇杨荣。

宣宗笑道："朕初即位，杨荣曾经数次说你坏话，还中伤蹇义、夏原吉。汝到内阁很久了，还为他辩护？"

杨士奇顿首，说："愿陛下如同宽容我一样宽容杨荣，使他改过。"

宣宗恨意退去，没有惩治杨荣。

杨士奇的话传到杨荣耳朵里，杨荣感到愧对杨士奇，两人感情更进一步，相得甚欢。宣宗更加亲厚重用他们，先后赏赐无数珍果、牢醴（肉类、美酒）、金绮衣、币等。

至少到正统五年（1440）春二月，王振已经掌握了很大的用人权力，随便拿出一张纸，随便写几个人的名字，便可让某某进入内阁。14岁的英宗其实不过是王振的傀儡。

王振下一步是夺取"三杨"的权力，先投石问路。王振问杨士奇："朝廷大事，皆赖3位老先生。然而三公也年寿已高，倦于勤政，以后当何如呢？"

他认为"三杨"已经老了，对政务也没以前那么勤快了。

杨士奇还是按照老套路，说："老臣当尽瘁报国，死而后已。"

只有杨荣听出了弦外音，脑筋一转，说："先生安得为此言？吾辈已老，无能效力，当以他人事君耳。"既然觉得我们不行，那就换人吧。

王振听闻这些老家伙有意要下去了，正是自己大显身手的机会，不禁喜上眉梢。

过了几天，王振即推荐曹鼐、苗衷、陈循、高谷、马愉等人，进入内阁，参预机务。他们大多做过英宗的老师，岁数比较年轻。

杨士奇还不想让位，把这事怪罪到杨荣身上。杨荣劝他说："王振已经厌恶吾辈，吾辈纵使政治自立，彼能容忍我们吗？一旦内中拿出片纸，令某某入阁，则吾辈只有束手认栽的份儿。今四人竟是我辈之人，又有什么损害呢？"

杨士奇思考片刻，点头称是，不再废话。"三杨"准备退"二线"了。

也就在当年，闲下来的杨荣在宦官的陪同下，回到家乡福建建安为亲人扫墓，却出大事了。

杨荣出发以后，没想到广西靖江王朱守谦的后人朱佐敬，派千户刘顺来到北京，送给杨荣6根金条，以便"朝中有人"。杨荣已经走了，接受黄金的是他的心腹，杨荣并不知情。

朱佐敬、朱佐敏两兄弟虽是皇亲国戚，却一向有矛盾，总是向朝廷告对方的状。这次，朱佐敬实实在在地落下了把柄。奉国将军朱佐敏举报朱佐敬向杨荣行贿，朱佐敬知道自己理亏，慌忙让千户刘顺去斡旋这个事情。

英宗知道了事情的原委，立即给朱佐敬回信，称你送金条给臣子也没用："王（指朱佐敬）为什么又出两张奏槁交给千户刘顺？你既给刘顺白银14两，又以黄金6条，令刘顺送与杨荣学士，方便其事。王以为朝廷之事，皆出自臣下吗？当初朱佐敏前后两奏，朕皆未相信，故令总兵官安远侯柳溥及三司巡按御史，核实好以后上奏，然后进行处置。朕于小民，凡有诉讼，必警饬法司不许冤枉人，何况宗室之亲，岂肯轻易诬陷冤枉？且朝廷一切赏罚予夺，皆朕按照祖宗成法亲自处理，何尝出于臣下？王今所为如此，必有深意，须从实奏来，不可隐匿。"

经过柳溥及巡按御史详细审查，朱佐敬坦白，的确是向杨荣行贿了，并表示谢罪，然后就把刘顺当"替罪羊"，说自己是被刘顺指使、诱惑，才去巴结杨荣。

英宗于是将这个"替罪羊"打发到辽东边卫充军，仍以书信批评朱佐敬昏愦，宜痛自改过，以保富贵。

王振拿住了杨荣受贿的把柄，欲弹劾杨荣。

杨士奇出手相助，说杨荣已回乡扫墓，对此并不知情，这一关才被破解，王振没有达到自己的目的。

但是，杨荣回去后，再也没能回到北京，在返程时生了重病。他不肯休息片刻，一直忙着赶路，途经杭州时，病死在武林驿站。

杨荣死后，杨士奇、杨溥更加势单力薄，无法与王振抗衡。

正统六年（1441），也就是张太皇太后去世前一年，她已经无法控制王振了，但也没想着再次除掉王振。

王振赴宴

正统六年（1441）十月，在朱棣时期失火的奉天、华盖、谨身三大殿，得以重建完成。三大殿 20 年前被烧毁时，明成祖将这看成是上天和祖宗对他的惩罚，惊吓之下，下令将北京改回"行在"，仍尊南京为首都，不再重修三大殿。

英宗重建的三大殿，相对简单了许多，不复原来的华美壮丽。奉天殿宽 30 丈，长 15 丈，相当于面阔 95.1 米，进深 47.55 米，面阔 9 间。毕竟龙位又回归到地轴线的轴心位置，朱祁镇非常高兴，在皇宫大摆筵宴，邀请百官参加，庆祝工程竣工。

只有一个重要人物没有受到邀请，因为他没有资格，他就是王振。

按照明朝的宫中规矩，宦官即使再受宠爱，也没有资格参加皇宫之宴（宦者虽宠，不得预王庭宴）。

英宗在宴会上见不到王振的身影，局促不安起来。

王振的个人魅力已经深深吸引了他，他对聪明机敏的王振已经形成了深深的依赖，以至于在重要场合看不到先生的身影，他便坐立不安。

英宗急忙派人去看王振在做什么，请他来吃饭。

王振正为无法赴宴大为恼怒，见了来人，大发牢骚："周公辅助成王，我为什么不能去宴会上坐一坐呢？"

王振显然妄自尊大，自认为是辅政的周公，早就不把"两杨"放在眼里了。

此时，他已经将政治权力控制在手，可以轻易地左右一切。他独断地决定国家的重大问题，压制任何批判，甚至滥杀他的对手。

使者将王振的话回报英宗。英宗听闻后更加局促不安，面露忧愁不悦之色，决心冒犯祖宗一回，为王振破个例，于是下令打开东华门的中门，邀请王振进入宫中参加宴会。

王振大摇大摆来到东华门外，见到中门大开，忙问何故。使者说："开中门是皇帝的诏命。"王振越发得意。

宫中百官见王振来到，纷纷拜倒，口中喋喋不休地表示：欢迎"翁父"前来赴宴。

王振看到眼前黑压压的一片跪倒在地的官员，喜悦得几乎灵魂出窍。

这种宴会，肚子事小，面子事大，英宗和百官给足了他王振面子。

这件事说明两个问题：一是"两杨＋太皇太后"已经遏制不住王振的势力了，王振已经掌握了朝廷大权；二是表明15岁的英宗已经具有了独立自主的意识，开始摆脱"两杨＋太皇太后"的影响。

到底英宗是何时亲政的，不得而知。他下的谕旨，外人很难知道，到底是出自他自己的主意，还是出自王振的主意。

以前，一切奏章、政事、看详批答，都要经内阁大学士之手。大学士看过后，写个小签条，写出意见，送给皇帝参考（条旨、票拟）。皇帝看过后，把纸条撕了，亲自"批红"（朱批），成为正式谕旨。

而现在，皇帝和内阁之间多了一个司礼监太监的中间环节，让太监钻了权力的空子。皇帝有事交给司礼监太监，再由太监交给内阁。内阁有事，先送给太监，再由太监送给皇帝。皇帝如果偷懒，或者像英宗年纪小，自己不做批示，就叫王振批红，太监就变成了真皇帝，掌握了最高决定权。

所以，司礼监太监成了高于内阁的职位，百官只好向王振下跪了。

明太祖朱元璋不准太监干预政事，而到了英宗执政后，太监干政比任何朝代都厉害，真是莫大的讽刺。

正统七年（1442），太皇太后病故，唯一制约王振的那个女人不在了。

王振势力益盛，大作威福，百官小有抵牾，动辄逮捕关押。廷臣人人惴惴不安，恐惧害怕，"两杨"也不能制约他。朝堂之上，人人自危。

最后杨士奇连自己也保不住了。

他是一个好首辅，却不是一个教导有方的好父亲。

杨士奇溺爱儿子杨稷，使得他有恃无恐，胆大包天，骄傲蛮横，仗势行恶，竟然发展到施暴杀人。对于儿子在外的一切恶行，杨士奇一无所知。

正统七年（1442）十一月，江西泰和县百姓上奏，少师、兵部尚书兼华盖殿大学士杨士奇的儿子杨稷，豪横不法，犯罪多达百余件，涉及几千人，事下都察院审议。

杨稷的罪行主要是：仰仗"我爸是杨士奇"，挖掘他人坟墓，埋葬自己的祖先；豢养很多流氓、无赖为家奴，强夺别人的婚姻、家庭、田地和子女；敲诈勒索搞钱；屡次杀害无罪的同乡百姓，等等。说白了，就是个黑社会头子。

杨士奇这才如梦方醒：惯子如杀子。这个"坑老"的儿子，竟然是个十恶不赦的流氓恶棍。

杨士奇自陈，杨稷冥顽不肖，已经无法管教，涉及的人实在太多了，乞令法司逮捕他。英宗命逮捕杨稷，连同重犯300余人，押解到北京审理，其余由巡按御史等官查办。

正统八年（1443）夏四月，都察院右都御史王文等人弹劾杨士奇纵容儿子杨稷为恶，应该罢免。

英宗说："士奇是先帝旧臣，日夕辅导朝廷，焉知其儿子居乡为恶？"命杨士奇继续履职。

次日，六科十三道纷纷上章弹劾杨士奇，英宗不理。

有人再次告发杨稷数十件横虐的事情，发给司法部门审理。

杨士奇无法偏袒儿子，也无脸再上朝，便以年老多病为由，请求告老还乡。

英宗怕伤害杨士奇，下诏安慰说，卿历事我祖宗，以老成硕德，启沃问学，弼赞政化，朕从中得到裨益尤多。你数月不在朕的身边，朕心夙夜不忘。特地派遣内臣往视，并赐颐养之资。卿之儿子被拘系，卿以理自处，勉进药食，身体早日康复。

杨士奇接到诏书后，感恩哭泣，忧虑成疾，以致卧病不起。

杨士奇曾写《宣德丙午谒二陵》，反映了他晚年的心境：

> 去年侍从谒长陵（为朱棣陵墓），此日重来恸倍增。
> 春柳春花浑似昔，献陵（指朱高炽陵墓）陵树复层层。
> 君恩追忆不胜哀，老泪干枯病骨摧。
> 陵下一来肠一断，余生知复几回来。

正统九年（1444）三月，杨士奇病逝，享年80岁。朝廷赠太师，谥文贞。

杨士奇去世后，司法部门再无挂碍，依法判处杨稷死刑。杨稷死于锦衣卫狱中。

就只剩下一个年逾古稀的杨溥，根本对抗不了王振。

年老多病的杨溥在杨士奇去世后接任首辅。

当时的人说"三杨"各有所长，士奇有学行，荣有才识，溥有雅操，引领天下。

说白了，经历过10年牢狱之灾的杨溥是个谨小慎微、老成持重、谦恭严谨的正人君子、谦谦长者，对待下属也礼贤下士。杨溥这个性格，跟以前侍奉太子朱高炽时的遭遇有关。因受汉王朱高煦诬陷，杨溥被关进诏狱长达10年，有时还忍饥挨饿，靠勤奋读书才挺了过来，他每天读书从不间断，竟然将经书史籍通读数遍。仁宗即位，杨溥获释出狱后，胆子小得可怜，上朝时，总是低着头不看人，顺着墙根走路，生怕打扰别人。眼见宦官王振权势益大，斗争性不足的他无能为力，不大过问政事，干脆躺平不干了。

正统九年（1444）秋七月，礼部尚书杨溥申请退休不干了："臣今年踰七十，筋力衰耗，虽欲自勉图报，而力不从心，伏乞允许臣退休，使我得以保全始终之节。"英宗不干，说："卿辅相老成，朕所倚毗而优礼者，其视事如故，毋更求去。"硬要挽留。

此时，杨溥提拔的威严廉直的陕西右参政年富干满9年，很有成绩，升任河南右布政使。有人举报年富为官苛刻暴虐，英宗命吏部查一查年富的举主是谁，准备连同年富一起治罪。尚书王直说，年富正是杨溥所推举的人。英宗于是打消了这个念头，指示年富用心干活。

正统十年（1445）五月，杨溥实在干不动了，皇帝就让他好好养老，重要会议也不要参加了。礼部请示：天下诸司的官吏、军民建言例会，由廷臣议行。正统初年，是"三杨"轮流主持会议。如今只有杨溥还健在，请令学士陈循、曹鼐、马愉等人参会。英宗以杨溥年老，应该养老优闲，会议就不必参加了。

正统十一年（1446）秋七月，干了3年首辅的杨溥生命停留在75岁的刻度上。

"一太皇太后＋三杨"的政治模式，彻底退出了历史舞台，整个天下都是王振的了。此后3年，他要开始他的复仇计划，将满腔怨恨和专制贪婪的本性淋漓尽致地释放出来。

正统十一年（1446）春正月，英宗朱祁镇已经20岁，再也不是毛头小伙子了，他得自己走路了。

王振二十年如一日，每天陪伴着朱祁镇，夙夜在侧，打理政务。而小英宗对王振的感情一如既往的深厚，而对他的罪行视而不见，反而更加依赖先生，赏赐司礼监太监王振白金、宝楮、彩币等物，提拔王振的侄子王林为锦衣卫指挥佥事。

英宗赐给王振的敕书，把他塑造成一个忠孝、度量大、勤奋工作、尽职尽心、能提出正确意见的人——

"忠君报国，臣子至情，此恩义之兼隆古今之通谊也。尔振性资忠厚，度量宏深。昔在皇曾祖时，特以内臣选拔事我皇祖，深见眷爱，教以诗书，玉成令器。委用既隆，勤诚益至。肆我皇考，念尔为先帝所器重，特简置朕左右。朕自春宫至登大位，前后几二十年。而尔夙夜在侧，寝食弗违，保卫调护，克尽乃心，赞翊维持，靡所不至，正言忠告，裨益实多。兹特赐敕给赏，擢为尔后者以官。《诗》曰：'无德不报。'《书》曰：'谨忠惟始。'朕眷念尔贤劳，昕夕不忘，尔尚体至意始终一致，我国家有无疆之休，尔亦有无穷之闻。"

王振在英宗朱祁镇面前伪装得如此之好，让其"不识庐山真面目"。后人对"三杨"没有利用最好的机会诛杀王振，清除君王身边的坏人，抱有微词，认为他们权位熏心。清代汪有典说："王振不法，积非一日，三杨受顾命、辅佐幼主，防微杜渐，清君侧，事无有重于此者。皇帝既冲幼，仿韩魏公（韩琦）宷任守忠故事，必无中阻旁挠之患，势无有易于此者。又何况太皇太后既知王振奸，欲赐王振死，乘此机会，直陈其罪行而捽而戮之，机更无有捷于此者，胡乃乞命，养此大憝！当机立断，非所谓模稜者耶！遂使移走石碑，毁掉祖宗之制，专政操生杀之权，箝制台谏，焚炙忠良。土木堡之变，几乎危及社稷，谁秉国钧？谁生厉阶？世多称'三杨相业，为明之冠'，予特以为他们心熏禄位、志怀祸机，去鄙夫一间耳！虽有补苴，何足数哉？"

蔡东藩也批评"三杨"甘作寒蝉默不作声，未能遏制王振崛起，导致权阉误国：

> 误国由来是贼臣，权阉构祸更逾伦。
>
> 三杨甘作寒蝉侣，莫谓明廷尚有人。

这些论调有些道理，"三杨"确实锄奸不力，没有像李贤除去曹吉祥和石亨、徐阶除去严嵩那样忍辱负重、费尽心机。但是，这也有些强人所难，太皇太后杀王振的意愿并不坚决，何况英宗力保王振，心理上对其高度依赖，杀王振也不是"三杨"所能决定的。英宗即位后，直接让王振一步登天，出任司礼监太监，掌握大权，居中用事，处于万人之上的地位，势力明显盖过"三杨"。

张辅智老偷生

英宗犹如幼稚的傀儡，事事依从幕后的王振"先生"，新阁臣马愉、曹鼐势力太弱，王振遂飞扬跋扈、不可节制，对公卿、大臣颐指气使，国家大事皆由他决断了。

这里能镇住王太监的，只有一个人，名字叫张辅。可惜他垂垂老矣，没有姜子牙那种斗志了。

史学家谈迁说："当时最善于用兵、德高望重，不为王振所屈，毋人能逾张英公。其人虽老，难道不是赵营平（西汉名将赵充国）、马伏波（东汉初年名将马援）吗？"

谈迁说得不错。太师、英国公张辅有这个资本。

张辅算是世袭制度最为成功的范例之一。

张辅，河南祥符县人，为河间忠武王张玉之子。他从朱棣起兵一直打到土木堡之变，战功显赫。那种 50 万人规模的仗，在他看来只是小菜一碟。

靖难之役中，张玉父子跟随朱棣参战。东昌之战中，张玉战死，28 岁的张辅世袭为都指挥同知（从二品，相当于省军区副司令）。永乐初，张辅被封为信安伯，次年晋爵新城侯。永乐五年（1407）征伐安南，张辅任右副将军。总兵官、成国公朱能去世后，张辅代替其职务，节制诸将，号令严明，兵锋所向，攻无不克，次年俘获黎季犛父子，献于京师，将安南版图归于中国，改名交阯。张辅因此晋封英国公。

收复北越后，当地反抗不止，难以消化。张辅于永乐七年（1409）再去交阯，擒获简定，永乐九年（1411）擒陈季扩，永乐十三年（1415）佩征夷将军印，充总兵官，镇守交阯。

张辅参与了朱棣后面 3 次北征大漠的战役。宣德元年（1426），扈从朱瞻基平息汉王朱高煦叛乱。

宣德四年（1429），张辅被解除兵权，退居二线，只是做做顾问工作。

英宗时，张辅与"三杨"等人同心辅政，当时海内承平、内外无事，安享禄位 20 余年，名震四夷，天下无人不想闻其风采。

我们来看看在英宗时期，张辅的主要工作基本是"打酱油"——

推举皇帝的讲读官；参加进士午宴；郕王冠告太庙，张辅持节行冠礼；宣宗皇帝实录编写完成，为总裁官；大祀天地于南郊，遣他行礼；靖江王朱佐敬兄弟闹矛盾，张辅去审理；天气大旱，遣张辅祭告，等等，基本是场面上势大力微的工作，就像一个充充场面的花瓶。

跟军事沾边的就是做顾问、写报告。一次，张辅的报告写慢了，还要被追责。都察院右佥都御史陈智等人上奏，太师英国公张辅等人奉命商议安攘之策，拖延数日，尚未回奏。英宗着急了，召来王骥责问，将他逮捕。

张辅等人赶忙叩头伏罪，英宗尽管放过了张辅，但是这些畏避不举的御史、给事中就倒霉了，各杖 20，再加停发工资 3 个月。所以，这个军事顾问的工作任务也比较繁重，不是那么好干的。

作为威震东亚的名将，在当时王振擅权的情况下，文武大臣只能望尘顿首和膝行对答，百官无一人敢与王振平起平坐，唯有张辅可以与他分庭抗礼。

王振视文武大臣为属吏，唯独对张辅毕恭毕敬。张辅也没有抵制王振的言行，每天默默无声，不言不语，很怕惹事上身，就像个木头人一样，也不提供正确、科学的意见。这就奇怪了：他为什么不发挥一点作用呢？

谈迁说："（张辅）以三十年之威名，将捍卫运筹帷幄之正确，竟曲从一腐竖，委弃骸骨如同微尘滴露一般，真像传说中所说的那样智老而偷生吗？"

智老而偷生，谈迁说到了点子上。

人老了，什么荣誉、地位、金钱都有了，马上就要死了，死了以后，爵位可以世袭，谁愿意瞎折腾、节外生枝呢？

张辅晚年就秉持"智老而偷生"的人生哲学，一味当老好人，根本不管王太监的倒行逆施，随他任意妄为，导致后面的大祸。

在国家的大事上不敢发声，但是对侵犯到他的尊严的家族矛盾，张辅却很会维护自己的面子。正统五年（1440）三月，太师、英国公张辅举报自己的弟弟、神策卫指挥使张轨及其儿子张瑄、张斌等人，开口骂自己，又殴打了看守父亲张玉坟地的看门人，揪扯看门人的头发说这是太师之发，往他脸上吐口水说这是太师之面。英宗命锦衣卫逮捕张轨父子，关押了一段时间。

三、好大的官威

遇到王振，官员如果不跪拜，将被抓进监狱，发边疆充军。王振就是这样一个令人恐惧的怪胎，有了势力，就非常注重这种威风八面的仪式感。

御史李铎在路上遇到王振不下跪，被罚到铁岭卫充军。

监察御史李俨，在光禄寺监督收拾祭祀用的物品。此时恰好王振从这里经过，李俨在回答王振的问话时没有下跪。王振大怒，认为他大不敬，把他投进锦衣卫监狱，发配铁岭卫充军。

他的权力来自稚嫩皇帝的宠信，一旦得了司礼监太监的位子，就端起了架子，摆起了官谱，耍起了威风。他官气熏天，不可向迩；唯我独尊，使人望而生畏；颐指气使，不以平等待人；作风粗暴，动辄破口骂人。他的官威之大，仿佛给他一个小火箭，他就会绑在百姓身上，把他们送进太空。百姓和大臣敬他、怕他、恨他，敢怒不敢言，但是一旦他倒霉了，大家恨不得吃其肉、寝其皮。

王振为什么要这么抖威风，把政治弄得这么恐怖？一是因为自卑，因为以前遭到欺压，要将以前吸收的负能量通过抖威风变本加厉地释放出来。二是为了捞钱，正所谓"水不急，鱼不跳"，空气紧张起来了，求他的人自然就多了。

王振掌权后，吓得瑟瑟发抖的公卿都要到他府上"拜码头"，屈身求得保护；百官们争相献金，请求得到提拔。

在正统六年（1441）十月三大殿重建竣工的庆功宴会上，王振已经打破宦官不得参加宫里宴会的规矩，凌驾于百官之上，来到东华门中门时，百官纷纷拜倒，山呼"翁父"。从那一刻起，无形中就形成了遇到王振，官员都要跪拜的规矩。大臣如果不跪拜，那对不起，你让他一刻不高兴，他让你一辈子不高兴。

《明史》记载，王振"所忤恨，辄加罪谪"。凡是得罪王振的，忤逆他、为他所恨、不逢迎他的人，不管是普通官员，还是七品以上高官，全部被扣上罪名，贬官或者下狱，遭到严厉打击。

王振一掌握大权，官场的气候陡变，知识分子唯利是图，抛弃士大夫精神，无官不贿赂，无守不盗窃，正直清廉的人顿时在浊流中无法呼吸和存活。

户部尚书刘中敷，就触了王振的霉头，成了王振耍官威的牺牲品。

户部尚书在明代为正二品，官儿也不小了，是掌管全国国土、赋税、军需、财政等的经济大臣，相当于今天的部长。但是王振作为宦官中权力最大的司礼监太监，有"内相"之称，地位之尊可比首辅，正二品的官还要被他踩在地上摩擦。

刘中敷说起来是个好官、清官，淡泊名利，质直廉静，不讲吃穿，从基层的生员、县丞，一路晋升到正二品高官，当了50年的官，家里却没啥积蓄。在山东当左布政使时，为吏民敬畏，年景不好的时候，主动为百姓减去三分之二的税收。

而宦官王振狐假虎威，不看对象，整人立威，屡次抓住大臣们的小过错，上纲上线，兴风作浪，唆使小皇帝对他们施以重刑。

贪官和清官本来就不是一路人，两者往往水火不容。

正统三年（1438），不知道户部尚书刘中敷触怒了王振的哪根神经，王太监就唆使给事中和御史，弹劾刘中敷和左侍郎吴玺等人，将他们投进监狱，不久又将其释放，官复原职。

正统六年（1441），刘中敷第二次倒霉。言官弹劾刘中敷专擅之罪，小皇帝令法司在内廷全面审理。论罪应当将刘中敷流放，但皇上放了他一马，允许他出资赎罪。

当年冬天，刘中敷第三次倒霉。

北京城里冬天缺乏草料，战马没草可吃，饿着肚子。刘中敷、左侍郎吴玺和右侍郎陈瑺上奏，请将供皇帝御用的牛马，分到民间，由百姓散养。你说，牛马总不能饿肚子吧？由政府集中养，还是由百姓散养，只要养得好就行了，有什么区别呢？

迂腐的言官就弹劾他们变乱成法，必须还是由政府的专门机构养着。改革创新在今天是美名，在封建社会则是变乱祖宗成法的重罪，祖宗成法是不可变的，改革旧有制度就是乱政。因为这样一个建议，他们被下狱，还要论斩。

后来，王振将他们3人押到长安门外戴枷示众，16天后才释放。在此期间，由侍郎王佐代理户部事务。

瓦剌使臣来朝贡，将远行的马匹、骆驼留在大同放牧。小皇帝当面问刘中敷：存留的马、驼数量是多少？应支出的草料数量是多少？刘中敷可能没看，或许看了记不住，总之无言以对，于是又第四次倒霉。

王振给英宗说了之后，又把他和吴玺、陈瑺关进监狱，召集官员鞫问，竟然判处斩刑。刘中敷因母亲有病，特许回家探亲。正统七年（1442）

冬天，到了皇帝处理刑狱案件的日子，法司请示皇上，刘中敷等人怎么处理？皇上命吴玺、陈瑞发配边境充军，刘中敷等他母亲去世后再来请示怎么处理。

后来，刘中敷丢了乌纱帽，仅仅是由于记忆力不好或者没做好统计，回答不上来皇帝的问话。另外两个副部级高官则仅仅因为回答不上来皇帝问话而惨遭充军。

直到朱祁钰即位后，才重新起用刘中敷。

既然"你让他一时不高兴，他就让你一辈子不高兴"，对于王振这种刻薄之人，逢迎谄媚则成了明哲保身之道。

对顺从和拍马之徒，王振可以立即提拔。

工部郎中王佑很会阿谀逢迎之术，见到"王伴伴"，恨不得叫他一声"爹"。

王佑长得相貌堂堂、玉树临风，下巴上却没有胡须。一天，王振问王佑："你为什么没有胡子？"善于察言观色的王佑谄媚地回答："老爷所无，儿安敢有？"

他自称是宦官的儿子，只差叫王振"爸爸"。王太监心花怒放，立即提拔这个"儿子"当工部右侍郎，时间是正统六年（1441）夏四月。大家听了，都佩服王佑居然这么无耻，这么走运。

兵部侍郎徐晞与王佑形成拍马"好基友"，谄媚功夫不下王佑，被王振提拔为兵部尚书。

王文同样找王振当靠山，被提拔为都御使。

有的人只要王振一句话，就能得到提拔。山西布政司左布政使石璞升为工部尚书，也是因为任职年满，王振一句话，说他能干，立马升官。

都御史陈镒跪门俯首，得以重用。

王振一人得道，亲友和心腹们都鸡犬升天。心腹马顺担任锦衣卫指挥使，两个侄子千户王山和王林分别被提拔为锦衣卫指挥同知和指挥佥事。锦衣卫这么重要的机构，简直成了他家的了。

王振对自己人高抬贵手，百般包庇。兵科给事中王永和弹劾马顺怙宠骄恣，欺罔不法。王振扣押不上报，只因马顺是他的死党。

修武伯沈清依附王振，没有军功，素行贪淫，但是升官却是平步青云。正统四年（1439），以修盖北京的城楼、濠桥，他升为右都督。正统五年（1440），督修奉天、华盖诸宫殿，他被封奉天翊卫宣力武臣，特进荣禄大夫、柱国、修武伯。

这样的官场上处处是坑，有明规则，更有潜规则。谁在官场上混，一定先要把他背后站着的人弄清楚，否则，那就是盲人走钢丝，谁得罪了王振的人，就等于得罪了他本人。

霸州（今河北霸州市）知州张需比较爱民，有牧马官扰民，张需没调查这个人是什么背景，为了维护民利，将其依法惩治。

这个负责牧马的官员恰恰是王振的人，就跑到王振那里告状。王振大怒，连理由都没找，直接将张需逮捕，关进锦衣卫监狱，一番捶打几乎将他打得死去，然后发配边境充军。推荐张需升职的举主顺天府丞王铎，也因为此事连坐，被污蔑收受了张需的馈送。法司判处王铎赎杖为民，英宗宽宥了王铎，令其复职，诫勿再犯。

武功中卫指挥使华嵩，因为嫖娼，当处以杖刑。但是王振故意加重刑罚，先予以羞辱，特命将华嵩的头发剃光，然后在脸上刷漆，戴上枷锁，在教坊司门口示众。侮辱完了，再贬官，发配山西大同充军。

整华嵩的真实原因，是他与王振的侄子王林争夺一个妓女，两人闹了矛盾，王振为他侄子出气呢。

但凡得罪王振，那是死路一条，一个官职的归属就引发了几起血案。

英宗时，南京水军右卫指挥金事贾福，与亲戚异姓陈玦争着世袭一个官职，陈玦属于"冒牌货"。南京刑部右侍郎齐韶想把这个官职给陈玦。大理寺少卿廖庄怀疑此事有问题，并驳回，调问广东道御史张春、陈玦等人进行审理。

齐韶进行阻挠，拒绝交出陈玦，使案件审理陷入僵局，还杖死了当事人贾福。无论如何，齐韶打死了人，是有罪行的。

镇守太监刘宁上奏皇帝，英宗下诏逮捕了齐韶。

陈玘见世袭官职的事要泡汤了，心里十分不满，就污蔑办事的官员廖庄、张春等人接受贾福的贿赂，导致廖庄、张春与齐韶都被逮进诏狱。

经过锦衣卫审问，王振的心腹、指挥马顺声称，齐韶接受了陈玘的贿赂，陈玘诬告廖庄、张春等人的事情皆不实，而且诬告一事是受了齐韶的指使。

马顺在诏狱的调查，以他卑劣的人品和酷刑手段，到底是他炮制的冤案，还是事实就是如此，我们现在很难判断。但是可以肯定的是，齐韶曾批评王振提拔侄子锦衣卫指挥王山、王林，指责王振恃势逞威，凌压部官，上台才一年，就使120多名未审理的囚犯在监狱中死亡。这些话彻底触怒了王振一伙。

另外，马顺查出齐韶还有其他一些"问题"。比如，百户史宣的侄女已被选召入宫，后来受赐而归。这种入了宫的女人，虽然姿色不错，但是普通人不能碰。齐韶却托驸马赵辉、兵部侍郎徐琦帮忙，逼娶其为妻子，又借买永嘉大长公主府的卧床，搬回家中。

这样，三法司判处齐韶斩刑，陈玘处以绞刑，廖庄及张春等人复职。

如果齐韶只是因公杖死人，不至于抵命。按照当时的法律规定，如果是因公打死犯人，打死人得到的惩罚很轻，酷刑伤人仅降级，打死人仅革职，打死3人以上才充军，后来还有还职的机会。而因私打死犯人，官员处以杖80，折伤以上以斗伤论，致死者官员处以斩刑。但是王振一伙给齐韶往最重的刑罚（因私打死人＋受贿＋指使人诬告）上靠，还加了这么多罪名，他也只有死路一条了。

齐韶始终不服判决，屡次上陈冤情。英宗不听，齐韶十余日后被杀。

上面说的这些，也只是王振操纵司法的冰山一角。

四、武器黑市

太监王振掌权之后，用两只手在官场狂舞，一手拉拢同党，一手打击不依附自己的人。目的都是巩固手中权力，再把手中的权力换成金钱。

给王振送钱，谄媚以进，成为当时官场的风气和潜规则，呈现出行贿升官的制度性腐败。府、部、院诸大臣及百执事，都攫金进见王振。行贿受贿已经在光天化日之下进行了。能干不能干、忠诚不忠诚、品德好不好都是其次，就看行贿的数量够不够，是否让王振满意。

这个潜规则还真有一套标准：每逢朝会期间，官员们面见王振，必须献纳白银百两以上（也有行贿百金的说法），才有见面机会，然而使了这些银子只得到王振的好脸色，能喝上他的一杯茶，连吃他一顿饭的资格都没有。行贿数量再上一个台阶，献白银千两以上（也有行贿千金的说法），王振才官颜大悦，行贿的官员得到他的酒肉款待，觥筹交错之间，该谈的事情谈了，该要的官要了，始得醉饱而出。

有的大臣还替他宣传，谁送了什么礼，得到了什么官职。王振的"干儿子"、工部侍郎王佑当着众人的面说，某人送什么礼物给王振，得到了怎样的提拔；某人没有送礼，受到了什么样的处罚。

如果行贿数量不够，那王振干脆就不办事了。

沈升在宣德十年（1435）就是北京太仆寺少卿。9年的任职期满后，很想升官，以百金、玉带献给王振，希望他提拔一把。但是王振胃口已经很大了，再也不是当初那个收到几两银子就心花怒放的小宦官了，殊不为意，没什么动静。沈升在太仆寺少卿的位置上还是一动不动。

沈升大失所望，在一个位子上干久了就很腻味了，想升职又升不了，损失了大量金钱，却是竹篮打水一场空。他不知道如何排解这些负面情绪，最后郁郁而死。

王振收了这么多钱，家里的金银财宝堆积如山，被抄家后，搜出60余库金银、上百个玉盘、20多株高六七尺的珊瑚以及许多珍玩宝贝。王振家的良马就多达1万多匹，足以装备一支骑兵部队。很多良马来自也先的贿赂。

你说他图个啥？这辈子、下辈子花得完吗？其实就是疯狂的贪欲登峰造极所致，以在政治上形成的垄断地位，得钱太过容易，根本就不知道要这些钱干什么。

当初的那一刀，不就为了今天的荣耀吗？他认为这一刀，真的割得很值。

有了这亿万财富，王振在北京皇城东大兴土木，为自己修建数处豪华府邸。他还修建智化寺（位于今天的北京市东城区），穷极土木，仿唐宋"伽蓝七堂"规制而建，作为家庙祭祀祖先，为自己求福。

朱祁镇不问资金来源，竟然赐名"报恩智化禅寺"，等于变相鼓励贪污腐败。

至于青年朱祁镇，早就待在信息茧房里，得不到什么真实的信息，对下不知情，对外一无所知，即使知情也不想把王振咋样，那自己就可以安心地当个政治摆设了。

王振既然成了大名人，有人就蹭热点，冒充是王振，出去骗点钱。而这个骗子，居然是太医院的医士，名字叫王敬。他数次冒用太监王振的名字，骗取别人的黄金。锦衣卫抓住了他，法司判处他赎徒为民。而英宗直接将他发往威远卫充军。

亲近王振、行贿王振，官员就有了政治靠山，朝中就有了人，就可能得到提拔。

比如郭敬。

也先为什么先进攻大同？就是因为那里有一个他的老朋友——大同镇守太监郭敬，而且大同是王振同也先进行武器黑市交易的秘密据点。

大同的镇守太监，是一个位高权重的职位。郭敬是山西本地人，历经四朝的元老级太监。

明代北方的国防防御体系简称两个字——"九边"，大同是其中一个军事堡垒。朱元璋建国，设十三大塞王，以驱逐北元，东至辽海，西至酒泉，绵延万里，列镇屯兵，以40万大军保障北方安全。

事实证明，朱元璋的塞王制度比前代高明。因为宋代防御西夏，以70万人的军队规模还是防御不住，而朱元璋只以40万兵力就做到了边塞无忧。

在朱元璋的边塞遗产上，在北部沿长城防线东起鸭绿江、西抵嘉峪关，陆续设立几个军事重镇。到了弘治年间，形成了9个边防重镇，即"九边重镇"，简称"九边"，包括辽东镇、蓟州镇、宣府镇、大同镇、偏头关（也称山西镇或三关镇）、延绥镇（也称榆林镇）、宁夏镇、固原镇（也称陕西镇）、甘肃镇等。

除派一个武将镇守重镇外，皇帝还不放心，就派一个宦官监督他，总镇一方，此前叫镇守中官，洪熙元年（1425）以后叫镇守太监。镇守太监本来是忠诚于皇帝的家奴，让他到九边，无非是个看门人的角色，防止武将变成唐代那样不可节制的地方军阀。英宗年间，各省、各重镇，皆有镇守太监掌管军事。

掌管军事的镇守太监，都是宫里出来的阉人，不会刀枪，也根本不懂军事，可是地方上的武将都要听他的。他发挥作用，本来只应局限于政治上，然而这样的军事门外汉，胡乱指挥军队、节制武将，就会导致军事上的惨败。这是明代军事制度奇葩的一个方面。

当然，郭敬懂一点军事，从 18 岁起就跟随朱棣作战。他的家人把伯是也先的亲信，通过这层关系，郭敬和也先之间便有了金钱往来，政治上变得不可靠了。

瓦剌制造武器的技术落后，又遭遇技术封锁，于是通过贿赂的形式求助郭敬。

郭敬暗地里与也先做军火生意，为瓦剌制作火器、钢铁箭头，装在大瓮里，让对方使臣带走。也先回报他的，除了金钱外，还有良马。

也先行贿郭敬，更是通过他来行贿背后的保护伞和上线——王振，以换取军火。历史记载："也先每岁用良马等物赂振及敬，以报之。"天下第二号人物与敌方勾结，这样的神操作令人费解，除了人性的贪婪外，很难用其他理由解释。

郭敬之所以这么大胆，就是因为有王振在上面支撑。王振才是边境军火生意的幕后指使者。

世上没有不透风的墙。不断有人举报郭敬与也先做军火生意。奇怪的是，每次他的罪行即使浮出水面，上边总是高高举起、轻轻放下，朝廷查办不了他。

早在正统二年（1437），参将、都指挥石亨就揭发镇守大同的太监郭敬有罪，没起到什么作用。

正统十年（1445）十一月，朱祁镇接到报告，说在来朝贡的瓦剌使臣的随行物品中，发现携带了大量盔甲、兵器、弓箭、铳炮等武器。

这些东西属于国家严格管控的火器，制造技术只可以出现在北京和南京，很少有边境卫所能合法制造火器，而大同根本不具备生产火器的条件。按照常理，这些使臣携带的武器，来源肯定有问题。

于是，朱祁镇彻查武器来源。

大同总兵武进伯朱冕给皇帝回复："瓦剌使臣多带兵甲、弓矢、铜铳诸物，问是哪里来的，皆是大同、宣府一路贪利之徒，私自与他们交易的。"

朱冕的报告一方面报告火器的来源地是大同、宣府，另一方面半遮半掩，声称是贪利之徒私自交易，掩盖了郭敬以官做贼、监守自盗走私武器的事实。大同总兵之所以没能发挥作用，还是因为受到镇守太监郭敬的节制，官官相护，掩盖真相。

朱祁镇离真相仅有最后1厘米，但他也没深挖，只是给大同总兵和宣府总兵等将官下令，让他们今后严厉打击武器走私，若再有发生，将严惩不贷。如果这个谕旨本来就是王振草拟的，王振不过贼喊捉贼而已。

此事不了了之。大家都知道是郭敬干的，因为有王振的保护伞罩着，大家不敢拿他怎么样。朱冕为郭敬等人打掩护，最后也自食其果，在也先进攻大同时战死。

正统十二年（1447）正月，郭敬又犯罪了，被抓住把柄。

他的部下王兴，欲以盔甲和塞外交换马匹，被士兵赵真揭发。郭敬自然大恨赵真，要抓捕他，很可能杀人灭口。赵真不想进监狱，向巡按监察御史周纪告发。

这次，赵真找对人了。巡按监察御史的权力可不小。明朝确立御史巡按制度，设十三道监察御史，再从他们中选派巡按御史到各地督察，平时归都察院管理，但在履行巡按御史的职能时，代天子出巡，不受都察院控制，直接对皇帝负责。"大事奏裁，小事立断"，权力极大，能够"老虎""苍蝇"一起打。

周纪向皇帝弹劾：郭敬关防不严，以致部属违法走私，反而痛恨告发的人，建议对这只"大老虎"进行审讯、治罪。

周纪这一击，正中命门。本来，郭敬这下该倒台了。

又是郭敬的黑后台王振出面，从中作梗，小皇帝又没有主见，听王振的话，因此赦宥了郭敬的罪行。

举报无效，郭敬继续走私武器，边境上的蚂蚁巢穴越来越大了。他对皇帝更加瞒天过海了，连给皇帝的奏书也消极怠工了。

朱祁镇没办法，于正统十三年（1448）正月谕大同的将领石亨："朝廷命内外重臣共守边境，今可以从你那里得到消息，但是领军出巡总兵镇守官武进伯朱冕、太监郭敬，既不肯上奏，又嗔怒于你，其理屈昭然在他们，朕已下敕严厉批评。"

皇帝的严厉批评也没有起到作用，直到正统十四年（1449）土木堡之变前，郭敬还暗中向胡寇卖兵器。

所以，王振自掘国防堡垒，大同已是蚁穴累累的大堤。大同之战根本不用打，后果必是也先大获全胜。

邓茂七起义

中央部门、边镇被王振弄得乌烟瘴气，地方上也好不了多少。

福建参政、交阯人宋彰，很会贪污，侵渔万计，然后将数以万计的官银送给王振买官。王振一一笑纳，提拔他为左布政使（相当于省长）。宋彰还很会走上层路线，在宫里结交了很多宦官朋友。

这个宋彰更不是东西，一到左布政使的位子上，就勾结土豪劣绅，侵渔贪恶，欺压农民。他行贿王振的银子，都来自对老百姓的残酷剥削，有些则是他的债务，要靠剥削和贪污来堵上财务窟窿。

历史上很多农民起义，都来自地方上的贪官污吏对农民的欺压，矛盾长期积累，直到最后一根稻草压死一匹骆驼、一个火星点燃一个油库、一次侮辱激起一个起义领袖的反抗。

沙县的政府、乡绅、地主强迫佃农多交田租，租息是原来的几倍，还要把田租送进地主的仓库。春节到来时，强迫百姓给官府送"冬牲"（即鸡鸭鱼肉）。

就是这小小的"冬牲"，农民不能忍受，相率从乱，爆发了起义。

农民起义的领头人，名叫邓茂七，福建沙县佃农。在官府眼中，他就是一个不服周的无赖。

邓茂七本来是江西建昌人，原名邓云，豪侠而仗义，强悍而多智，号召力很强。

他原来在江西老家做小甲长的时候，曾杀死恶霸地主，官府要抓他，他跑到福建宁化县来避祸，躲在富农陈正景的家中，改名邓茂七。

邓茂七聚众集会，远近商贩都买他的面子，聚集常达数百人，按他的计划办事。御史柳华治理福建，为镇压叶宗留率领的矿工起义军，下发文件要各郡县自保，让各村建起隘门望楼，编乡民为什伍，邓茂七和弟弟邓茂八由此做了小甲长。正统十二年（1447），邓茂七被推为二十四都总甲长，率领民兵负责地方防务。

郡邑的官吏接受富民的贿赂，放纵他们多收田租，向百姓放高利贷，使受害百姓无处申冤。看到百姓不愿意给官府送"冬牲"，邓茂七就将佃农组织起来，拒送"冬牲"，也不向地主仓库运粮，让地主自己来拉作为田租的粮食。

地主不干了，举报到县里。县里派弓兵来拘捕大胆"刁民"邓茂七，要用绳子把他捆起来，但邓茂七拒不受缚。

没想到这个总甲长果然了得，直接杀死拘捕他的数名弓兵。延平府（今福建南平）派300人去镇压，没想到又被邓茂七杀光了，连前去的知县和巡检都丢了命。当地的地主和富民都被他杀掉了。

正统十三年（1448）二月，邓茂七在沙县杀白马，歃血誓众，正式宣告起义，自号"铲平王"，宣布要铲平天下的不平。农民、矿工、炼铁工人看有人带头，纷纷加入，10天之内，起义军发展到数万之众，仅一个多月就发展至10万余人。起义军继续广泛发动农民加入，声势越来越大，延蔓八府，攻破20余县，最多时达到80余万人，有了撼动东南一方的实力。

浙东至福建一带，出了许多农民起义领袖，叶宗留在浙江庆元起义，叶希八焚烧浦城，邓茂七造反于福建宁化，蒋福成反于福建尤溪，莫不据地称王，拥众上万，转战各地。

这个不是偶然的，跟这里险峻的地理环境有关。浙东入闽都是逶迤千里的崇山峻岭，森林郁郁苍苍，道路险峻狭窄，非常适合打游击战。起义军驰骋其间，纵横自如，内可以筹集粮食解决军需，外可以埋伏弓弩打歼灭战，打不赢可以远遁打游击。而括苍山有多处金矿，盛产供应北京的贡金，嗜利者趋之若鹜，聚集了大量贫苦农民和商人。因此，这里的人多豪杰，喜欢作乱，袭击官府，杀死地主，政府不敢过问，派兵又难以扑灭。

正统十一年（1446）九月，丽水陈善恭、庆元叶宗留最先起义。先前，他们拿走福建宝峰场冶炼的银子，被官府追捕。他们在少阳坑、云山、少亭坑等矿场挖"黑矿"，都收获不大。走投无路的叶宗留说："以吾人数之众，在市场上索取黄金很容易，何苦在山谷挖矿，经常贫苦不能自给？"众人于是起义，攻占了政和、庆元、建阳、建宁，参加起义的人很多，官民皆逃走保命。起义军开设关卡，商业活动为之断绝。

福建农民起义首领蒋福成，原为尤溪的一名铁匠。看到邓茂七在沙县起义，蒋福成也造反了，10天之内聚众1万余人，参加者主要是冶铁工人和贫苦农民，攻占了尤溪。

邓茂七与蒋福成合兵一处，又率起义军迅速攻占沙县、杉关，连下光泽、邵武、顺昌、海宁、泉州等20余州县，前锋进抵广东海阳县境，不但控制大半个福建，还攻破江西石城、瑞金、广昌等地，形成了明代开国以来最大的一次农民起义。

英宗看他坐大，这才出手。

正统十三年（1448）八月，英宗令御史丁瑄、都督刘聚、都督陈荣、金都御史张楷等，率领重兵进入福建，以解延平之危。

丁瑄一到延平，命同知邓洪率兵2000人往沙县征剿，被邓茂七、蒋福成全歼。丁瑄派人招降，声称农民军只要解散，即可免去死罪。但邓茂七根本不屑一顾，将丁瑄派来招降的人杀害。邓茂七率军围攻延平，打得政府军阻击部队4000多人丢盔弃甲，溃不成军。明军不敢再战，闭城固守待援。

当年九月，邓茂七派人与另一支起义军叶宗留联系，商讨协同对明军作战。明军张楷命都督陈荣、指挥戴礼率兵 2000 人进攻铅山的黄柏铺。战斗十分激烈，叶宗留中箭牺牲。起义军退入山中，明军进行追击。叶宗留的部下叶希八设下埋伏，杀死都督陈荣等大批明军，为叶宗留报了仇。

明军失利的消息不断传到兵部，兵部已经知道邓茂七势力壮大、势如猛虎。同年十二月，兵部尚书邝野等人上奏，要求改善明军的待遇，进行慰问，并且选调更有战斗经验的都督毛福寿、指挥郭登等人去指挥作战，还建议调兵保卫南京。

邝野等人上奏，近来，福建贼邓茂七、浙江贼叶宗留等人，焚烧抢劫郡县，荼毒生灵，虽然朝廷再命大将出师，而每日羽书飞报至兵部，贼情狡诈，人心惊疑，公私烦扰。臣等人管理兵政，偶有所见，不敢不言：一是用兵赏罚为重。去福建的征进官军，大多来自山东、河南及江北、直隶卫所，赴北京轮流操练，居北京日久，衣装破旧。而浙江、江西调去的军队，又刚刚运粮完毕，没有得到休息，彼此迫于贫困，锐气怎么能振作呢？乞令所司筹措银布，预先进行赏犒，以慰劳其心，以振作其勇气。

二是用兵必将帅得人，而后士兵才能效命。兵部访得都督毛福寿勇鸷善战，指挥郭登素有谋略，都习经战阵。乞授各官或副总兵、参将等人，任选东昌、河间等处的达军 1000 人隶属于他们。令与陈懋等人合势协力，贼徒或许容易消灭。

三是南京为国家根本之地，其操守官军已调云南、福建等处征进，所存仅 2 万余人，而附近浙江、福建、江西又多盗贼（指起义军），宜以中都留守司属卫及直隶、扬州、高邮、庐州等卫所，现在应赴北京轮操的官军，暂时令他们赴南京操练守卫。倘若闽、浙急用应援，也可就近调遣。

邝野这些正确意见，没有引起英宗重视。英宗仍然闭目塞听，昏昏沉沉，生活在歌舞升平的梦境中。他认为邓茂七这些人只是小寇，不值得大动干戈。

邝野等人如实汇报军情，竟然被称作妄言，还要记罪，吓得不敢说话了。可见，英宗朱祁镇此时糊涂到何等地步。

刘聚、张楷进军日久，全无实效。英宗才渐渐醒悟，知道事态已经非常严重。

皇帝下诏严斥刘聚、张楷：再不用心，必杀不宥。

英宗朱祁镇拿出了老本，直接出动了北京军队，命宁阳侯陈懋为征南将军，刑部尚书金濂参赞军务，太监曹吉祥等为监军，统率京营和江浙兵共4万人，配备神机铳、火炮等强大火器，进入福建征剿。

这陈懋是个名将，擅长骑射，参与朱棣的5次北征，使鞑靼王子金忠投降。后来长期镇守宁夏、甘肃。

这太监曹吉祥也是个狠人，神机铳、火炮等火器的指挥官正是太监曹吉祥、王瑾。曹吉祥监军那是实打实、硬碰硬，如果有谁打仗不卖力，那他就要杀无赦了。

按察副使邵庞誉，领兵对付起义军，失去战机。他自知将被曹吉祥追究，恰好和刑部尚书金濂同年，拜谒金濂求救。刚刚进入金濂屋中，曹吉祥就突然闯了进来，嚷着要找邵庞誉，拉出去砍头。

邵庞誉一听是曹吉祥，犹如见了索命的黑白无常、手持生死册的阎王，吓得魂不附体，急忙窜到后屋的布幕中，碰到了也在这里的嘉兴人周鼎。周鼎看他这么惶恐，说："公杀气太重，这次死定了。"邵庞誉赶紧躲到床底下，周鼎也没出卖他。曹吉祥找了一大圈，没找到人，就悻悻地撤走了。

来了北京军队，这下农民起义军的压力大了。但是，调出北京军队，使朝廷可先打的军队数量更少了。

军队到达浙江，有部将建议分兵扼守海口。陈懋斥责道，这是使贼置我于死地的计策，主张主动进攻。

为了保障军队供应，金濂上奏，近命臣等人统兵剿捕福建贼，乞求于附近处馈运军粮，臣等得以专心打仗。英宗和户部将江西的广信、建昌、赣州三府的粮食共23.35万余石，运到延平备用。

壮大起来的明军接连取得胜利。

统兵官、左都督刘聚等人上奏，在建阳县地方打败农民军，斩首2000余级。英宗命刘聚等将有功官军如实上报，等待升赏。英宗还嘉奖都督金事刘得新："你亲率兵往救，和贼首邓茂七作战，官兵奋勇作战，生擒逆死者甚众。"

邓茂七起义军顶不住，有些人向广东沿海转移。总督备倭广东署都指挥佥事杜信上奏，沿海东西二路备倭的官军累次被调入腹里操备，即今福建贼邓茂七余党奔窜海边，劫掠官民，乞将原调走的官军调回来。英宗命镇守广东的安乡伯张安等官将防备倭寇的军队调回去，要做到防贼、备倭两不误。

正统十四年（1449）春正月，英宗敕令左都督刘聚，等消灭福建贼邓茂七以后，移师浙江消灭叶宗留残部。

英宗还推出免罪的宽大处理政策，只捉拿农民军首领，对抓获、杀害农民军首领的人进行奖赏，对农民军进行瓦解。

英宗还批准负责监督银矿的监察御史罗澄的奏请，由于福建、浙江发生民变，人民惊散，剩下来的百姓昼夜不息地为明军运送军需，若再追征银课，恐怕发生激变，暂时停止征收银税。

对失职的官员进行惩处。巡按福建、失误军机的监察御史汪澄被抓进监狱。福建都指挥佥事闵忠，数次避开起义军，不敢抓捕，后来被逮捕。

经过这些硬和软的两手政策，农民起义军内部不少人发生动摇而叛变。

面对强大的对手，农民起义军中的黄琴叛变投敌，并为官军诱杀了刘宗、罗海等起义军将领，为明军南下打通了通道。

邓茂七久攻延平不下，又流动作战，没有建立根据地，补给困难，被迫向西转移。

正统十四年（1449）二月，邓茂七听信叛徒张由孙、罗汝先的谗言，再次强行攻打延平，而大批官兵已经在溪北设下埋伏。

当农民起义军从溪南渡河时，明军使用火器、弓箭，将邓茂七射杀（但据《明英宗实录》记载，邓茂七为明军指挥刘福追及，斩杀）。御史丁瑄指挥明军分路冲击，起义军大败，被擒杀无数。

余部在邓茂七的侄子邓伯孙的带领下退至尤溪、沙县一带，明军准备对其屠杀，陈懋表示反对，下令进行招抚，起义军大多投降。

王振对与邓茂七起义相关的官员进行追责，将数名御史处决。

正统十四年（1449）五月，福建都指挥佥事邓安等人上奏，御史柳华当初镇压福建起义军时，发动各村设置报更楼、冷铺（古代供驿卒或地方军人歇宿的地方），编民为甲，又令百姓私造钩刀、铁钯等武器，对抗起义军，但是邓茂七等人都甲长出身，造成浙江、福建一带大乱，请治其罪行。当时柳华已经任山东按察副使，听到弹劾自己工作失误的奏章后，服毒自杀了，都察院上奏说柳华已死。英宗命人将他抄家，妻子、女儿送进浣衣局，家中男子尽发铁岭卫充军。

福建巡按监察御史汪澄发文要求浙江、江西进兵，合击邓茂七，但是当时邓茂七正在寻求诈降，汪澄试图招抚他，命令明军停止进兵。过了五天后，汪澄看到邓茂七没有投降的诚意，于是监督浙江、江西继续进兵。然而，因为招抚失败，浙江巡按御史黄英就向兵部告状，弹劾汪澄止军、纵贼，英宗以失机罪斩杀汪澄于闹市。

福建三司则盯上了以前的巡按御史柴文显，上奏称当农民起义军势力微弱时，柴文显隐匿农民起义的情况不上奏，养成今日大患。英宗下令将柴文显抓进法司监狱，以犯失机罪，将他磔杀、抄家。其实，柴文显并非隐匿不报。柴文显监督福建的时间不长，于正统十年（1445）九月才从为衙门办事的进士进入监察御史行列。在正统十二年（1447）闰四月，作为巡按福建的监察御史柴文显向朝廷报告了漳州府龙溪县的起义军池四海等数百人四处抄掠的情况。英宗命柴文显监督三司官一定要捉拿池四海，不要让他发展壮大。

王振处决这几名"替罪羊"，只不过是掩盖自己接受福建左布政使宋彰贿赂、宋彰又向下搜刮民脂民膏激发民变的真相。

而真正的罪魁祸首宋彰，却被王振保护起来了。直到景帝上台后，宋彰先以失机罪被降为驿丞，英宗复辟后，于天顺元年（1457）秋七月借助赦免令得以官复原职，重新担任福建左布政使，后来又被调往广东布政司任职。

镇压邓茂七起义后陈懋、曹吉祥等班师回到北京，此时已经换了人间，朱祁镇在土木堡之战中被俘，龙位上现在坐的是朱祁钰。

邓茂七、叶宗留起义被镇压后，统治者也进行了反思。其中就有卓有声誉的十三道监察御史左鼎。左鼎善写章奏，而御史练纲以敢言出名，因此北京有"左鼎手，练纲口"的美誉。

左鼎等向新皇帝朱祁钰上言，伏望陛下，总揽权纲，痛革奸毙，黜远贪佞，擢任贤才，不作无益之事以靡财，不兴不急之役以劳民，躬行俭约，广推恩信，凡敬天勤民之政，务求实效，不为虚文。臣等谨将救毙恤民事宜，开具以闻。

一是求实才，以任民牧。令内外官员各举所知的人才，严格举主连坐之法，如果郡县官皆得其人，人民哪有不安定的呢？

二是停银课，以杜民患。正统年间，闽浙都采办银课，豪猾贪利，互相杀夺，导致邓茂七、叶宗留"乘势作乱"，致劳大军征剿，银课之令于是停止，近来又按以前的办法实行。闽浙的疮痍之民，刚刚才安定下来恢复生产，恐怕求利未得而有弊害。乞暂免采办，庶无意外之忧。

三是务践言，以信斯民。以前，各处招募的百姓壮丁，所司奉旨事情平定回家。今边警已经停息，而百姓壮丁仍在外操练，不时调拨去做杂役。乞令民壮各回老家做事，农闲时操练，遇有警情，再临时取调，这样可以省钱，而不失信用。

四是减工匠，以省虚费。近年，朝廷不急之务，多已停罢。而两京（南京、北京）轮班工匠，多为内外官吏、把总、作头之属，隐占私役捞钱，朝廷未得其用，而口粮照旧支出。乞敕该部除存留下来供役的以外，其余的令全部放回老家，这样不妨碍民生，而政府可省经费。

五是禁游惰，以敦本业。今天下僧人数十万人，应让无度牒者还俗。

六是专委任，以谨边防。善驭将者，必使将帅之令行于偏裨。近日，定襄伯郭登上奏称，副总兵孙镗凌慢朝廷。臣等以为当辨曲直、审是非。如果郭登不对，则明其诬下罔上之辜；如果孙镗不对，则正其居下凌上之罪。不宜使他们还在一起共事，应其中一人调往别处。

七是选大臣，以清治本。今日大臣中，有端方正直、忠厚清谨的人，而奸回罔上、贪刻残民、庸碌尸位、妨贤病国的人尤其多。乞考察予以罢免，另选贤能，而天下之治可图。

朱祁钰命有关部门详议上报。

左鼎明确提出皇帝要总揽权纲、摒弃奸佞、举荐贤才、停征银税、减少工匠、遣壮丁回家等主张，减少社会矛盾，重视民生，很有积极意义。

谷应泰将邓茂七起义的原因归结为王振治理下的政治腐败，是福建参政宋彰贪污，贿赂王振，造成了民众生活困苦，从而起义："责偿闾阎，民苦诛求，盗所自起。五年之间，村落为墟，赤羽征兵，青刍转饷，土木之妖，先萌内地，奸阉柄政，祸如是乎。"他认为朝廷上奸阉王振执政，导致内地出了战乱，而这只不过是土木堡之变的前奏。

因此，王振对邓茂七起义负有不可推卸的责任。

五、他日救时宰相

王振掌握大权后，对于同党百般包庇，对于异己则严厉打击。不给他送钱的人、清正廉洁的官员，在贪污成风的官场上就成了异类，王振整人就自然整到了他们的头上。

明代最有清名的官员，非于谦莫属。那么，他在贪污成风的官场上，是如何做到洁身自好、直达人生巅峰的呢？

少年英才

那于谦，可不是一般人。

对于正面人物于谦，我觉得很有必要在这个"杭铁头"身上耗费一点笔墨。

人都是环境的产物。杭州人被称为"杭铁头"，"杭铁头"一般指性格坚毅不屈、刚直倔强的人。于谦的性格就深受杭州环境的影响。

洪武三十一年（1398）四月二十七日，于谦（字廷益）出生于杭州府钱塘县太平里（今杭州市上城区清河坊祠堂巷于谦故居），高祖、曾祖父都曾做官。爷爷于文大在朱元璋时期任工部主事（从六品），父亲于仁隐居于杭州，没做官，但也是个读书人。

于谦还有个妹妹，长大后嫁给了杭州本地人朱济。

于谦是个穷人家的孩子，住的是茅草房子，但是家中充满正能量和积极向上的氛围，特别是崇尚"万般皆下品，唯有读书高"，高度重视科举考试。在他家的茅屋四周，种满了梅花，梅花开时，香气扑鼻。幼小的于谦在梅花树下，弹弹古琴，读读《易经》，岂不乐哉？

> 我家住在西湖曲，种得梅花绕茅屋。
>
> 雪消风暖花正开，千树珑璁缀香玉。
>
> 有时抱琴花下弹，有时展《易》花前读。
>
> 浩然清气满乾坤，坐觉心胸绝尘俗。
>
> 一从游宦来京师，几度梅花入梦思。
>
> 为君展卷题诗处，还忆开窗对月时。
>
> 醉墨淋漓染毫素，笔底生春若神助。
>
> 调羹鼎鼐愧无功，何时却踏西湖路？
>
> （于谦《梅花图为严宪副题》）

家乡的风物常常出现在他的梦中。西湖美景，给了于谦太深的影响，以至于远宦在外的时候，他常常思念自己的故乡杭州——

> 石榴树底红巾蟦，葡萄枝头露香玉。
>
> 薰风拂拂自南来，时向高堂扫炎燠。
>
> 湘帘半卷日迟迟，竹阴参差柳阴绿。
>
> 红绡焕烂蜀葵开，金弹累垂卢橘熟。
>
> 端阳佳节竞繁华，角黍堆盘映醽醁。
>
> 一从游宦隔天涯，马首红尘厌驱逐。
>
> 有时飞梦绕钱塘，此景依然在心目。

今年夏月居晋阳，南北风土殊炎凉。

清和已过近五月，草木犹自愁飞霜。

故园物候不可见，尘沙塞草空茫茫。

云山望断几千里，小楼尽日徒徜徉。

（于谦《夏日忆故乡风景》）

一代奇人的出世，一般需要几代人的积累和传承。于谦的家世有这个功底。祖父感念文天祥之忠烈，传下来一个传统——在家中悬挂文天祥像，希望于家出一个这样的人物。

于谦的成长快于同龄人，早慧的故事在杭州盛传，"杭铁头"的性格从小就养成了。

于谦少时刻苦读书，立志成为南宋右丞相、少保文天祥那样的人。他的座位边上，几十年来只有一个固定不变的背景——悬挂文天祥像。

于谦佩服文天祥的孤忠大节，早已把文丞相抗击元朝的事迹烂熟于心，把"人生自古谁无死，留取丹心照汗青"的诗句背得滚瓜烂熟。文天祥舍生取义、宁正而毙、孤忠大节的品格早已经渗透进他的血液里。

于谦6岁时对对子的水平就很高。一次去三台山扫墓，路过凤凰台。叔叔随口说："今日同上凤凰台。"于谦答道："他日独占麒麟阁。"

于谦7岁时，有个和尚叫兰古春，他看到于谦这个有名有才的小帅哥，大为惊奇。看于谦妈妈给他头上梳了个"丫髻"，戏耍他："牛头喜得生龙角。"于谦答道："狗口何曾出象牙？"回到家，于谦要母亲给他换发型，又梳了三角髻。兰古春又戏耍他："三角如鼓架。"于谦答道："一秃似雷槌。"兰古春听了，反而不恼，断言这个不服输的小孩将来有出息："此他日救时宰相也。"

8岁时，于谦已经熟读经书，略通文义。看到他穿着红衣服骑马玩，邻居老爷爷说："红孩儿，骑黑马游街。"于谦张口就来："赤帝子，斩白蛇当道。"他8岁就知道刘邦的故事，而且对仗工整，气势不凡，嘴里说出来的都是历史上的大人物、大事件。

对对联只是小儿科，作诗才是他的拿手好戏。12 岁时（也有史料记载为 16 岁、20 岁），于谦信步走到一座石灰窑前，观看师傅们煅烧石灰。他略加思索，挥笔写下《石灰吟》：

千锤万凿出深山，烈火焚烧若等闲。

粉骨碎身浑不怕（也有"全不惜"），要留清白在人间。

小小年纪，轻轻一出手，便成千古绝唱。他以石灰自喻、自勉，便奠定了一生的志向。这首诗里，有他自己的影子，也有他的偶像文天祥的影子。

于谦 16 岁就学于吴山三茅观的钱塘县儒学（相当于高中），今天的吴山广场和不远处的西湖是他经常去的地方。

于谦发愤苦读，锐意考取功名。家中的老阿姨给他送去纸笔，少不更事的他脾气不好，稍有不如意，张嘴就骂，惹得她哭泣。后来，于谦考取功名、担任要职后，老阿姨也为他感到高兴。于谦后来心怀愧疚，写《忆老婢》表示歉意：

吾家有老婢，行年近五十。虽云极丑陋，所幸少过失。

我昔少年时，垂髫发如漆。锐意取功名，辛苦事纸笔。

双亲命老婢，给使读书室。予时气方刚，未知抚爱术。

斯须不如意，骂詈信口出。老婢受不辞，未始怨且泣。

我壮忝科名，旋登显要职。老婢亦欣慰，且言所愿毕。

家人自南来，致意我家室。此意久未报，吾心恒郁郁。

作诗寄所怀，相见应有日。

于谦特别爱读书，手不释卷，在中国优秀传统文化里吸取精华，在历史的海洋中遨游。他敬佩苏武宁死不降的气节——

啮雪吞毡瀚海头，节旄落尽恨悠悠。

孤臣不为一身惜，降将应怀万古羞。

虏塞旅魂惊永夜，秦关归兴动高秋。

表忠麟阁图形像，未数当年博陆侯。

（于谦《苏李泣别图》）

于谦为诸葛亮未能成就霸业而感到惋惜——

三面英雄正角持，孤臣生死系安危。

大星不向营前坠，混一寰区未可知。

（于谦《过南阳挽孔明》）

于谦喜欢唐代名臣陆贽直言敢谏的奏疏，将它们抄写在笔记本上，悉心学习、揣摩，常以百姓为忧的情怀从此在他心里落地生根。

曾做过杭州知府的苏轼，也成了他与之神交的良师益友，诗词的修养得到提高。

书籍就像于谦多年的老朋友，无论清晨还是黄昏，无论是忧愁，还是快乐，于谦总以读书为乐——

书卷多情似故人，晨昏忧乐每相亲。

眼前直下三千字，胸次全无一点尘。

活水源流随处满，东风花柳逐时新。

金鞍玉勒寻芳客，未信吾庐别有春。

（于谦《观书》）

于谦快速浏览文章，胸中变得纯净，再无一点尘世间的杂念。思想如源头活水一般源源不断地涌来，又像东风里的鲜花和垂柳，随着春天的到来换上新装。寻芳客跨着金鞍难寻美景，谁也想不到他在书斋里找寻到别样的春景，沉醉在其中。

读书，给于谦带来了快乐，带来了思想的活力，书里的大千世界，让他如醉如痴，非凡的才华与日俱增，究天人之际，通古今之变，慨然以天下为己任。

于谦从小就刚直不屈、不怕事，心里想着忠君爱国。

一次，他竟然让从首都来视察的巡按御史跪下了。这名巡按御史看于谦有两下子，就令他讲书。谁知于谦并不推辞，自己先在书案前跪下了，拿出《大诰》准备进行讲解。他朗声对在场的官员说道："所讲高皇帝《大诰》篇，我不敢不跪着讲，各官皆宜跪着听。"于谦拿着鸡毛当令箭，巡按御史和在场的师生们全都跪下听他讲书，他心里扬扬得意，而巡按御史心里未必不是火冒三丈。可于谦占着理，这御史有气也不一定敢撒出来。

"刚直铁男"，从小就是这么刚。

于谦两次乡试，没有中举，但毫不气馁，足不出户地苦学，终于在23岁中了举人。

进入仕途

永乐十九年（1421）春二月，24岁的于谦来到北京参加会试。就在上个月，朱棣正式将首都从南京迁到北京。北京的宫殿还是崭新的，而北京贡院的考棚还比较简陋。忍饥受冻地参加为期9天的会试后，于谦高中进士。

全国共录取201名进士，比今天的研究生考试更为激烈。会试主考官正是大名鼎鼎的杨士奇。朱棣亲自在朝廷上面试他们。放榜之日，于谦名列三甲，赐同进士出身。

来自江西的刘球当年也在这里参加殿试，和于谦同年。

会试后，朱棣召见了全体进士，礼部赐予琼林宴，随后大家到孔庙行礼，于谦等新科进士的名字便刻在了石碑上，放置于北京国子监，好不荣耀——

> 圣主垂衣御九重，群贤汇进万方同。
>
> 文明启运天垂象，豪杰乘时气吐虹。

柳汁染衣新样绿，花枝映面醉颜红。

当年我亦曾遭际，涂抹于今避下风。

（于谦《观登科录感兴》）

于谦心中充满了"豪杰乘时气吐虹"的浩然之气，一时心花怒放。花枝映面，景色正好，琼林宴上，群贤荟萃，大家把酒互相道贺，一醉方休。这一批进士中，状元、榜眼、探花进了翰林院修国史，一些人成了翰林院的庶吉士。这些人只要好好干，不出什么岔子，以后都有进内阁甚至当内阁首辅的希望。

于谦看起来没他们运气好，被选为外官，先回老家杭州读书，等有了机会再任命。然而从人才成长的规律看，接地气的人才才是国家最需要的，何况会试主考官杨士奇、侍读周述已经注意到了这名有才华的年轻人。

也就在这一年，于谦爱上了翰林庶吉士、永丰知县董镛的女儿，他们结婚了。

夫人董氏是个传统的家庭妇女，柔惠静专，柔婉贞顺，平时做一些女红补贴家用，还诵读诗书，每每有心得，辄能成为文辞，与于谦有许多共同语言。他自述："吾家素贫，日用节俭，子（指妻子董氏）能安之，澹而弗厌。"几年后，两人的儿子呱呱坠地，取名于冕。再过几年，又有了女儿璚英，这下儿女双全，凑成一个"好"字。他们还收养了一个养子于康。

两年后，永乐二十一年（1423），26岁的于谦有了第一份工作——出使湖广，考核官员，犒劳官兵，并安抚当地少数民族。

踏上仕途之始，于谦便决心干出一番事业。他要像煤炭那样，用熊熊燃起的炉火，化作浩浩的春风，用熊熊燃烧的烈焰，照破沉沉的黑夜。他但愿天下人都能吃饱穿暖，为了实现这个目标，他愿意不辞辛苦，走出荒僻的山林，造福人世。

于谦略一思索，千古绝唱《咏煤炭》又诞生了——

凿开混沌得乌金，藏蓄阳和意最深。

�

爝火燃回春浩浩，洪炉照破夜沉沉。
鼎彝元赖生成力，铁石犹存死后心。
但愿苍生俱饱暖，不辞辛苦出山林。

于谦在湖广干得不错，很是干练，一年后回京复命。

他汇报考察当地官员的结果，并弹劾部分官员贪功滥杀无辜。朝廷当即下旨，湖广军官要善待当地不断反抗的少数民族，不得邀功杀伤人命。

宣德元年（1426），29岁的于谦由杨士奇等人引荐，进入宣宗朱瞻基的视野，来到北京工作，任山西道监察御史，主要是预防和惩治腐败、建言献策。凡是政治事务的得失都可以上疏直言。

于谦长得一表人才，英俊挺拔，奏对声音洪亮、谈吐流畅、逻辑周密，宣宗皇帝对他发言的内容，也要侧耳倾听一番。

真正让于谦大显身手的是扈从平定朱高煦叛乱一事，这件事让于谦给宣宗留下了极好的印象。

朱高煦与宣宗朱瞻基的父亲朱高炽争夺皇位失败，怀着万般不甘的心情就藩于山东乐安（今山东广饶）。朱高炽登基仅仅10个月就病死了（也有人说被毒死），朱瞻基匆匆继位。

朱高煦随即在乐安谋反。朱瞻基连夜召集大臣，商议如何平叛。杨荣第一个劝宣宗亲征："朱高煦料想陛下新立，必不会自己前来。今出其不意，以天威临之，事情没有不成功的。"宣宗听后，面有难色。

夏原吉再次进言，以建文帝的失败鞭策他："独不见李景隆之事吗？臣昨见所派遣的将领，命下即脸色大变，临事可知矣。兵贵神速，卷甲趋之，所谓先人一步有夺人之心。杨荣的策划非常好，干吧。"

宣宗于是下定决心，亲征朱高煦。于谦于宣德元年（1426）八月十日随宣宗御驾亲征。二十一日，外强中干的朱高煦出降，束手就擒。

宣宗朱瞻基命于谦在军前宣告朱高煦的罪行。

这是一场空前绝后的表演，年轻的皇帝、落败的藩王，再加一个伸张正义的"法官"，两军阵前，这场政治表演只能成功、不能失败。

于谦态度庄严，字正腔圆，正词崭崭，声色震厉。原本趾高气扬、不可一世的朱高煦吓得匍匐于地，全身战栗，口称"罪该万死"。随后，父子被关进囚车，抓往北京关押。

表演出奇的成功。宣宗朱瞻基大悦，见震慑的目的已经达到，班师回到北京，赏赐诸位大臣。于谦得到的赏赐竟然跟杨士奇等大臣差不多，可见朱瞻基对他青睐有加。

巡按江西

宣德二年（1427），于谦以监察御史的身份，巡按江西。巡按是代皇帝到地方巡视，考察地方一切大小官员，大事奏皇帝裁决，小事自己决断，表彰善类，剪除贪官和作恶的富豪，权力极大。

推荐于谦巡按江西的人，是都察院一把手右都御史顾佐（和左都御史平级）。

顾佐是个恪尽职守、不徇私情的好官，有个绰号，叫"顾独坐"。他刚直不阿，为人敬畏，百姓把他比作包青天，官员们非常怕他。只要他在，官员们都躲着走，连坐在他身边都不自在，因此，他在一般情况下，都是孤零零地独坐。

顾佐也和官员们形成了一种默契，每次早上上朝，他在外庐小憩，户外立一双藤拐棍，给大家暗示："我在这里。"他进入内廷办公时，独处一间小夹室，不与官员们群坐，只有议政时才出来。

顾佐查办了一批贪官污吏，纠黜贪纵，朝纲肃然，风纪为之一清。

顾佐对待下属很严格，却很欣赏于谦，认为于谦的才能胜过自己这个正二品的"老江湖"，因此推荐于谦出去见见世面。

于谦到达江西的时间，正是春天二月。走在杨柳依依的春景里，他心里升腾起一种斩妖除魔的豪情，对这次巡视充满了期待和必胜的信念。他告诫自己：一定要除掉当道的豺狼，改变老百姓饿殍满路的惨状——

春风堤上柳条新，远使东南慰小民。

千里宦途难了志，百年尘世未闲身。

豺狼当道须锄殄，饿殍盈歧在抚巡。

自揣菲才何以济，只将衷赤布皇仁。

（于谦《二月三日出使》）

于谦的作风是实打实、硬碰硬，展开密集的调研和走访。

宁献王朱权的问题浮出了水面。

宁王府里住着的正是朱权（1378—1448），此时 50 岁，是个连朱棣都要让他三分的大人物，为朱元璋第十七子，人称"贤王奇士"。

当年，朱权在大宁做塞王，手握重兵，被朱棣胁迫，不得已跟随朱棣夺天下，约定事成后，他俩对半分天下，他才把勇猛无敌的蒙古铁骑献出来。可是朱棣做皇帝后，不讲信用，剥夺其兵权，将他封到南昌。

此时，朱权已经是一只没有牙齿的老虎，正在当作家，刻苦研究道教。

江西百姓当时十分痛恨"和买"。和买也称为"采办"，虽然上面有不许扰民的规定，但官吏仍借此向商民赚取利润。宋太宗时的"和买"，实际上就是政府给农民发放贷款，然后夏天和秋天的时候农民从市场上购买绢来还贷款，而这些绢大多掌握在富人或者商人手中，富商和贪官污吏们形成了垄断和定价权，有很大的谋利空间。明代时，贫苦农民往往被迫以高价从市场或富户手中购买用来缴纳租税的物品。

宁王府借"和买"之利，垄断特定的商品，牟取暴利，这就让诚信的商人和百姓敢怒不敢言。

于谦见到宁王府一向强横，直接拿宁王府开刀。

他将宁王府为非作歹、投机倒把的 2 人治罪（另一说近 20 人），十几人因此获罪或降黜。"和买"之弊由此根治。

每一个被冤枉的囚犯背后，都站着一个贪官或者昏官，损害社会公平正义。在江西，于谦将数百名被冤枉的囚犯详细审问，洗清冤屈，释放出狱，奸诈的官吏、豪横的大族自此缩手屏息，不敢公然违法。

有一个普通百姓被仇人诬告，称他是贼人（起义军或者是强盗）的头目，案子久拖不决。于谦调来案卷详细审阅，认为他是冤枉的，将案件大白于天下，惩治了诬告者。

巡按江西结束后，宣宗任命于谦查办长芦盐场走私食盐案。

渤海边的长芦盐场是中国自古以来主要的产盐区，由国家垄断专营，禁止私人倒买倒卖食盐。

然而，一些高官瞄准了这块肥肉，利用专门运输皇家物品的快马与快船走私食盐或者夹带私盐，牟取暴利。

于谦再次不畏强权，率锦衣卫查办了走私食盐的马夫，肃清了河道，维护了国家的经济秩序。

于谦还上疏奏称陕西多处的官校残害百姓，宣宗下诏逮捕了这些"害虫"。

连升 4 级

宣德五年（1430），是 33 岁的于谦在仕途方面最走运的一年。

当年是个大灾之年。直隶、山东、山西、河南、江西、浙江、湖广等地发生自然灾害，流民增多，税收大减。为了帮扶灾区，宣宗朱瞻基赦免灾区的田租，酌减官田田租，宽限民间追赔畜马，免除拖欠的薪柴和牧草，停止采办，暂停工役，清理冤狱。

宣宗准备增设各部的右侍郎（相当于今天的副部长级），作为直接派驻各省的巡抚，代他巡行天下，总督税粮，救济百姓，帮助灾区改善民生，提升地方的经济、军事实力。

鉴于于谦先前的良好表现，朱瞻基用御笔写下于谦的名字，交给吏部考察。

很快，吏部考察通过，朱瞻基将于谦从正七品的监察御史，直接越级提升为正三品的兵部右侍郎，任务是巡抚河南、山西。

于谦就这样连升 4 级（如果把副职的级别算上，连升 8 级），当了大官，真可谓石破天惊。

各省专设巡抚，正是从这一年开始的，其权力凌驾于地方三司（承宣布政使司、提刑按察使司、都指挥使司）之上。于谦就这样成了河南、山西的首任巡抚，管起正二品、正三品官来了。提拔左右布政使，他都有很大的推荐权了。

为民请命

宣宗朱瞻基将于谦连升4级，是为了让他去啃最硬的骨头——巡抚河南、山西。

这两个省一个穷、一个多灾，别说交足税粮了，遇到灾年，还要朝廷发救济粮。于谦说两个省百姓贫穷、民不聊生："山西地瘠民贫，兼之边饷劳费，河南虽称富庶，重以连岁灾伤，人民困极，多不聊生。"

于谦辞别北京的妻子、7岁的儿子、2岁的女儿，带着衣服和几本书，同养子于康一起上路了。

> 远别离，何时归？出门子女争牵衣。
> 借问此行向何处？底事欲留留不住。
> 父子恩情深更深，可怜不得恒相聚。
> 远别离，无限愁，
> 山行骑马水乘舟，行人一去早回头。
>
> （于谦《远别离》）

一家人依依不舍，年幼的子女争着来牵住他的衣袖，不让他走。于谦带着无限的离愁，一路骑马、乘舟，经过一个月左右的跋涉，相继来到河南开封、山西太原。

到任后，于谦骑马走遍河南、山西，访问父老疾苦，进行详细的调查研究，考察当时各项应该兴办或者改革的大事，兴利除害，思想成熟后，立即上书汇报请示。

哪里百姓有困难，他就往哪里去。

冬天和春天，于谦基本待在山西，接济饥民。

冬天时节，山西千里冰封，到了春天，又青黄不接，麦子还没成熟，老百姓没有吃的，将麦子的青穗摘下来充饥——

大麦收割早，二麦收割迟。

带青摘穗不候熟，老稚藉此聊充饥。

去年夏旱秋又水，谷麦无收民受馁。

今年种来十二三，纵有收成无积累。

了却官租余几何？女嫁男婚债负多。

公私用度皆仰给，可喜时清无重科。

有司牧民当体此，爱养苍生如赤子。

庶令禄位保始终，更有清名播青史。

剥民肥己天地知，国法昭昭不尔私。

琴堂公暇垂帘坐，请诵老夫收麦诗。

（于谦《收麦》）

任巡抚后的第一个除夕，于谦在寒风瑟瑟的太原度过。因为那年冬天特别寒冷，于谦还不太适应。

于谦自幼生活在风景秀丽、气候宜人的杭州。而太原无论是气候还是生活习惯，与故乡都有很大差异。除夕之夜，天寒地冻，于谦卸下一身的重担，独自一人，在寒夜守岁：

寄语天涯客，清寒底用愁？

春风来不远，只在屋东头。

（于谦《除夜宿太原寒甚》）

除夕夜虽然寒冷，他这个天涯客却不发愁，因为春天就在不远处。他相信自己可以战胜困难。

转眼到了夏天，河南暴雨连连，黄河泛滥成灾，百姓流离失所，于谦又要离开太原，跨过巍巍太行山，来到河南开封，开展救灾和治黄。

一年之中，他在河南、山西之间来回奔波，太行山见证了他的足迹——

马足车尘不暂闲，一年两度太行山。

庭闱缥缈孤云下，游子思亲几日还？

（于谦《登太行思亲》）

于谦走遍了河南、山西的郡邑城乡，关心民生疾苦，遇到困难百姓便给予救济。

山西属于高原地形，地势东北高、西南低。高原起伏不平，河谷纵横，地跨黄河、海河两大水系，大部分是山区，是个干旱高发省份，蝗灾、雪灾、洪灾比较多。

而河南，地跨海河、黄河、淮河、长江四大流域，黄河经常在这里决堤改道。

河南、山西的水灾、旱灾、蝗灾接连不断，人民饥窭流离。于谦眼里看到的是荒凉的村落，农民生活极其困苦，老人当雇工偿还债务，孩子在帮忙卖用于缴纳田租的粮食补贴家用。老人房屋破旧，大梁倒塌，月光都能照进睡觉的床。而地方官却为了所谓的"政绩"，报喜不报忧，向上隐瞒灾荒的情况。于谦对人民生活抱有深切的关怀和同情，根据所见写下了《荒村》：

村落甚荒凉，年年苦旱蝗。

老翁佣纳债，稚子卖输粮。

壁破风生屋，梁颓月堕床。

那知牧民者，不肯报灾伤。

在河南延津县，于谦看到该县十分萧条，人民疲乏，疫病很多。官仓空空如也，没有粮食，田地荒芜，一半是由于官员失职，一半是恶劣的气候导致缺粮——

> 县治萧条甚，疲民疫病多。
> 可怜官失职，况是岁伤和。
> 空廪全无积，荒田更起科。
> 抚安才智短，独立奈愁何。

（于谦《延津县》）

于谦看到一个白头的老耕夫，家里极度穷困，后代被抽壮丁，为了应付劳役、田租，抵押了田地住宅，卖光了猪和鸡——

> 倚门皓首老耕夫，辛苦年年叹未苏。
> 桩木运来桑柘尽，民丁抽后子孙无。
> 典余田宅因供役，卖绝鸡豚为了逋。
> 安得岁丰输赋早，免教俗吏横催租。

（于谦《村舍耕夫》）

看到百姓生活困苦，于谦主要做的就是为民请命，减轻百姓的各种负担。

他一连几次上书朝廷，稍有水灾、旱灾，马上上报，请求减免税粮和徭役，赈济灾民。当政的"三杨"非常倚重于谦，于谦的建议早上报来，晚上就可以批准实行。

河南等处连年发生蝗灾，庄稼绝收。当时治蝗手段落后，于谦带领百姓捕捉蝗虫，请求朝廷停征税粮、丝绢。

正统二年（1437），山西、河南发生严重灾情，岁歉民饥。有些穷苦百姓没有种子和牛耕种，像乞丐一样生活，绝大部分家庭为饥饿哭泣、为受冻哀号，政府不能救济，又有沉重的劳役，导致全家逃亡。

同年，对包括山西、河南在内的多个省份，户部主事刘善请求招抚、扶贫、复业、免徭役。英宗令户部实行。

于谦当年也上奏，河南等处由于连年蝗虫、水旱，百姓生活困苦。当时军队正在清查逃兵，经过清理发现，很多士兵来自福建、两广、云南、贵州、四川、辽东等地，承担的军役路途荒远，盘费艰难，因为长解（长解指由州县选派差役管解，将应解送的钱粮专差解送到省）超过期限而被充军。于谦乞求暂且停征税粮、丝绢，军队及长解的省应给这些长解的人筹措经费，放宽运输期限，"则被灾之民，庶得少宽，而新徙之兵，亦不失所"。他的建议得到英宗批准，命有关部门实行。

正统三年（1438）二月，于谦和相关官员来到开封等七府所属州县，考察水灾受损情况，共有71340多顷官田、民田被淹，请求朝廷免粮763300多石、草975900多束。户部和英宗批准。

由于河南发生大饥荒，20多万百姓流离失所，为了生存，这些难民公开抢劫财物。山西、陕西的百姓因为饥饿，也跑到河南找吃的，使饥荒问题更加严重。

正统十年（1445），于谦上奏，乞求将怀庆、河南二府的60余万石粮食，减价卖给饥民。

英宗接到奏报，认为于谦的办法是为国救荒的长远政策，非常高兴，令于谦赶快实行。

当年，山西一些地方因为干旱而粮食绝收，于谦再次上奏给百姓减轻税收，请求布花减免二成，秋粮减免三成，英宗听从了他的建议。

年富在河南任河南右布政使，是于谦处理大饥荒问题的得力助手。他委任年富负责安抚流亡百姓，经过年富的努力，20多万流民的问题得到解决，百姓的生活回到正常的轨道。

在山西，左参政王来也是于谦的得力助手。

王来建议，流民因为在老家已经没有田产等家资，可以在流入所在地落户成家。又说，郡县官不以农业为要务，导致民众大多游手好闲、懒惰，催征赋税，又会导致失业，朝廷下诏免税，而田地荒闲，收不到租税，又会累及其他良民。宜选择年长贤能的人，以课农为职业。乡下的荒田，令附近之农民通力合作，除交租之外，允许他们均分粮食，原田主回来复业后则退还田地。发展蚕桑，听从农民自己规划。仍令提学风宪官监督，庶人知务本。他的建议得到朝廷采纳。

为了百姓吃饱饭

于谦深入民间，非常了解民间疾苦，对农民的喜怒哀乐了然于胸。他对农民辛苦种田，勉强混个口食，承担公家负担过重的情况非常同情，对官吏敲门、搜刮民脂民膏的事情深恶痛绝——

> 田舍翁，老更勤，种田何曾辞苦辛。
> 鸡皮鹤发十指秃，日向田间耕且耡。
> 雨旸时若得秋成，敢望肥甘充口腹。
> 但愿公家无负租，免使儿孙受凌辱。
> 吏不敲门犬不惊，老稚团栾贫亦足。
> 可怜憔悴百年身，暮暮朝朝一盂粥。
> 田舍翁，君莫欺，暗中腹剥民膏脂，人虽不语天自知。
>
> （于谦《田舍翁》）

为了百姓能吃饱饭、少受灾，于谦殚精竭虑，大修水利工程，改善农业基础设施，改善长期以来农业"看天吃饭"的情况。

黄河是中国的"母亲河"，到了夏天则犹如奔腾的难以制服的巨龙。河南段近河的地方总是决堤，水灾带走了不少百姓的一切希望。特别是开封府一带，只要黄河决堤，周边县市必定遭灾，房屋、土地、庄稼全泡在洪水中。仅正统二年（1437），开封等7个府所属的州县遭受水灾，7万余顷土地被淹没。

于谦在治理黄河上投入了很大的精力，率领军民厚筑河堤，提高防洪能力。每5里设置一个凉亭，每个亭都有亭长，负责督率百姓修缮河堤，维护堤坝安全。

正统三年（1438）秋七月，于谦上奏，开封府阳武县（今河南新乡）决堤，怀庆府武陟县（今河南武陟）沁河决堤，归德州（今江苏徐州、宿州、邳州、亳州、睢州一带）发生蝗灾。户部派遣官员来查看灾情。根据于谦的建议，修筑沁河，以便民众耕种。

于谦重视农业生产，关心农民生活，做了许多实事。

建立预备粮制度。预备粮就是战略储备粮，是政府用财政的钱大量购买粮食，存储在各地方的预备仓，遇到荒年时，再低价卖给饥民，让百姓不至于饿死，减少流民数量，维护社会稳定。比如宣德五年（1430），河南黄河决堤，灾民太多，于谦奏请在河南卫辉、新德等地设立预备仓，收购秋粮救灾。

粮食可以"借贷"。于谦给农民借粮种，有了收成再还上，贫苦农民则可以不还。

广泛植绿、开凿水井。于谦令百姓大力种树、开凿水井，改善农业条件，建设美丽的生态环境。经过绿化、凿井后，各处榆树、柳树夹路成荫，走在路上的人都有水喝，很少出现口渴而无水喝的现象。

那年四月，于谦在山西平阳府（今山西临汾）看到了喜人的景象，杨柳树荫浓密，水鸟争相鸣啼，豆苗刚刚开花，麦苗出得齐整。老百姓都夸现在年景好，今年收成不错。

往年的四月，正是青黄不接之时，往往粮价最贵，可是平阳此时市场上大米充足，米价不高——

> 杨柳阴浓水鸟啼，豆花初放麦苗齐。
> 相逢尽道今年好，四月平阳米价低。
>
> （于谦《平阳道中》）

百姓编写歌谣，足见当时于谦的德政受人爱戴——

> 凶年饥岁贫无粟，处处人民皆枵腹。

儿女卖与富家翁，少男只换六斗谷。

春来只有四斗粮，兼秕夹糠煮薄粥。

夫妻共食一月余，面渐尪羸皮搭骨。

引邻看看作饿殍，精液耗干无泪哭。

忽闻巡抚至此邦，开仓赈济饥与荒。

示民出粟自捐俸，谆谆复谕富贤良。

幸蒙尚义诸耆俊，贷资输谷到官仓。

大家小户皆得食，顷然面色生容光。

鳏寡孤独俱有养，医药调理救灾伤。

赵父杜母今复见，天遣恩官拯二方。

（《于少保萃忠传》）

那时，河南已经很穷了，还要支援陕西军队。对于不合理要求，于谦直接顶回去。正统二年（1437）五月，户部奏河南布政司每年在夏税内折征布 10 万匹，运赴陕西给军，后来又增 1 万匹。于谦不干，上奏河南连年发生旱灾，只可输纳 10 万匹，其余宜于京库拨付，得到英宗批准。

祈雨

祈雨也是于谦的一项工作，而且做得很虔诚，甚至祈雨前的十几天只吃斋饭、戒酒。于谦多么希望能风调雨顺，不让百姓饿肚子。

遇到夏天干旱的年景，他祈祷天上下雨，不要让百姓受苦——

赤日行空暑气浮，炎风簸土几时休？

云霓久渴斯民望，廊庙当分圣主忧。

旱魃剿除消沴气，神龙鼓舞起灵湫。

挽将天上银河水，散作甘霖润九州。

（于谦《望雨》）

如果田地久久没有下雨，庄稼喊渴，于谦急得夜不能寐，闻鸡而起——

> 闻鸡推枕起，曙色渐分明。
> 树映旌旗影，风传鼓角声。
> 云霓常在望，天地岂无情？
> 坐待甘霖降，群黎各遂生。

> （于谦《望雨无寐晓起偶题》）

历代的祈雨圣地山西太原的晋祠，是于谦祈雨的"基层联系点"。

晋祠为晋水的发源地，风景优美，境趣清幽，为当地名胜之区。一路行来，山青水绿，鸟语花香，如同传说中的仙山一般。于谦乞求苍天，愿将一捧灵祠的碧水，散作遍及九州的甘雨——

> 悬瓮山前境趣幽，邑人云是小瀛洲。
> 群峰环笋青螺髻，合涧中分碧玉流。
> 出洞神龙和雾起，凌波仙女弄珠游。
> 愿将一掬灵祠水，散作甘霖遍九州。

> （于谦《忆晋祠风景且以致望雨之意》）

于谦一大早去晋祠祈雨，走在路上，斜月星稀，天都没亮——

> 晓行数里未天明，路绕汾河听水声。
> 斜月带星横远汉，清风传漏报残更。
> 中心但愿灵祇格，远道何须父老迎。
> 好挽银潢作甘雨，溥沾率土润苍生。

> （于谦《晋祠祷雨晓行》）

但是祈雨毕竟不科学，天上的空气里没有水分，怎么祈雨也没有用。

明明看起来要下雨，可是风吹云散，于谦就会怀疑是神灵不灵验——

> 泼墨浓云布，漫空雨意悬。
>
> 斯须露红日，依旧睹青天。
>
> 祈祷知何益，焦枯亦可怜。
>
> 菲材膺重寄，值此更凄然。
>
> （于谦《次日阴云密布不雨复散》）

在今天看来，祈雨不太靠谱，但是人们从于谦祈雨的虔诚上，感受到了他的爱民情怀，知道这是个靠谱的好巡抚。

维护社会稳定

经过于谦的治理，山西、河南政治清明，司法公正廉明。

山西按察使徐永达是于谦的部下，掌管刑法之事，为官清正，军民畏服。徐永达办公的地方很破旧，生活特别简朴。他一天只吃两顿饭，而且吃的菜都是蔬菜，老婆在河南归德老家织布，供其衣食。徐永达举报巡按御史颜继非法用刑，致使颜继被降为都御史。派颜继出去巡按的右都御史陈智大怒，让下一个巡按御史秘密调查徐永达的过失，但是搞了很久，实在没有把柄可以举报徐永达。陈智又恼怒这个调查者无能，要将他免职。于是这个被人当枪使的巡按御史索性揭发陈智，朝廷对陈智进行了批评。陈智很惭愧，徐永达的名声更加响亮了。

对王府的违法，于谦也敢上奏：方山王等府的阉人，不是皇帝钦赐，乞求查实追究。宁化王朱济涣上奏辩解，儿子们都长大了，缺少使唤的服务员，买到王山等6名净身者，大家分用，没有向上汇报。各府教授张珠等人各自陈述罪状。英宗没有治他们的罪，王山等人还是留下照用，今后不许买自宫的人服务。

正统二年（1437）秋七月，于谦奉英宗之命，核实南阳中护卫指挥潘英出于私愤，举报唐王府存有武器的问题。唐王府存有武器，这并不奇怪。

在洪武年间，南阳卫守城的军器存在唐王府保管，共5.8万多件。于谦调查后说，这些军器数量多，非王府应有，宜送到河南布政司保管。而唐王与潘英互相揭发，不合适，请聘请刚正长史，辅导王德。英宗批准。

鉴于各处流民四处流动的情况，于谦努力维护社会稳定。

治理盗贼。正统七年（1442）五月，于谦上奏，近来河南多盗贼，一时难以清除，乞求根据州县的大小，设数十名机动兵擒捕盗贼，这样盗贼可以屏息。英宗予以批准。

惩治抢劫。正统十年（1445）冬十月，湖广上津县、陕西金州洵阳县的山沟里，聚集了各地逃来的趁食军民3000余户，王秀等10余人屡次抢劫商人、旅客。英宗命于谦等人严督各府州县官，亲自去造花名册，进行安置招抚，帮助他们复业。王秀等人被抓捕，送往北京处治，其余的胁从者予以释放回家。

一次，于谦骑马从河南前往山西，夜晚经过险峻的太行山，遇到一伙强盗，拿着刀枪，呐喊着要抢劫。跟从于谦的几个人吓得面如土色，相顾畏惧。只见于谦厉声大喝："你们是干什么的（汝何为者）？"这群强盗得知来人正是声望卓著的于谦，惊慌失措，四散而逃。

慑于于谦的威名，盘踞太行山的强盗竟然都避匿不见了。

捉拿造反者。正统八年（1443）十一月，于谦逮捕了要造反的河南汝州人张端卞。张端卞在湖广均州活动，改名为清古潭，披着宗教的外衣，鼓动人们造反。他们谎称其中的一个人张清是天上的紫微星降生，推他带头，其他人都是青衣童子，按照天上的星象，找个日子在光化县九龙冈起事，准备先占领泌阳、枣阳、舞阳，然后攻陷襄阳、汴梁。在他们准备起事的时候，于谦根据群众举报，抓获了这些人以及他们的家属百余人。于谦还上奏英宗，河南地连湖广，逃难的流民中有很多奸顽无赖之徒，像以前的张普祥、李普昇等人，都以修善诵佛来迷惑人，惹来了杀身之祸。这些人和他们一样，请审问得实之后予以诛杀。在逃民聚居处，敕湖广、河南三司官经常巡视其地，但有啸聚之人，或做不法事情，立即收治，重则奏请，轻则械归本乡。英宗批准，法司议行。

一颗诗心

巍巍太行山连接着河南和山西，于谦不知道走了多少遍，不知道写下了多少关于太行山的诗篇。

于谦春天在走太行山——

东风浩荡吹花柳，春气薰人如醉酒。

草生满地绿敷茵，桃李无言也笑人。

笑人年年常是客，底事欲归归未得。

归未得，可奈何？

太行南北千条路，不似离肠宛转多。

（于谦《春日吟》）

他夏天在走太行山——

信马行行过太行，一川野色共苍茫。

云蒸雨气千峰暗，树带溪声五月凉。

世事无端成蝶梦，畏途随处转羊肠。

解鞍盘礴星轺驿，却上高楼望故乡。

（于谦《夏日行太行山中》）

他秋天在太行山行走——

茫茫远树隔烟霏，猎猎西风振客衣。

山雨未晴岚气湿，溪流欲尽水声微。

回车庙古丹青老，碗子城荒草木稀。

珍重狄公千载意，马头重见白云飞。

（于谦《秋日经太行》）

他冬天在太行山行走——

> 才离汴水又并州，马上光阴易白头。
> 出处每怀心耿耿，是非谁较论悠悠？
> 貂裘不畏三冬雪，燕颔终封万里侯。
> 珍重晚来风景好，黄花老圃殿高秋。

（于谦《遣怀》）

他清晨在走太行山——

> 月落日未出，东方隐又明。
> 云连怀庆郡，雾绕泽州城。
> 道路淹归计，关河动客情。
> 故乡不可见，搔首望神京。

（于谦《太行山中晓行》）

他落日时分还在太行山赶路，从满头黑发一直走到两鬓斑白——

> 西风落日草斑斑，云薄秋容鸟独还。
> 两鬓霜华千里客，马蹄又上太行山。

（于谦《上太行》）

于谦是个感情丰富、有血有肉的人，承担着儿子、丈夫、父亲的多重角色，在诗歌里，总是提到思亲、思乡，想到这些亲人。

于谦常常想着和家人团聚，但是朝廷觉得河南、山西少不了他，不让他回北京任职。

即使看到春天的美景，于谦想到家人，也无法对景成欢，觉得自己是宦游的过客，长叹不止——

> 宦游无定踪，飘飘任南北。今年在并州，邂逅过寒食。
> 花枝红欲燃，草色翠如织。群鸟鸣闲庭，喧啾竟朝夕。
> 飞絮随东风，轻盈黏几席。而我与春光，相看俱是客。
> 春归已有期，我归应未得。对景不成欢，喟然长太息。
> 太息复何为？挥笔题素壁。

（于谦《清明感兴》）

于谦的夫人董氏留在北京，她的生活不富裕，却是个贤内助，努力拉扯孩子长大。

于谦牵挂远在北京的夫人，寄去了信件：

> 结发为夫妻，恩爱两相好。生男与育女，所期在偕老。
> 我生叨国恩，显宦亦何早。班资忝亚卿，巡抚历边徼。
> 自愧才力薄，无功答穹昊。勉力效驱驰，庶以赎天讨。
> 汝居辇毂下，闺门自幽悄。大儿在故乡，地远音信杳。
> 二女正娇痴，但索梨与枣。况复家清贫，生计日草草。
> 汝惟内助勤，何曾事温饱。而我非不知，报主事非小。
> 忠孝世所珍，贤良国之宝。尺书致殷勤，此意谅能表。
> 岁寒松柏心，彼此永相保。

（于谦《寄内》）

小女儿在妻子身边成天嚷着要吃梨、吃枣。大儿子于冕长大后回到老家杭州，陪伴年老的爷爷、奶奶，于谦很少有他的消息。

于谦想念自己的女儿于璚英，夜里常常梦见她娇痴可爱的样子。当巡抚的第三年，他写诗——

璚英一别已三年，梦里常看在膝前。

婉娩性情端可爱，娇痴态度亦堪怜。

诵诗未解知音节，索果惟应破俸钱。

白发双亲在堂上，关心为尔更凄然。

（于谦《忆璚英》）

于冕 13 岁的时候，于谦年年巡逻塞北，夜夜思念在杭州的亲人。他给由爷爷、奶奶代养的于冕写信，劝他在杭州不要放松学习，研究经史，莫负青春：

阿冕今年已十三，耳边垂发绿鬖鬖。

好亲灯火研经史，勤向庭闱奉旨甘。

衔命年年巡塞北，思亲夜夜梦江南。

题诗寄汝非无意，莫负青春取自惭。

（于谦《示冕》）

一个人宦游在外，夫妻两地分居，于谦总是有深深的孤独感，他看着自己斑白的两鬓，动起了调动工作的念头。

于谦在河南、山西当官 9 年，升迁兵部左侍郎（相当于常务副部长），食二品俸禄，转眼到了 42 岁的年龄。他未老先衰，头发斑白，牙齿松脱，遇到了中年危机，生出了早日退休的想法——

我生四十余，已作十年客。

百岁能几何？少壮难再得。

今朝太行南，明日太行北。

风雪敝貂裘，尘沙暗金勒。

寒暑互侵凌，凋我好颜色。

齿牙渐摇脱，须发日以白。

位重才不充，况此迟暮迫。

为上乏勋劳，为下无德泽。

揣分宜退休，非惟慕奇特。

早赋归去来，庶免清议责。

（于谦《自叹》）

退休的方式，就是回到魂牵梦绕的杭州。

在 49 岁的时候，于谦日夜牵挂的妻子在北京去世了。起因是得了气疾（可能是哮喘或者肺炎），没有得到很好的治疗。他接到妻子去世的消息，肝肠寸断，在西风中流泪不止。于谦因为工作繁忙，妻子去世，也没有回去处理丧事。

垂老光阴两鬓皤，细君弃我竟如何！

夫妻一旦世缘尽，儿女百年恩爱多。

晓阁空悬台上镜，春衣谁试箧中罗。

客边闻讣肠先断，泪落西风鼓缶歌。

（于谦《悼内十一首》，其一）

于谦常常思念亡妻，写下很多诗句，竟多达 11 首。看到小箱子中的书信和衣服，常常让他泪满沾襟。

缥缈音容何处寻？乱山重叠暮云深。

四千里外还家梦，二十年前结发心。

寂寞青灯形对影，萧疏白发泪沾襟。

箧中空有遗书在，把玩不堪成古今。

（于谦《悼内六首》，其三）

于谦表达对妻子的爱，就是不再娶妻、不纳妾。一生一世，就只爱她一个人。

巩固边防

于谦的另一项工作是巡行天下，抚军济民。从后来的历史发展来看，随着瓦剌势力崛起，巩固北方边防是当时最重要的工作，胜过了巡抚地方的一切工作。

到正统三年（1438），距离土木堡之变还有12年时间，英宗已经当皇帝3年，然而经历仁宣之治的和平时期后，北边边防重镇基本处于城堡失修、武备废弛的状态，朱元璋建立的卫所制度已经老化不堪，难以运转了。

正统十三年（1448）八月，英宗也承认"兵政废弛"。朱祁镇说，朝廷虑兵政废弛，特命尔等清理逃兵，尔等俱不用心，怠慢误事，都记罪过，今后再偷奸懒惰，推托妨废兵政，必治罪。

宣府长期由名将谭广镇守，正统三年（1438），这位老将已经76岁，确实干不动了。仁宗至英宗初年，谭广镇守宣府长达20年，防守边境长达1400余里，修筑屯堡、严加守备、增加驿传、安抚士卒，使边境无事。

但是到了正统三年（1438）三月，刑部尚书魏源看到了北部边防存在的问题：宣府等处沿边城堡、军装多不整饬。他认为，这是总兵官、都督谭广已经年纪太大、提督不周导致的，因此建言年轻将领顶上去。

但是，英宗并没有批准谭广立即退休。根据魏源的建议，任命都督金事黄真为左参将、都指挥同知杨洪为右参将，协助谭广提督军务。

朝廷对瓦剌势力的崛起已经有所警觉。

朝廷认为脱欢虽然已归附，但狡猾的阴谋不可预测。英宗命谭广以及其余各镇的总兵官陈怀、李谦、王彧等人献上对付脱欢之策。谭广等人分析："边寇出没无常，惟防御为上策。应分兵扼守要害之地，而间或派遣精锐部队巡视塞外，遇上敌人则量力决定是战是守。派间谍侦察敌人动静，以轻兵跟踪敌人的去向。敌人来则让它一无所得，退去时则有所恐惧，这样可以减轻边防之患。"英宗采纳了他们的意见。

负责整饬边务的刑部尚书魏源等人鉴于宣府、大同一带，城池、军马多不齐备的情况，提出了一条非常重要的意见，于正统三年（1438）三月提议于谦来主持北方边防的工作，换下年老的谭广等人。

魏源上奏朱祁镇，乞将兵部右侍郎于谦改任副都御史，于宣府、大同镇守，参赞机务，整顿军马，并请求召还催粮金都御史卢睿及参谋副使蔡钖，调往他处任用。

魏源的建议当然是非常正确的，此时距离土木堡之变还有几年的时间，如果任用于谦，或许历史会被重写。

然而，一群头脑僵化、恪守祖宗成规、喜欢鸡蛋里面挑骨头的御史站出来阻挠魏源的建议。六科给事中十三道监察御史于当年夏四月弹劾魏源奏保于谦镇守大同、宣府是"专擅进退大臣"，又把魏源当御史时犯的赃私罪等翻出来，请治其罪。英宗不理。

等魏源回到北京，知道这事是都御史陈智干的，就在早晨在直庐候朝时，找到陈智，和他对骂了起来。陈智是个湖北人，性格刚正急躁，明人笔记记载了他不少暴躁的故事。

陈智又跑到朱祁镇面前参他。朱祁镇警告他俩不要吵架了："大臣当谨守礼法，竟然胆敢怒骂，各逞私仇，有乖大体，姑识其罪，再犯不宥。"

陈智在这一回合较量中，不具战略眼光。

英宗以于谦巡抚山西、河南督征粮草的事情，认为他没有轻睿和死弊的行为，不必调动。

直到正统九年（1444）十月，英宗才批准了谭广退休的请求，将他召回，让武定侯郭玹接替他在宣府的任职。谭广已经年过八旬，步履蹒跚，走不动了。此时，朝廷已经失去了几年备战的时光。

但是，于谦在北部边防上也积极作为，既要巩固边防，又要减轻人民负担。

正统元年（1436）闰六月，于谦就加强边防上言10件事：

（一）接济边储。近年，边境多事，而民田粮食无收，乞求将各处犯赃罪的文武官员、运砖赎罪的囚犯，定其粮数多少，纳粮赎罪，运赴大同、宣府、甘肃、宁夏，这样减轻民力、边饷有备。

（二）优养军士。山西、山东、河南、直隶卫所的官军，每年轮流两班，赴北京操备，以致守城缺人，屯田荒芜。乞求分作 3 班，一赴京，一守城，一屯种，这样让军队宽松些、人民减少供应负担。

（三）减省吏役。吏役本为簿书而设，留下精通文件业务的，对能力不行的人予以免职。

（四）清理军伍。朝廷命监察御史开展清军工作，但是卫所士兵距离原籍有数千里，有的畏惧道路之艰不立即赴役，有的在赴卫所途中冻死、饿死、病死。乞求将 2000 里外的人，给口粮以救济。

（五）查勘逃户。山西、河南发生旱荒地方的人民逃走了，他们留下的粮草指标得由没跑的人户缴纳，导致荒芜处的人民愈少而纳粮指标不减少，丰熟的地方人民愈多而粮食指标没有增加，乞令各处入籍的百姓就地缴纳原籍的粮草指标，这样税无亏欠、民无靠损。

（六）禁止揽纳。山西土瘠民贫，路险运艰，其给边境的税粮，只有带着货物到当地换成税粮，但是各边官旗、各仓攒斗侵欺货物、虚出通关，导致仓库没有粮食，士兵缺少食物。乞将侵欺盗卖者解京关押，这样使奸顽之人警醒害怕、军粮丰羡。

（七）中纳盐粮。各边开中盐粮以广储蓄，行之既久，公私两便，近来客商开中者少，原因是纳米数目过多，支盐等候日久，取利不多，畏缩不已，乞将米数十减二分，支盐之日不许运司留难，这样商贾乐输。

（八）取用监生。朝廷命监生于各衙门办事，近来巡按监察御史也有 2 名监生跟随，但是不理刑名，浪费人才，宜令其理刑。

（九）审理刑名。就是法司隆冬、盛暑审录重囚，要考核审囚数量多寡，使没有冤枉的案件。

（十）存恤孤老。就是照顾好各郡县养老院的老人。

事下礼部商议，政府部门如果给在途士兵口粮，恐怕他们滞留难行，不合格的监生宜免职为民。其余的，英宗指示按于谦的建议办理，仍命尚书胡濙等人商议外卫赴京操备官军分为 3 班的事情。

操备军士分为 3 班，于谦的理由是：在北京的选操官军已达 10 万余人，遇警足够应对，而国家每年花费的钱谷以数百万计，都要依靠江南军民每年运输，不能休息。请求以北京附近的卫所官军仍令操备，河南等都司及南直隶卫所就不要调来了，这样外卫兵足，不费粮饷，能减轻京杭大运河的漕运压力。英宗以京师为居重驭轻之地，没有采纳于谦的意见，仍按旧制操练。

正统三年（1438）六月，兵部右侍郎于谦针对边境存在的问题，再次提出 6 条建议：

一是保障边民。以前，大同等处总兵、镇守官，每过防秋时月，接到有瓦剌来侵犯的边防警报，不管敌人远近，就驱赶边境民众进入城堡，丢弃了庄稼、牲畜，给民众造成了财产损失。于谦建议，今后定议：凡边报在数百里外不见人马者，居民勿动。见人马未入境者，居民戒严。人马入境后，方许居民进入城堡。如果本无边报，而总兵等官虚诞惊扰百姓，由巡按御史上奏治罪。这样，既保证了边境百姓的生命和财产安全，也避免了以前一刀切地丢财保命、扰乱正常的生产生活秩序。

二是休息边军。近年来调山西、河南各卫官军，来守备偏头关、大同、宣府等处，朝廷御寇安民之计很完备。但是，每年九月至次年二月底，水冷草枯，虏骑出没，守御者宜众多。但是，三月至八月，地暖草青，北边的瓦剌并不缺粮草，非虏骑出没之时，则各边官军还是用很多人自足守御，徒增军马，虚费粮草，浪费了军力、物力。于谦乞求合理调配两班官军，其中一班官军在每年九月初调来守卫边境，到了次年三月初，北边的瓦剌不南下了，各回本处操练，以省粮草馈运。

三是积蓄边储。以前，山西的囚犯俱赴大同府纳米赎罪，近年来改赴大同右卫纳米赎罪，难度增加了。大同右卫属于极边，位置很偏远，北方虏寇不时出没。囚犯害怕遭受侵掠，所以大多不能完成纳粮任务。而该卫官军数量少，有粮七万五千，可供应数年。但是，山西大同府是军马总萃之处，宜多积蓄粮食，以备缓急。于谦乞令赎罪的囚犯仍赴大同府纳米，不要再将大米送到大同右卫了，免去长途跋涉之苦。于谦建议在大同多存储粮食，于谦的提议为后来在土木之战中更好地保卫大同，发挥了作用。

四是拣选边马。近年因为边警，今保定等处放牧的马匹，分给大同、宣府诸处官军骑。但是边地寒冷，又被官军侵克草料、豆类，瘦损的马匹很多，没有实际用处。于谦乞将大同诸处的马匹，逐一拣选精健的马匹留下，仍旧骑操，而将老、病、瘦小的马匹，退回民间放牧。

五是修理城池。近来于谦看到山西、河南诸卫所，有的城垣楼橹有损坏的、濠池有淤塞的，乞敕各都司卫所，令守城军队在农闲的时候，和屯军及府县的民夫一同修理。

六是表正风俗。于谦看到"山西人民多有乐户（当时的文艺工作者，属于乐户户籍），男不耕种，女不纺织，淫嫚成风，游食度日，不才官吏往往呼使歌唱、奸淫，因嘱公事，以毒良民"。于谦乞敕各处调查这些人的身份。若是冒领为乐户的，打回为民户，以给徭税。官吏宿娼者依律黜罢，不许赎罪还职。当然，于谦对当时民间的文化发展还存在偏见，但是建议对嫖娼的官吏进行罢免还是对的。

英宗对于谦的上奏全部批准。

严肃军纪

山西大同是著名的军事重镇，孤悬于塞外，属于于谦的防地。巡按山西的御史不能每个地方都到，于谦上奏，另外增加一名御史来巡视、整顿军队纪律。由于长期军备废弛，边将贪财、毫无军纪，整顿军队纪律也成为于谦的要务。

正统五年（1440）十一月，守备滑石涧堡的山西署都指挥佥事李庸被指挥陈胜举报，里面牵连到都督李谦，朝廷将李庸、李谦抓到北京审理。协同守备偏头关的都指挥使马贵也揭发李庸贪淫。

于谦怕有人乱举报，上奏：诸将多挟私举报，平时都互相排挤，怎么能指望临敌之时协力成功？乞求廷臣集体审理，再做处理，使边城能够留下人才。英宗表示赞同，令审理李庸。

李庸被逮到北京后，承认了自己的罪行。他多次纵卒图利，奸污部下的妻子，也供述了都督李谦的贪酷事实。右都御史陈智弹劾李谦以前接受贿赂，推荐升指挥李衡署都指挥佥事，幸好没成功。他这么贪酷，不宜再宥。

英宗命关押李庸，将李谦下狱。不久，将李庸发甘肃充军。

马贵自己也有问题，为李庸揭发，称马贵贪秽不法，奸收军人的妻女为妾。巡按山西的监察御史曹泰进行审问，马贵的问题属实。朱祁镇命马贵戴罪工作，没收其贪污的赃款。

曹泰还上言两件事：一是备边。他说，臣闻三军之胜负，系于一将之得失，故将宜精择。近年，边将大多搜括民财，饮酒无度，不管军纪，怎么能指望他们修军政、作士气以强国势？如李谦、马贵、李庸，数月之间，没有备边良策，只顾利己之私情，彼此揭发，法司已经逮问。像这种边将众多，乞加禁约，无良者治罪，智勇超卓者提拔，这样军政修而士气作，国势强而外侮不足虑。

二是任官。擢用台谏，须养其锐气，付之重任，使他折奸臣之胆、救时政之失。监察御史九年考满后，称职却无大臣举荐，没法升职，乞敕该部对御史贪淫不法的治以重罪，对其他小过予以宽贷，九年考核合格，虽无大臣举荐，也可以升职。英宗予以批准。

当然，曹泰也干了些无聊事，干涉别人的婚姻。正统六年（1441）秋七月，山西按察司佥事刘翀下狱，起因只是娶了个"不洁"的白富美。有个姓朱的女人，先为安陆侯吴杰的妾，吴杰死了，改嫁指挥张能。张能死了，又嫁指挥程鹏，总是做妾。程鹏犯事被诛杀，刘翀垂涎小朱的美貌和财产，娶为妻子。巡按御史曹泰弹劾刘翀没有廉耻，娶了失节妇。刘翀因此下狱，真是冤枉。

修理城池

坚固的城池是对抗瓦剌入侵最好的武器。

于谦看到山西、河南诸卫所，有的城垣楼橹有损坏的、濠池有淤塞的，上奏皇帝提出修理城池。

杨洪鉴于此，上奏建议朝廷，将开平卫城增高五尺，龙门所城展宽一里，独石地方东至潮河川、西抵宣府，增置烟墩60座。因为工程浩大，乞求将屯军俱免一年屯种，协同守备官军一起修筑，以为长久之计，得到英宗批准。

此后，杨洪成为保卫边关的一名猛将，在其后大战中脱颖而出。

让士兵有饭吃

怎么让边境的士兵吃饱是一个大难题，甚至是一个跟落后的农业条件、交通水平相抗争的悲壮历程。可以说，粮食到了哪里，明朝的边境就能延伸到哪里。

向大同、宣府、偏头关三边供应、运输税粮，是山西百姓的沉重负担。山西每年运往三边的税粮共 1552700 石，运输的人也要吃饭，大概吃掉六七石才能送到 1 石。又加上晋代藩王府及郡王、将军、郡主、县主、宗人府仪宾（指女婿）的岁禄，中央各部摊派的物料、柴炭、劳役，内地军卫、有司俸粮等，人民的负担巨大。山西的租税供应边境军队，常常捉襟见肘，人民负担减轻了则军储就缺乏，军队粮食充足了则民力困难，处于彼此两难的矛盾状态。

边境上腐败较多，百姓供应军队苦不堪言，军民两疲。正统十一年（1446）九月，镇守大同左参将、都督佥事石亨上报，大同每年用的马草达 63 万余束，都从山西腹地州县征收，山路险远，运输艰难。有司（政府）往往加倍付银子，在近处买草运过去。而大同诸多实权官员，嗜其利厚，要挟百姓不得与政府交易，私役军卒采野草卖钱，并向百姓放贷。军民两疲，诸边大患。

百姓不堪其苦，有人到北京越级上访。

正统九年（1444）的一天，打柴的山西百姓王涣，冒死来到北京要见皇帝，也不知道怎么能见到皇帝，也不知道敲登闻鼓，就在大街上一阵狂走，进入长安右门，一会儿大哭，一会儿大笑，看起来疯疯癫癫的。

王涣对一个官员模样的人大声说："我处百姓，饿者饿死，逃者逃尽。请将我绑缚去见皇上，我有话要说。"一个乡下来的柴户也只知道这招了。

锦衣卫的校尉不分青红皂白，将他抓捕，报告英宗。

英宗身居庙堂，不信民间这么凄苦，说王涣说的是"妖言"，一纸诏令，将他打入锦衣卫监狱囚禁。那时候百姓的性命、价值，在统治者眼里就是草芥，还不如一头驴值钱，可以任意驱使。

山西本来就穷，军粮、物料常常需要于谦多方筹措。

于谦整顿边镇的边将开垦的私田，全部收为官屯，以补充边境的花销。

于谦还扩大边境的屯田规模。正统六年（1441）三月，增加大同、宣府的屯田旗军。先前，英宗对总兵官朱冕、谭广说，大同、宣府岁用甚多，而屯田的收入不到十分之一，其余的要靠百姓供应。今边境安宁，军士悠闲，宜广屯田，以缓解民力。这样，二边增加屯田人数6700余人，每年增加粮食超过4.2万石，每年节省大量岁费。

屯田旗军都有种粮任务，年景不好可以减征。当年秋七月，巡抚大同、宣府的右佥都御史罗亨信上奏，大同今年春夏少雨，人皆艰食，新拨屯田旗军2900名，该征粮食17400石，乞减半征收。英宗同意。

当年秋七月，大同参将、都指挥同知石亨也出了一个扩大屯田的点子。他说，西路操备人马数量多，费用浩大，民间转输不胜劳苦。军士的家口及置买军装，都依靠月粮，一遇岁歉，不无失所。他看到行屯院净水坪迤西这一带，土地广沃，于洪武、永乐年曾经屯耕过，乞求将大同左右、王林、云川四卫的士兵，除巡边守城的以外，通选3000人，每人每月减粮3斗，只发5斗，到那里屯耕，各立营堡，随带军器，且耕且守，仍选管队官员提督种子、牛具。秋天收获后，每人暂交粗粮6石，增加粮食18000石，这样百姓免输转之劳，军队无饥窘之患。有关部门商量后，批准这个建议。

为了增加大同的粮食储备，山西运米的赎罪囚人成了纳粮、运粮的主力军，全部向大同府大有仓交纳大米。根据于谦的建议，正统三年（1438），原定起运万全等卫的粮料等，改拨付6万石到大同府仓储备。

尽管粮食不足，但是士兵的口粮要有保证，不能克扣。正统元年（1436）九月，大同总兵官、都督同知方政上奏，最近户部发文，令征调在外官军，该支的口粮、出差粮都在月粮内支出。我认为守边御敌，惟在依赖兵力，兵力强劲，尤在饱暖、畜养有素，人思自奋。大同的守边士兵，自洪武、永乐以来，无家小的士兵每月给粮6斗，有家小的，口粮为8斗，出公差则又给以行粮。户部的做法会失人心，士兵难为效力。经过户部商议，英宗同意仍然按洪武、永乐的标准给口粮。

要粮要钱

大同的粮食不够，于谦只有向朝廷要粮、要钱、要绢布。

正统四年（1439）五月，山西实行新政，为帮助逃民复业，免去其拖欠的租税，2年内再次免除。逃亡者免交租粮，而这些花费要由未逃的百姓承担。于谦认为，这样恐怕人人畏惧其繁重而再次逃走，还会耽误边疆缓急之用，上奏请以法司赃罚以及江南折粮银，每年安排60万两，分送大同、宣府。等到秋收易米上仓，或定价与米麦合并支放，可节省山西一半的馈运费用，各部物料宜暂时停止，则民无重困，而军食充足。

英宗命户部审议。工部尚书吴中说，山西虽然贫困，其税粮宜定额拨给大同80万石、宣府30万石，若还不够，则以北直隶的粮食凑一凑。还在浙江折粮银内拨10万两，京库拨绢5万匹、布10万匹，运赴宣府，用于购买粮食。从山西原来负责的宣府粮内，退9万石给大同。其余一切买办、工役，都停止摊派，如此，则边储可足、贫民不困，而山西逃窜的百姓可逐渐复业。

英宗让他们再查查永乐、宣德年间，二边的粮食问题是怎么处理的。

户部汇报说，国初，大同粮料都由山西布政司供给。而宣府的粮食供应，从永乐十九年（1421）起，军夫于北京仓库运送粮料201100余石到宣府。宣德六年至十年（1431—1435），京仓通州运粮料38万石赴宣府。山西的税粮，每年只拨40万石或30万石到宣府，并没有运送银两、布绢。其后，宣府陆续添设卫所，官军人数多了，于是每年奏令粮户于松江等处收买布匹，或派人拿白银去买粮食，或将京库的绢运到宣府，作为官军月粮，此皆权宜之策，以足边方之用。今山西人民艰难，宜仍照原来的方案。英宗同意了户部原来的方案。

正统三年（1438）十二月，大同还是缺钱，常常拖欠军人的工资。于谦上奏，山西行都司所属官军的俸粮，折色钞贯，每年派官员到山西布政司领取，往往拖欠，会同所司官吏侵欺抵换，不但官军得不到实惠，也耽误边境的防守。于谦乞令山西布政司拨钞 50 万贯存在大同府备用。户部、英宗批准。

遇到灾年，在山西一些卫所，士兵们没有吃的。

正统五年（1440）三月，于谦上奏，山西太原等府，泽、潞等州，阳曲等县，因为旱灾，田禾没有收成，人民非常饥窘。今大同、宣府仓库里有积粮，但是腹里卫所的士兵缺少粮食。臣以为，积粮为守边之本，安人为为国之本。应当用多余的粮食补充这些卫所的粮食缺口，乞令山西该征收的税粮免运宣府，看情况运往大同，其余的悉拨偏头关以及腹里仓，以备支用。

英宗指示，宣府粮食是备边专用的粮食，不要动，其他的都批准。

于谦又说，从去年开始，运税粮所欠不多，都是受灾的逃户之数，乞求暂时停止征收，以宽民力。

又说泽、潞等州，愚民无知，因见有赦免，将运到大同的 19 万余石粮食都卖掉，然后回去了，户部让臣追收。臣巡视各处，确实艰难，若复逼迫，恐怕百姓更加流离失所。除已追纳的粮食外，剩余的乞求减半蠲免，并收布钞为便。户部和英宗批准。

税粮可以用金银交纳后，又出现了新问题：缺乏金银来源。正统五年（1440）三月，于谦奏，山西人民已很贫困，所解大同的折粮金银等物，非常不容易得到。近闻巡抚官以金银成色不足为由，令百姓冶炼金银，不准拖延，时间长了，所用的木炭、黑铅等物以及亏折之数，从哪里出办？乞求令 1 两白银折算 2 石米、6 钱黄金折算 1 两白银，收库支用，则百姓不会拖延，不误农时，官军也方便。英宗称赞于谦说得好，赶快实行。

抓逃兵

于谦的另一个任务是协助清军御史抓逃兵。

边境的军户由于租税、劳役等负担沉重，没有保家卫国的积极性，长期以来大量逃亡，全国在册的军户中超过 120 万人逃亡。为了抓逃兵，逼他们回到原来的卫所继续当军户，朝廷向各地派出了清军御史。但是用了3年时间，进展缓慢，清理出来的逃亡军户只有二三成。这些逃兵抓回去后不久，不愿意当兵，又继续逃亡。

抓回来的逃兵太多，而押解的人也动以万计，耗费人力，于谦建议补役的户丁到附近卫所参军。正统三年（1438）春正月，于谦上奏，山西地瘠民贫，加上边饷劳费，河南虽称富庶，但是连年灾伤，人民困极，多不聊生，现在清理军伍，要押送的逃兵人数多，而押解他们的人也动以万计。乞求将秋成起解、未起解而先造册等的人，除原来的逃正军（指逃亡的在役军人）等候秋收后仍发原卫外，其补役的户丁，原卫在2000里外的，都暂发附近卫所操练，这样使军获实用、民无窘迫。这个建议得到兵部、英宗同意。

遇到荒年，百姓流离，抓逃兵不利于农业生产，同时招抚复业的人中混进了不少军户，这些军户抓了逃、逃了抓，牵连到亲戚邻居，到最后亲邻也逃走了，导致田地荒芜，这时清军就要暂时停止，慢慢来，不可操之过急。

正统三年（1438）九月，于谦向兵部上言陈述河南岁歉民艰，宜减省，乞求暂时将河南各处的清军御史召还，并乞暂停清军。英宗同意了于谦的建议。

正统五年（1440）春正月，于谦招抚河南、山西、南直隶、北直隶的流民，很有成果，已有34230户落户，既有乡贯来历而易于察理，又有主保收领而难以再逃走，镇之以静，待之以宽，百姓安心。这些人中间肯定有凶顽、奸诈、脱逃军囚、来历不明之人，应该设法防闲，以为久远之计。

英宗看完奏章，称赞于谦说得好，对都御史陈智说，朕主宰天下，务使百姓安生乐业，永享太平。以前有贫民困乏，迫于科差，导致逃移，已曾选官抚招复业。又有诏书宽宥他们的罪行，允许随处落户籍纳粮当差，愿意复业者，复其粮差二年。今看到于谦的上奏，恐怕还有潜匿于山林、拘留于豪势之家的人，不知朝廷招抚，尚未复业。除令有司招抚存恤其已复业者，所在官司如例优恤，中间敢有辗转复逃，团聚山林湖泺，投托官豪势要之家，躲藏抗拒官府不服招抚者，正犯处死，发边远充军，里老窝家知而不首者同罪。负责此事的官吏一体论罪。

于是，都察院出台了相关的榜文禁约，在河南、山西、南北直隶各处张贴。

卫所制度腐朽了，抓逃兵的工作非常难做，效果不太好，有人为了不去当兵，就给清军御史行贿。清军御史在外年头久了，人情熟了，抓逃兵就下不去手。正统十三年（1448）九月，兵部上奏，在京、在外各卫所军伍，自正统十三年（1448）四月以前造册送兵部转发清勾军士共666800多人，但是现在清军御史盛琦等人只清出61200人，未清出的人数是已清出人数的10倍，其中无姓名、无籍贯的人很多。

正统十四年（1449）九月，英宗命各处清军御史停止清军。

六、党同伐异

于谦是官场中的一股清流，最厉害的是，清风两袖朝天去，不拉关系不送礼，当这么大的官，只求过皇帝、"三杨"等少数人替百姓办公事。这跟官场中热衷攀附、上下结交、混圈子的风气，格格不入。

特别是，于谦对于王振，绝不巴结。

于谦在当山西、河南巡抚时，每次进京奏事，"空橐以入"，绝不带任何礼品去见"三杨"，更不会去见王振。而其他官员争相带着厚礼去见王振。同僚劝他，你不进献金宝，总得带点土特产吧！

于谦甩甩衣袖说："我带有两袖清风！"

还写诗自矜：

绢帕蘑菇与线香，

本资民用反为殃。

清风两袖朝天去，

免得闾阎话短长。

（于谦《入京》）

绢帕、蘑菇、线香等，本来应该是百姓自己享用的土特产，却被官员们搜刮，拿去送礼，而百姓吃不上、用不上，辛苦一场，反而成了一种灾难。于谦带着两袖清风、两手空空地去见皇上，免得被百姓说长道短。

于谦就是有才，一出手就是名篇。这首诗歌墨迹未干便不胫而走，人人都知道于谦清廉清白，绝不送礼。

而王振掌握大权，属于官场中的浊流，深谙官场"厚黑学"，好比道路中间的一个卡，谁升迁调动都要过他这一关，就必须留下买路财。浊流在上，清流在下；清流不买浊流的账，浊流偏要搅浑清流。因此两股势力之间的碰撞，是迟早要发生的事情。

于谦这种官场异类，对于王振雁过拔毛的做派不是不知道，他偏偏不按上头的套路出牌，每次进京不拿金银财宝来就算了，连一个普普通通的礼物都没有，偏偏还作诗自我宣传，于是王振就牢记在心了。

早年一步登天，青中年却在侍郎的位置上蹉跎十几年，跟于谦不媚上的个性与被王振打压有关。

正统六年（1441）初，在兵部侍郎位置上干了12年、已经44岁的于谦，望着镜子中的缕缕白发，摸摸自己空空如也的行囊，想想自己多年离家思家，脸上露出一丝苦笑，自谦"报国惭无尺寸功"，但胸中又充满了"独留长剑倚青空"的豪情壮志。

于谦在《春日客怀》中写道：

年年马上见春风，花落花开醉梦中。
短发经梳千缕白，衰颜借醉一时红。
离家自是寻常事，报国惭无尺寸功。
萧涩行囊君莫笑，独留长剑倚晴空。

于谦很喜欢围绕几个内容写诗：一、四季伤时；二、忠君报国；三、清廉家贫；四、壮志在胸。这首诗也反映了这个特点。

于谦巡抚山西、河南十余年，也想动动位置，调回北京和妻子团聚，在地方上太过盈满也不是好事，该挪挪窝了。遇到这种情况，一般的人都是给王振行贿或者拉关系，调动工作。

但是于谦不会搞这些，既然已经作诗"清风两袖朝天去"，让他当两面人、去送礼，他做不到。清官的苦恼，其实和普通人遇到的麻烦是一样的。

于是，于谦直接向朝廷大胆自陈在外年久，乞召回京，并推荐参政王来或孙原贞，接替自己的巡抚职务。

于谦敢举荐这两个人，自然是胸有成竹。

王来，山西左参政，由杨士奇推荐任职。他居官清廉，政事练达，事情无论大小，当面就能给出处理意见，受到于谦赏识，亟称其才。只是王来有个毛病，执法太严，疾恶如仇，曾在山西以公事杖死 10 名不称职的人，其中包括一名县令。王来因此入狱，遇到赦免才复出当官，脾气由此变得平和。

而孙原贞当时任河南右参政，居官清廉慎独，是个做官的料子。

推荐官员升职，本来就是于谦职责范围内的事情，并非出格之举。比如，于谦曾经奏保升山西布政司左参议王纲为右布政使，督理大同的军粮马草。这次举荐王来和孙原贞是否挡了王振的发财路，于谦不会考虑那么多。

于谦的奏折一到，王振笑了：这次不整死你，更待何时？

王振就抓住这次机会，指使右通政使李锡等人，弹劾兵部左侍郎于谦"方命不忠"（就是抗命不忠的意思），以很久不得升迁、心存怨望为理由，擅自推举他人接任自己的职务。

最初，英宗认为这是小事，置之不问。

但是六科十三道对此事揪住不放，轮流上章弹劾于谦。次数多了，英宗也重视起来了，但也只是给于谦记过，做轻微的处罚。这样，于谦就在这个关口回到北京，与妻子团聚。

王振指使六科十三道借于谦这次回北京的机会，继续反复弹劾他，罪名升级为擅自回朝，以达到扳倒于谦的目的。

王振将于谦下都察院监狱。

大理寺卿王文等人想保护于谦，呈上于谦罪状，建议判处于谦有期徒刑，但是可以不坐牢，允许缴纳罚款赎买罪行，然后还职，回去继续当巡抚。赎罪在当时是处理轻罪的一种手段，允许犯人交钱赎买罪行。

英宗将王文的建议交给六科给事中党恭等人，看他们如何处理。党恭等人于是胡说八道：于谦为臣不忠罪，不止处以有期徒刑。

党恭同时弹劾办案的右都御史陈智及王文等人，故意枉法，包庇于谦。陈智断案如神，先后巡按福建、苏松，清理冤狱，多有善政。冯梦龙《陈御史巧勘金钗钿》、京剧《勘玉钏》就是讲他断案高明的故事。

随着案件的进展，英宗的态度也在逐渐转化，从置之不理到重罪处理，里面掺杂了王振进谗言的因素。英宗命禁锢于谦，而宽宥陈智等人，不予治罪。

王振竟然想一步到位，给于谦扣上死罪。想调动工作、擅自回了一次北京，就是不忠的死罪，这个逻辑的跨度也实在太大。

但这正是王振上纲上线整人的惯用手法，将一件小事无限夸大，混淆它的本来面目。

百姓听说于谦被判处死刑，纷纷上书申冤。于谦在河南、山西的影响力实在太大了，王振看民意沸腾，知道触犯众怒，不放于谦不行了，于是找个台阶下。

恰好有一个御史，姓名也叫于谦，奏章里语气很不客气，常常触怒王振。王振放出风声说，是办事的人糊涂，把一个总是和自己对着干的叫于谦的御史和当巡抚的于谦弄混了，有意释放于谦。

于谦关在监狱里好几个月了。陈智等人想让他早点被释放，趁着热审（"暑盛录囚"）的机会，将于谦的名字写进去，请英宗裁夺。

于是，英宗和王振将关押了3个月的丁谦释放，但是将他的职务从巡抚、兵部左侍郎（正三品）降职为大理寺左少卿（正四品），可能另有任用。

山西、河南的百姓、官吏又不干了，数以千计的人来到北京，伏阙上书，请求于谦留下。驿站的道路上到处是进北京为于谦说情的人。周王、晋王等藩王也热情挽留于谦留下，纷纷表示，本省不可一日无于谦。

户部尚书刘中敷也上奏，山西连连发生旱灾，百姓大多逃往河南就食，请选派大臣进行安抚。

王振和英宗看百姓和藩王都向着于谦，这么多人在北京上书，僵持下去有损自己的颜面，于是让熟悉当地情况的于谦继续担任山西、河南巡抚。

这一次危难，是河南、山西的两省百姓，挽救了于谦的仕途，抵挡住了来自朝廷的浊流。

尽管于谦这次没能回到北京，并不能说他用人的眼光不行。王来在正统十三年（1448）迁河南左布政使，次年任左副都御史，巡抚河南及湖广、襄阳诸府，距离于谦的举荐，整整过去了7年时间。孙原贞后来担任浙江布政使，很有劳绩，后担任镇守浙江的兵部左侍郎，景帝时期担任过兵部尚书。

正统六年（1441），于谦刚刚回到山西，又遇到了麻烦事。晋宪王朱美圭死了。英宗停止视朝三日，遣官赐祭。朝廷为他大办丧事，派了4000名军人，为他营建豪华陵墓，买的建筑材料很多，内外装修极尽奢侈。

于谦斗胆向朝廷阐明，山西百姓穷困，又遭遇蝗灾、霜灾，粮食歉收，逃亡者多，请求从简下葬，军人数量减少一半，房屋、材料适可而止。英宗批准其房屋按照藩王的规格建造，其他按照于谦的建议办理。

正统十二年（1447），代王朱桂死了，他的家人要造豪华陵墓，占用了很多土地。大同总兵官朱冕奏请土地减半，用黑瓦装饰，于谦也表示支持，奏请朝廷以后诸王、嫔妃死后都从简从省建造陵墓，获得朝廷批准。

北京回不去，于谦又想家了。一天，于谦骑马路过山西泽州（今山西晋城），天色暮合，远离太行山之后，道路渐渐变得平坦。只见河水萦绕在太行驿（驿是供传递公文的人中途休息、换马的驿站）周围，树木环绕泽州城。落日翻动着旗子的影子，遥远的清风送走城内的鼓声。他回首天际，只见孤独的云彩斜挂在天边，他觉得自己就是那朵孤云，此情此景怎能不叫人动情呢？

信马天将暮，离山路转平。

川萦太行驿，树绕泽州城。

落日翻旗影，长风送鼓声。

孤云在天际，回首若为情。

（于谦《到泽州》）

正统十三年（1448）秋七月，于谦80岁的父亲于仁在杭州去世，于谦回家奔丧。英宗让于谦不要丁忧守孝了，办完丧事就直接回北京工作。

十一月，长期被王振打压的于谦终于回到北京，升为兵部右侍郎。

这正是他33岁第一次升职时的职位，50岁的他等于在外地转了18年，如今又回到了起点，只是免去了山西、河南巡抚的职位。

北京的住宅中，再也看不到他日思夜想的夫人了，于谦就索性住在单位不回家了。

于谦也写了一首《还京述怀》纪念这一大事——

眉间黄色应归期，正值清秋八月时。

封事预须当宁问，音书先慰倚门思。

宦情落落从来懒，吏牍纷纷欲去迟。

好在故园三亩宅，功成身退是男儿。

于谦回到北京的心情有喜有悲，对做官的志趣不再高涨，日渐归于平淡，总想在功成身退之日，回到杭州那三亩田宅上安度晚年。

18年的巡抚生涯，为于谦赢得了从民间到朝廷很高的赞誉，即使遍及乡野的儿童也知道他的名声，满朝官员对他赞誉有加，把他比作苍劲的松树、凶猛的鸷鸟，比作两位贤能的摄政大臣——商代的伊尹和西周的周公旦：

自从持节镇中州，拈指光阴十八秋。

遍野儿童知望重，满朝卿士让才优。

劲松岁晚坚真操，鸷鸟风高少匹休。

整珮只今归奏主，岩廊拟见相伊周。

（沈约《赠于公议事还朝诗》）

王振整人

王振喜欢打击不依附自己的人。如果不按他的意思办事，王振就借故把人弄死。

比如，大理寺少卿薛瑄。

薛瑄早就得罪了王振。

正统六年（1441）八月，山东提学佥事薛瑄被提拔为大理寺左少卿。

还没提拔前，王振问杨士奇："谁可大用？"

杨士奇就推荐山西运城人薛瑄，王振就将他提拔了。按照惯例，升官者和恩公要见上一面，叙叙旧，联络感情。

薛瑄不按官场套路出牌，认为自己是朝廷提拔的，不是出于王振想提拔谁就提拔谁的个人恩惠，因此到北京朝见皇帝，却偏偏不拜谒王振。

王振来到内阁，左看右看，不见薛瑄，问二杨："怎么不见薛少卿啊？"

二杨忙向王振表示歉意。

王振知道李贤一向与薛瑄友好。

李贤在历史中是一个很重要的人物，有经世之才，日后将在英宗复辟后发挥关键作用。在于谦去世后，李贤在权奸内讧、柱石倾移、朝野多故的情况下，以一身之力支撑大局，堪称国之柱石。《明史》称："自三杨以来，得君无如贤者。"

王振叫来李贤，认为以他的才能，一定能将薛瑄收归自己麾下。于是，让李贤去传话，转达自己的意思，而且告诉薛瑄：王振很记挂你，问起了你的事情。

李贤来到朝房，对薛瑄照实说了一番王振的美意。薛瑄偏不领情，拒绝去见王振，说："原德（李贤的字）兄，你也说这种话吗？拜爵于公朝，谢恩于私室，吾不做这种事情。"他拒绝向任何个人谢恩、摇尾谄媚。

王振知晓其意，心中恼怒，也很失望，但也不再过问薛瑄不向自己谢恩的事情。

在公开场合，薛瑄同样不给王太监面子。

一日，大臣们在东阁开会，公卿们一见王振皆纷纷拜倒，只有一人鹤立鸡群，拒绝下拜。

王振一看就知道这是薛瑄，表面上和他打哈哈，先向他作揖，口中自谦地说，王某犯有过错，请薛少卿给予谅解，诚恳表达歉意。而心中暗暗把这仇记下了，更加深恨薛瑄品性清高、不攀附权势。薛瑄彻底把他得罪了。

不依附我，那你就是我的死敌。王振就谋划怎么把薛瑄一下子搞死。

薛瑄依法办理了一桩案件。王振以为找到了除掉薛瑄的良机。

一个指挥得了重病，撒手西去，身后留下了一个非常漂亮的妾。这个遗孀和一个人相爱，两人想成亲，不料遭到了指挥的大太太反对。在当时，如果大太太不同意这门婚事，小妾是不能自行改嫁的。

而要娶这个美丽女人的人，正是锦衣卫指挥同知王山，他是王振的堂侄。

那个小妾为谋求新生活，就必须搬掉大太太这块绊脚石。她诬陷是大太太毒杀了亲夫。毒杀亲夫会被处以极刑。

大太太被抓进都察院监狱审讯，都御史王文负责审理此案。王文本就是王振的人，这伙人形成了炮制冤案的闭环，将大太太屈打成招，要置她于死地。

大臣们看到这个案件跟王振的堂侄王山有关，不敢插手，不敢还原真相。

唯有大理寺左少卿薛瑄不怕，他肩负维护公平正义、杜绝冤案的职责，挺身而出，多次为指挥的大太太辨明冤屈。都御史王文作为王振的爪牙，多次从中作梗，屡次驳回薛瑄的辩诬，要炮制冤案，除掉大太太，成就美妾和王振侄儿王山的好事。

大理寺坚决抗辩，无济于事。薛瑄宁为玉碎、不为瓦全的态度，让王振更加恼恨，在已经是"死老虎"的大太太身上做文章，罗织冤案，想借此一次性将薛瑄整死。

王文暗示言官，在朝廷上弹劾薛瑄等人接受了指挥大太太的贿赂，所以故意偏袒她，指使她抗辩不止。对薛瑄等人，应以故出人罪论处。

薛瑄被抓进锦衣卫狱，在朝廷上接受审讯。大太太已经屈打成招，再次按照王振一伙的说辞，污蔑薛瑄接受了她的贿赂。

在当时酷刑横行的情况下，一般人都扛不住刑罚的折磨，更何况这是一个高官的大太太，细皮嫩肉的身板如何熬得住笞杖之类的虎狼之刑？

薛瑄百口莫辩，被判处死刑。

薛瑄看透了他们的嘴脸，依然坚守心中的底线，怡然道："辨冤获咎，死何愧焉？"

不畏强权，不乱心智，在狱中，薛瑄怡然自得地阅读《周易》，卓尔不群，以此抵抗现实的黑暗。

在狱外，营救薛瑄的行动在紧锣密鼓地进行。

听闻父亲被判处死刑，薛瑄的儿子薛淳等三人心急如焚，争着代父受刑，请求一人代父去死、二人发配戍边，以赎父亲之"罪"。

王振坚决不许。侍郎王伟也为薛瑄申辩。

薛瑄临刑前，王振在自己府邸的厨房里听到了哭声，闻声寻去，只见一个老仆哭得很伤心。王振忙问何故，老仆凄然道："薛少卿不免一死，因此哭泣。"

薛少卿被判处死刑，是朝廷机密。王振一惊，问道："你是怎么知道这事的？"

老仆说："我们是老乡。"将薛少卿的生平一一讲给王振听。王振心里稍微松动了一些杀机。坏人有善念，好人有恶念，这并不稀奇。

在行刑的当天，王振免去薛瑄的死罪，仍将他罢官除名，放归田里。

薛瑄在刑场上戏剧性地获得了释放。没想到是一个老仆人无形中救了薛瑄的命。

从这件事情可以看出，在权臣当道、人治泛滥、法治式微的社会，官员要维护公平正义、维护法律的尊严是一桩相当困难的事。不与黑恶势力做斗争，当事人的合法权利就没有丝毫保障。大理寺虽然是监督和纠正部门，但也受权臣操纵，想辨明冤情却无能为力，甚至自身难保，驳正之权流于有名无实。

王振不仅败坏司法，还对掌握人事大权的王直进行迫害。

正统八年（1443）正月，礼部侍郎王直接替郭琎任吏部尚书。

正统十二年（1447），户部侍郎奈亨依附王振，诬陷郎中赵敏。

奈亨不学无术，在正统初年，升为光禄寺卿，谄事太监王振，诈称诏旨，每天支出肉类、饭菜、酒水、水果送给王振，等于是王振的小金库。后升为户部左侍郎，仍管理光禄寺，做官刚愎自用，稍有不顺他的意思，就给人穿小鞋整人。

奈亨老了，头上有不少白发，就将头发染黑，厨师杜清偷偷嘲笑他老黄瓜刷绿漆——装嫩。奈亨大怒，狠狠地打了杜清一顿。

一次，光禄寺大官署署丞张冕举报奈亨偷公家用品，以供祀郊坛为由，拿走猪肉、鹅肉及面食，供自己家里人享用。英宗批评他贪饕，但宽宥了他。

奈亨这次把矛头对准吏部尚书王直。

王直和侍郎曹义、赵新受到牵连，此三人被关进监狱。三法司在朝廷审讯，判诬陷者奈亨斩刑，王直等人赎徒（判处有期徒刑，但可以赎买）。

英宗宽恕了王直、曹义，剥夺奈亨、赵新的俸禄。户部侍郎敢欺负到吏部尚书头上，没有王振做幕后的主使者，奈亨也没这么大的胆子。

陷害"南陈北李"

王振喜欢结交名人，为自己脸上贴金，偏偏南北国子监祭酒是他降服不了的男人，丝毫不给他面子，让他下不来台。

国子监在西周时期，是国家的最高学府，称为"太学"，在汉武帝时是传授研究儒家经典的最高学府。西晋初立"国子学"，作为国家的教育管理机构，相当于今天的教育部。隋、唐、宋、元、明、清称之为"国子监"。英宗时期的国子监，从毕业学子中选拔官吏的功能已经大不如前，被进士科取代了。

明成祖迁都北京后，在北京设立国子监，设置祭酒（校长）从四品、司业（副校长）正六品等职位，掌大学之法与教学考试。

既然是国子监祭酒，是学府的主要负责人，相当于著名大学的校长，学问肯定是一流的。明初宋讷、"国民老师"胡俨、明代理学家湛若水、明代内阁首辅徐阶都做过国子监祭酒。奸臣严嵩也当过祭酒，不过他属于冒牌货，严嵩的祭酒身份只是给自己镀金罢了。

北京的国子监祭酒李时勉，与南京的国子监祭酒陈敬宗齐名，两人性格相似，学问高深，品行高洁，以师道自任，为士林并重，一时并称"南陈北李"。

陈敬宗不巴结王振，王振就偏偏不给他升职。

陈敬宗有名士之风，面孔有点严肃，立下学问教条，革除教育陋习，德望文章，名闻天下，因为考绩年满，来到北京述职。王振仰慕陈敬宗的名气，欲将他招到自己阵营，但缺个去传话的人。

恰好，南畿巡抚周忱也在北京拜谒王振，一打听，周忱与陈敬宗是同年。既然是同年，那两人套近乎就有了话题。

王振告诉周忱，他想见见陈敬宗。

周忱来到陈敬宗的住宿处，将王振的意思说了一遍。

陈敬宗一听，却犯了难，说："我为人师表，而私自求谒中官，以何面对诸位学生？"两人简单聊了聊，没什么结果。

陈敬宗要坚持师道尊严，不见阉人。

周忱就回去告诉王振，给他出主意："陈祭酒善写书法。您以求书法的名义，先给他礼金，他必将过来拜谒，表示谢意。"

王振点点头，就派人送去文锦、羊肉、美酒，请陈敬宗书写程子《四箴》的书法，希望他来道谢。

陈敬宗书法是写了，也署了大名，但是返还了礼金，后来也没去见王振。

王振拉拢失败了，心里气愤难平，索性不提拔他。

陈敬宗在祭酒的位置上，干了一年又一年，就是升不了职，一直干了18年之久。

王直任吏部尚书，想提拔他，说道："先生在部门任职年久，我将推荐您为司寇。"司寇是掌管刑狱的官。

陈敬宗对此不感兴趣，拒绝说："公是了解我的，我现在与天下英才终日讨论经典，难道不快乐吗？"王直见其志趣不在做官，也就作罢。

王振还惹了一个不敢惹的人，几朝皇帝都拿他没办法。他就是北京国子监祭酒李时勉。

李时勉做祭酒够不够格呢？根据《明史》记载，国子监祭酒中，宋讷最有名（校规极严，饿死过学生）；宁化张显宗申明学规，被比作宋讷第二；胡俨被称为人师。但是，若论以直节重望、为知识分子所推崇，这几位大师都不如李时勉。

从一个人称"太平盛事"的重大文化活动中，我们来一睹李时勉的风采。

英国公张辅暨诸侯伯上奏，大家一起到国子监，想听李时勉讲课。皇帝令三月三日去参加集体学习。

三月三日，春和景明，李时勉升师席，众多国子监学生按次而立，讲"五经"各一章。

李时勉宣讲完毕，设宴招待张辅一行。李时勉让诸多侯、伯坐上席，这些侯、伯不肯，谦让说："受教之地，当和诸位学生一起落座。"唯有张辅与李时勉平起平坐。诸生歌唱《鹿鸣》之诗，宾主雍容和乐，待到暮色四合，众人才意犹未尽，打道回府。

可见，连英国公张辅这样的大人物，对李时勉都是比较尊重的。

李时勉是一位品格高尚的大儒，说话刚直，不拐弯抹角。人品自然无可指摘，就是性格差了点，说话不讲场合，听起来比较刺耳，能把人气个半死。历任皇帝都讨厌他，把他抓进监狱，但是他就是死不悔改，以逆龙鳞为傲。史书记载：他"性刚鲠，慨然以天下为己任"。

明成祖时，李时勉反对迁都北京（当然是错误的主张），言营建之非，对那些四方朝贡之人，不宜让他们群居于京城。

四方来朝入贡，正是宣扬中国强盛的机会，不好好接待他们，还将他们赶出京城，李时勉这思想太不开放了。

明成祖朱棣大怒，将他的奏章狠狠地砸在地上，过一会儿拿过来又看，发现他说的很多地方也是对的，切中时弊，于是让人去施行。不久，李时勉被谗下狱，关押一年多又释放了。

明仁宗朱高炽时，李时勉上疏言事，又把皇帝气得火冒三丈。仁宗召他来辩论，李时勉毫不畏惧，据理力争。朱高炽更加火大，令武士用金瓜暴击李时勉，当场打断3根肋骨，拖出去时都快死了。第二天，李时勉被贬为交阯道御史，还是上奏言事不止、嘴巴死硬，又被抓进锦衣卫监狱，伤情趋于恶化。

幸好，某位锦衣卫千户出于报恩，偷偷请来医生，救了他。

此后，仁宗朱高炽一直对李时勉怀恨在心，念念不忘，临死前，仍然记得李时勉给他带来的那种羞辱感。他奄奄一息地躺在床上，对夏原吉痛心地说："时勉廷辱我。"说完这些事，当天晚上就怒火攻心，去世了。

那么，是什么事情，让朱高炽至死都不原谅李时勉呢？大家都不知道是什么事情，也不好问，只知道李时勉把朱高炽气死了。

到了明宣宗朱瞻基即位后，又有人提及这个破事。

宣宗朱瞻基震怒，命令使者，将李时勉绑来，"朕亲自审问，必杀之"。一会儿，又令王指挥立即将李时勉缚赴西市，不用入见皇帝，直接杀了。

活该李时勉命不该绝。王指挥刚出端西旁门，要把他杀了，而前一个使者已绑缚李时勉从端东旁门进来了，准备禀报皇帝，两人在路上没碰到。如果两人碰了面，那就直接把李时勉拉出去砍头了。

朱瞻基遥见李时勉来了，骂道："尔小臣一个，敢触犯先帝！上疏是何语？赶快坦白。"

李时勉跪下叩头，说："臣言，居丧时不宜亲近妃嫔，皇太子（指朱瞻基）不宜远离左右。"

原来，李时勉在干预皇帝的私生活，不能在居丧时临幸妃嫔，不能对皇太子太过疏远。

皇帝的性生活，受到丧期的约束。古代的礼十分不人道，一个标准的孝子，逢父母之丧，头三天要哀哭不止、不吃不喝，三天以后才可以喝粥，要蓬头垢面长达三个月，三个月以后才可以洗头，一年以内要哀容满面，一年以后才可以改戴粗布帽子，三年之内要心里充满忧伤，用这种不人道的礼节表示孝道。官员的父母去世，必须回家守孝几年，叫丁忧。天子去世，太子因为太悲痛，走不动路，第三天就要拄着丧杖走路。《尚书》把居庐守丧、三年不谈国事的殷高宗，树立为统治者守孝的楷模。

所以，君王在居丧之时临幸妃嫔，那是不孝、不要脸、不道德，而李时勉是恪守礼制的传统知识分子，居然把这种私密的事情拿出来上奏皇帝，让朱高炽哑巴吃黄连——有苦说不出，高高在上却又无法反驳，心里受到深深的侮辱。

朱瞻基听说是这个事情，而且对方劝老皇帝对自己好一点，是关照自己，脸色就没那么恐怖了，稍微缓和了一些，杀心也没那么重了。

李时勉跪着回忆，说了6件事。

朱瞻基一声长叹，心里软化了，心里积压已久的阴云消散干净，称李时勉为官忠诚，立即赦免了他。

等王指挥回来，李时勉已经穿上官服，立于御阶之前了。

后来，李时勉修《太宗实录》，大功告成，朱瞻基很高兴，来到史馆予以嘉奖。宣宗是个爱开玩笑的青年，把金钱哗啦啦地撒到地上作为赏赐，戏耍一番这些一本正经的学士。

学士们丢掉尊严，不顾脸面地趴在地上、撅着屁股到处抢钱，大家觉得热热闹闹地抢皇帝的赏钱没什么不妥，反而没人抢则对皇帝是大不敬。唯独李时勉保持着士大夫的风度，站立不动，这样拿钱，实在有失身份。朱瞻基等大家抢完了钱，看到李祭酒像泥菩萨一样立着不动，就把剩下的钱都赐给了他。

做人要有气节、有人格。这样一个连皇帝都不巴结的人，巴结王振这样一个不得干政的大太监作甚？不是有辱士子气节吗？

李时勉修《太祖实录》也修得很辛苦，从永乐二年（1404）中进士，被选为庶吉士，入文渊阁学习，到参与编修，后来又参与重修，修史修了30多年，都不敢请假回江西吉安老家探亲，其间妻子、儿子都去世了，也没回去办丧事。正统三年（1438）六月，看修史已经完成，翰林院学士李时勉请求回老家省亲："臣备官侍从三十余年，未获归展桑梓。比来妻子相继沦亡，一门之内，孤苦茕茕，情迫于衷，属以史事方严，未敢言私，今史已完，乞赐一归。"英宗看他太可怜，就批准他回了一趟老家。

正统九年（1444），朱祁镇视察国子监，李时勉使出浑身解数，为英宗讲解《尚书》，讲得深入浅出、明白晓畅，皇上很满意，给了不少赏赐。

本来，李时勉不去巴结王振，两人井水不犯河水，也没什么交集。

一次，李时勉上奏改建国子监，英宗让王振去视察调研，这下李时勉倒霉了。

王振要的就是面儿，要排场，要威风，要有气势，出去要大张旗鼓、前呼后拥、引人注目，接待要阿谀奉承、异常隆重、场面热烈。

可是，李时勉"威武不能屈"，根本不搭理他。一个内书堂出身的太监，来视察全国最高学府国子监，要我隆重接待，凭什么？没门儿！

对皇帝、对勋臣可以尊重，但是对王振，李时勉不愿意低三下四，只是出于普通礼节，对王振按照常规冷冷清清地接待。别人接待王振的礼仪都是高于常规的，王振早已经习以为常。比较之下，清高自负的李时勉轻慢了他，不为他屈身。

王振心里有如三九天吃冰块——凉透了，对此含恨在心，要打击报复，命人专门收集李时勉的把柄，但是此人品行高洁，苦心收集其罪证，竟然一无所得。

王振终于逮到了一次机会，开始小题大做、上纲上线。

国子监里面有座彝伦堂（在今北京市西城区），原名崇文阁，最早建于元代，是国子监的藏书室，到明朝永乐年间重新进行翻建。皇帝们在彝伦堂讲学，在堂正中为皇帝设置宝座。彝伦堂前，有个露台，称为灵台，是国子监召集监生列班点名、集会和上大课的场所，边上长着一些茂密的树。

太学自元代以来，没有改建过，破旧不堪。国子监助教李继而请求择地改建，但是英宗以建学之事，朝廷自有处置的理由，驳回了他的建议。

彝伦堂的古树，来头不小，是元代国子监祭酒许衡亲手所植，正是他创立国子学，形成教育体系，培养大批人才。许衡受到皇帝器重，在朝中担任重要官职。他提出"行汉法"，帮助元世祖推进国家统一；倡导程朱理学；领导编制的《授时历》，具有国际先进水平，他被誉为"百科书式的人物"。

这些树大了，总得修枝吧？李时勉嫌弃这树浓荫太密，妨碍诸生班列，他干的就是让人修枝的活儿，剪去旁枝，并未伤害主干。王振就给他定罪："擅伐官树入家。"说他不经审批，乱砍滥伐文庙官道旁的官木，搬回自己家了。修枝和伐木本来就是两回事，然而你修枝，就说你砍树了，不管逻辑正确与否，先折磨你一顿再说。

内廷直接发出敕谕，罚李时勉、司业赵琬、掌馔金鉴三人，在国子监门口戴枷示众。

锦衣卫官校来到国子监，李时勉正平心静气地端坐东堂阅卷，一一评定诸生品第高下，官校在他眼里，犹如空气一般，不屑一顾。

直到评定完最后一位诸生的品第，李时勉才缓缓地站起身来，让锦衣卫带走了。

当时正是七月，烈日当空，热浪灼人，李时勉汗流浃背地戴枷示众三日，锦衣卫还不把枷锁解去。

三人中，李时勉肩上的枷最重，而孔最小，让他呼吸有点困难。金鉴看了不忍，请求给他换一个轻一点的枷，李时勉摇头拒绝了。

那时几百斤的重枷还没出现，不然李时勉必死无疑。然而这种一般的枷锁，也不是文弱士子受得了的。

监生们看不下去了，组织起来闹事、请愿。监生李贵等千余人乌泱泱地涌到皇宫门前，说："李时勉年事已高，教导诸生有方。乞求放过李时勉，我们愿意代他受罚，使他终其教育事业。"向英宗上疏求解的学子，多达数千人。

监生石大用上章通政司，号哭奔走于阙下，愿意代替李时勉扛枷锁。

监生们集体请愿，当然冒着极大的政治风险。明朝禁止国子监的学生议论他人短长，禁止议论时政，禁止互相交结，否则严加治罪。如果被扣上"结党怙顽"的罪名，司法机关将予以惩治，加以逮捕囚禁，严重的可以充军。

但是，诸生们为了营救校长，誓与王振抗争到底，他们群情激昂地在朝门前高声呼喊："放了李时勉！放了李时勉！"呼声之大，响彻殿庭。

王振听见了、害怕了、尿了，怕诸生继续闹下去会出事，但是他负隅顽抗，仍然没有释放李时勉。

国子监助教李继向皇太后的父亲、会昌侯孙忠求救。孙忠去找女儿孙太后解围。孙太后又去找英宗，把前因后果说了一遍。英帝这才知道李时勉的事情，立即下令予以释放。

既然英宗出手，王振只好癞蛤蟆过壕沟——干瞪眼了。

可见，王振的报复心是极其强烈的，由内廷直接发出的敕谕，一般都是他自己下发，根本不经过皇帝，这样整起人来就能随心所欲了。

七、杀鸡骇猴

从正统六年（1441）开始，王振排斥贤能，打击异己，破坏司法，并害死了许多人，做了很多残暴的事，而将英宗蒙在鼓里。诏狱、三法司监狱关押了很多未审判的囚犯，对囚犯的生杀大权，操纵在皇帝宠幸的奸臣——宦官王振手中，许多忠良之臣惨遭残害。在权奸弄法、诏狱侵权的情形下，大案要案的犯人绕开了司法部门，大多直接被关进锦衣狱，法司的监狱好像成了摆设。大理寺受权臣压制，泥菩萨过江自身难保，驳正之权有名无实。这就造成了有人治没法治、有制度无实效的局面。

对举报他罪行的，王振直接将其处以极刑。

内侍张环、顾忠和锦衣卫王永匿名揭发他的罪行，都被处以磔刑。

正统十年（1445），锦衣卫的普通职员王永不畏强暴，匿名揭发王振的罪恶，将揭发信张贴在北京通衢等地，还张贴到了王振的侄子王山家里，向世人宣告王振的种种丑行。

有人敢举报自己？而且还到处贴举报信？这件事情令王振十分震怒，派特务们四处侦查，是谁这么胆大妄为。经过侦查，特务们抓到了王永。

刑部对此案进行审理。

这种审理就是走走过场，权臣在位，谁敢动真格的，无异于找死。刑部不敢彻查案件，不敢追求真相，草草地以制造妖言的罪名，判处王永斩首。

这本来是揭开王振画皮的好机会，然而稀里糊涂的英宗拿到刑部的判决后，出于维护王振的脸面，竟然加重了刑部的判决，下诏将王永在闹市处以磔刑。下诏之后，官员们不必复奏，可以直接执行。

真是糊涂法司错判糊涂案，糊涂皇帝知人知面不知心。

正统八年（1443）冬十月，宦官张环、顾忠匿名揭发王振的罪行，王振指使锦衣卫侦查，抓到了他俩，经过审问后，获得了他俩亲笔书写的匿名信内容。王振污蔑他俩诽谤。

英宗下诏，将两人在闹市处以磔刑。王振还令宦官们都去观看行刑，杀鸡骇猴——看你们谁敢举报我王振，这就是举报者的下场。

黑暗势力如此强大，这些正直的人都是枉死。

当月，朱祁镇还敕谕内官内使说，祖宗旧制，内官内使职掌内府事务，丝毫不敢向外透露事情。今尔等有不遵法度，与在外各衙门官员私相结交，透露事情，或因公务谋求私利，或徇亲情请求嘱托公事，或借拨军人役使，以致有关部门操纵法律，出入刑名，重劳军民，有损公道，过去的事情不予追究，自今宜谨遵法度，平素安分守礼者益加谨慎，用保长久，不遵朕言祖宗之法，必治罪不宥。

王振自己的部下举报自己，令其感到恐惧，出这个通告，等于堵上了宦官的嘴。

刘球惨死

侍讲刘球仅仅上疏要求从云南罢兵，又上言十事，触怒了王振，被抓进监狱，在狱中惨遭杀害并被肢解。

刘球，江西省安福县人，著名谏臣。他和于谦同一年中进士，于谦很快得到重用，而他随后在家读书、讲学10年，才当上礼部主事。受胡濙推荐，刘球参与侍讲经筵，有了接近英宗的机会，参与编修《宣宗实录》，改任翰林侍讲。

王振大权在握，睥睨天下，开始肆无忌惮，卖弄威福。

王振干了这么多坏事，却很热衷于礼佛和修寺庙，在皇城建造豪宅，在附近大造智化寺，自撰碑文，祝福自己好运常在。

正统十三年（1448）春二月，王振又修大兴隆寺。寺庙初名庆寿寺，在紫禁城的西面，为金章宗所建。王振嫌弃其破败，出动军民修建，花费巨万，壮丽甲于京都。建好后，英宗还来视察，连连称好，以为王振真是一个有佛心的人。

当时，朝廷在打不打云南麓川叛军上有争论。侍读刘球上疏称，麓川荒远偏隅，不足为中国轻重，请罢麓川兵，专门防备西北。

无论他说得对不对，提建议是他的职责，因为他的建言就恨他，就不够君子了。做决策的王振，对刘球的意见恨得牙根痒痒，坚持出兵，耗费了很多国库银子，镇压了麓川叛乱，死去的士兵、马匹，用的物料等数以万计。

刘球的一个老乡，却把他送上死路。这个人是锦衣卫指挥彭德清，后来担任钦天监监正。

彭德清跟王振跟得很紧，往来王振门下，为他办事。公卿们争先恐后趋于王振门下拜谒、送钱，然而刘球独独不给王振面子。王振恨刘球，连门下奔走的彭德清也摸清了王振的脾气，对刘球不依附自己的主人十分仇恨。

正统八年（1443）夏四月，天上打雷，震坏了奉天殿的鸱吻。皇帝认为是老天发怒示警，下诏索求直言。

侍讲刘球也响应号召，上言十事，向皇帝提出十条建议：

（一）勤圣学以正心德。劝皇帝要勤奋学习孔子之学，以端正心性和品德。

（二）亲政务以总干纲。劝皇帝要亲自处理政务，总揽政治要务。

（三）别贤否以清正士。劝谏皇帝辨别臣下是否是贤能之士，以分清正直之士。

（四）选礼臣以隆祀典。劝谏皇帝选拔懂礼仪的大臣，隆重举行纪念性的大典。

（五）严考核以笃吏治。对官员严格考核，强化吏治。

（六）慎刑罚以彰宪典。慎用刑罚，以维护法律尊严。

（七）罢营作以苏民劳。停止百姓劳役，让百姓不要劳累困苦、疲于奔命。

（八）定法守以杜下移。定规则、定规矩，杜绝权力下移，被臣下侵夺了权力。

（九）息兵威以重民命。停止炫耀武力，不要用军事手段镇压反抗，以重视百姓生命。

（十）修武备以防外患。加强军备，防止外敌祸患。这主要是指北方的故元势力。

刘球的上疏交给了皇帝，彭德清、王振都知道了其中的内容。一条条比照起来，王振读了芒刺在背，因为他存在不贤不忠、侵夺皇帝权力、乱用刑法败坏法律、吏治黑暗等问题。

彭德清再进谗言，激怒王振说："公知之乎？刘球侍读上疏中的三章，都是诋毁您啊。"十条建议中的二、三、八等条目都与王振有关。

刘球也只是说说，并没有明指。

王振大怒，将刘球下狱，欲置其于死地。

恰好翰林院编修董璘，毛遂自荐，愿为太常寺官员，这下撞在枪口上了。两个人都倒了大霉。

太常卿是个掌管祭祀、礼仪之官，主管祭祀社稷、宗庙、典礼、朝会、丧葬等礼仪，大祭祀时充当主祭人皇帝的助手，负责引导天子祭祀。还主管皇帝陵寝，每月巡视一次诸帝陵墓。太常卿一般多以名儒担任，中小型祭祀可以代表天子献祭。

董璘是个官二代，父亲董原良当过河南南阳府太守、南昌府太守、庐州知府，但他要么弃官还乡，要么拒不就任。

董璘是妥妥的学霸，在高邮州学读书时，苦学经史，赢得"噀水激面"的美誉，与"悬梁刺股""囊萤映雪""凿壁偷光"等故事并驾齐驱，激励人们苦学。他独自坐在一个叫"激面轩"的房间，足不出户，读书至深夜，读得昏昏欲睡了，则仰躺着，像鲸鱼一样，口含水往天而喷，水落在脸上，打一个激灵，又读书如故，直到天亮。经过这么折腾，董璘通晓诸经，写文章笔力滔滔，如长江大河，一泻千里，学足以充其才，文足以达其气。考进士，会试第一，廷试又登二甲第二名进士，选入翰林院，前程大好。

董璘不仅是学霸，还是大孝子。

远在江苏高邮的母亲患病后，董璘归乡奉养，孝敬母亲长达 11 年，直到母亲去世。董母喜欢吃甜食，但是牙不好，董璘做出酥脆香甜的酥糖，供董母品尝。他发明的秦邮董糖制作技艺流传至今，现在这门手艺已成为江苏省非物质文化遗产。

董璘奉药必亲尝，有好吃的必先给母亲吃，有轻暖的衣服必先给母亲穿。母亲夏天想吃鲥鱼，可是季节不对，市面上没有。董璘日思夜想怎么弄到鲥鱼。他做了一个梦，梦中看到一个匾，上书"徐州"两个字。董璘醒来后，想到镇江在古代曾叫南徐州，出产鲥鱼，于是跑到镇江向神祷告，并请渔民帮忙，果然捕获了鲥鱼，让母亲饱了口福，她的病居然好了。大家以为这么巧，是"孝感所致"，好多人作诗称颂董璘的孝。

母亲去世后，董璘重新上任，提督太学，做翰林院编修，纂修《宣宗实录》，还主持浙江乡试、会试。

董璘正好上疏，毛遂自荐，请求改任太常官，担任祭祀事务。

这事就和刘球的上疏撞在一块儿了。

刘球的上疏，其中有"太常不可用道士，宜易儒臣"之语，就是说要选择儒臣担任太常卿，不要用道士。这就涉及了人事任免的问题。

王振对用人权拿捏得死死的，不容他人染指。两件事碰在一起，王振便发挥善于罗织罪名的长处，找到了搞倒刘球的理由，污蔑说，刘球与董璘是同谋，操弄朝廷人事，处心积虑要将董璘弄上太常官的位子，于是将两人投入锦衣卫监狱。

王振与党徒锦衣卫指挥马顺密谋，下令他设计杀害刘球。马顺领命，至狱中，重刑拷问刘球，逼他招认董璘就是他的主谋。

刘球打死不招认，从司法层面上已经无法实现王振的目的。

但王振还有阴的一手——狱中杀人。

一天五更时分，天快大亮了，人们即将从梦中苏醒，卫卒已经打开城门，供早起的人们出入。趁此时人丁稀少，马顺带着一名锦衣卫，轻轻推开狱门而入。刘球与董璘同卧一室，被这两个不速之客猛然惊醒了。

小校向前一把抓住刘球。刘球知道死期到了，大呼："如果我死了，在地下将会告诉太祖、太宗！"

小校不怕鬼神，自然不怕朱元璋、朱棣的鬼魂来找他，持刀砍断刘球的脖子。刘球全身流满鲜血，人虽然没气了，但是身体屹立不动。

马顺举足一击，尸体方才扑倒，边踢边愤愤地说："如此无礼！"

两人在狱中将刘球肢解，裹以蒲草席，在监狱后面找了一点空地，匆匆地将尸体掩埋，对外声称：刘球在监狱中病死了。

王振听到刘球死了，这才放下心来。

这恐怖的一切，都展现在董璘面前。幸好他们没将董璘杀人灭口。

两个凶手走后，飘着血腥味的监狱又恢复了死一般的寂静。董璘偷偷藏匿了刘球的血裙。

这锦衣卫小校，是河南卢氏人，曾与老成而清廉的盐运司同知耿九畴是邻居。一日，两人在路上偶遇。耿九畴见他比平时消瘦了许多，病恹恹的样子，问道："你没有什么疾病吧？"

自从残杀刘球后，这个小校心理压力很大，得了抑郁症，精神已经接近崩溃，只好如实相告："马顺将举事，悄悄告诉我：'今夕有事，汝当早来。'我早到了以后，马顺指使我怀揣利刃跟他走，迫于形势，我们杀了刘球，我不得不干这事。近来，我听闻大家都说刘公忠诚，而我真是个小人，死有余罪。"

小校恸哭起来，后来不久就死了。

小校因为抑郁症而死，这个很容易理解。坏人也有良心，有良心的人也会使坏作恶。小校由于执行上司的命令，杀死了好人，但他良心未泯，陷入自我折磨的精神状态，抑郁而死。但是对于没有良心的马顺来说，他儿子的死亡，则充满因果报应的魔幻色彩。

马顺儿子死时，痛苦地揪着马顺的头发，对他拳打脚踢，口中还大骂："老贼！让你在他日遭遇的祸患会超过我的惨死。我是刘球啊。"看来是刘球鬼魂附体了。这个现代科学无法解释，除非他儿子患了精神分裂症，扮作刘球来复仇了。这当然纯属无稽之谈，可也寄托了古人朴素的善恶观。

王振知道这两人死得如此离奇，大为惊恐，于是放出董璘，将他免职，赦归田里。

出狱后，董璘将刘球的血衣，偷偷送给他的家人。他们才知道刘球在狱中已经为恶人所害。刘球的儿子刘钘、刘钺去向锦衣卫索求尸体，锦衣卫仅归还了一只手臂，刘家以血裙下葬。

景帝上台后，怜惜刘球的忠诚，赠他为翰林学士，于其家乡立祠祭祀，董璘也得以复官。

刘球之死的后果，就是没人敢向朝廷提建议了，言路之门阻塞，"大臣惜禄而莫谏，小臣畏诛而不言"。大家都闭嘴了，生怕脑袋搬家。

于谦作《刘侍讲画像赞》，对刘球给予高度评价，称赞他"铁石肝肠，冰玉精神，超然物表，不涴一尘。古之君子，今之荩臣。才足以经邦济世，学足以尊主庇民。持正论以直言，遭奸回而弗伸。获乎天而不获乎人，全其道而不全其身……噫！斯人也，正孔、孟所谓取义成仁者欤！"

于谦认为刘球是舍身殉道的君子、忠臣，"全其道而不全其身"，实现了孔子、孟子所说的"取义成仁"的精神追求。

如此祭祀，也不枉两人同登进士一场。

第三章

土木之変

一、割不完的思某发

麓川之役，是王振的巅峰之作。正是这四次胜利，让王振产生了威震四海、天下无敌的幻觉。

当时影响国力的征云南麓川之役，发生时间是正统元年到正统十四年（1436—1449），长达14年，明朝进行了4次大战役，连续发动了数十万人，终于镇压了当地的叛乱。

第一次打思任发

中国自古以来疆域辽阔，在冷兵器时代，边疆地带山高皇帝远，时不时冒出一两个猛人抢地盘，出来大闹一场之后，然后谢幕。

元代在西南少数民族地区施行土司制度。云南瑞丽江河谷一带与缅甸接壤，元代将在此地成立的"勐卯果占壁"政权封为麓川路。当地土司长官思可法继任"勐卯王"后，四处扩张，建立了强大的"麓川政权"，不服从中央政府管理，一直扩张到明代。继任麓川主思伦发、思任法继续向四周扩张，威胁云南腹地。

思伦发的管辖之地都在金沙江以南，在元朝为平缅宣慰司，势力已经延伸到缅甸。朱元璋的大军攻下云南，沐英以3万骑兵破其30万人，迫使思伦发归顺朱元璋，成为麓川宣慰使。朱元璋改平缅宣慰司为麓川平缅军民宣慰司，麓川之名才首次正式出现。明朝在思伦发的地盘设孟养、木邦、孟定三府，隶属于云南。

但是，思伦发遇到了挑战。洪武三十年（1397），麓川平缅（治今云南瑞丽）出了第二个猛人——土酋刀干猛，发动叛乱，驱逐了宣慰使思伦发。

朱元璋命沐春为征南将军，何福、徐凯为副将军，率兵杀了刀干猛，平定麓川之乱。然后，送思伦发回云南，因为他丢了地盘，免去官职，改任孟养（在今缅甸莫宁）宣慰使，以刁氏任麓川宣慰使。

第三个猛人——思伦发的次子思任发表示不服。

正统元年（1436），宣慰使刁宾玉实力弱小，镇不住当地豪强势力，又恰逢缅甸发生危机，思任发要恢复其父丢失的土地，于正统二年（1437）冬十月拥众在麓川发动叛乱，并侵犯缅甸土地，大肆杀掠。思任发又侵犯孟定府及湾甸等州，杀掠人民，焚毁甸寨。云南南甸州土官知州刀贡罕等人上奏，麓川宣慰使思任发侵夺其所辖罗卜思庄等处278个村，乞求朝廷派遣官员，带金牌信符，让他退还所侵占的地盘。云南总兵、黔国公沐晟上报朝廷。英宗命沐晟派遣官员送上金牌信符，让思任发将吃下去的土地吐出来，思任发置之不理。

思任发在财政上也自搞一套，不给明朝上缴银子。正统元年（1436）三月，朝廷免除麓川平缅军民宣慰使司所欠的差发银。这个司，每年给朝廷缴纳差发银的任务是500两银子，宣德年间7年中只上缴银子1350两，还欠2150两。思任发谎称木邦侵占了他的地方，百姓稀少，就是没钱缴纳。

正统三年（1438）六月，沐晟等人上奏：思任发累侵南甸、干崖、腾冲、潞江、金齿等处。英宗令沐晟相机招抚、抓捕。又敕思任发说，近来，南甸等处皆上奏你侵占地方，虐掳百姓，抢夺象、马，杀害官吏，抢掠官船，把守江口，仍筑山寨以绝往来。镇守总兵等官以你不遵法度，屡请官军问罪，欲一鼓作气而扑灭。朕体上天好生之心，考虑到大军一出，不免伤及无辜，离散人民的父母、妻子，于心不忍。兹特派遣人抚谕，你能革心向化，遵守成规，释放掳掠的人民，归还侵占的土地，则悉宥你罪，若怙终不悛，必会兴师征剿，你追悔无及。

思任发只当它是废纸。

正统三年（1438）冬十二月，思任发侵掠腾冲、南甸，略取孟养地盘，屠杀腾冲群众，占据潞江，自称"滇王"。麓川宣慰使刁宾玉逃到永昌死去，没有继承人。英宗派遣刑部主事杨宁去告诫思任发，思任发还是不服。

不服周的猛男出现了，朝廷不得不管。对不听话的"小孩"，看来只有打他屁股，让其驯服。

正统四年（1439）春正月，第一次征讨开始。

朱祁镇命镇守云南的黔国公沐晟、左都督方政、右都督沐昂率师征讨思任发，太监吴诚、曹吉祥监军。

左都督方政，安徽全椒人。世袭济宁卫千户，跟随朱棣靖难军南下，又跟从张辅荡平交阯，后又打败黎利。再任山西大同总兵官，正统三年（1438）升为右都督。

思任发自立头目后，英宗对兵部左侍郎邝野等人说："朕以蛮夷仇杀为常，今乃侵夺城池，长恶不悛，尔会同官员推举在京武职廉干善战者二人。"大家于是推举右都督方政、署都督佥事张荣，英宗派他们两人协助沐晟镇压思任发。

明军到达金齿，思任发派遣大将缅简，截断江面，立栅栏死守，阻止明军渡江。沐晟派指挥车琳等人逼他投降，思任发假装口头诈降，沐晟信以为真，打消了渡江的念头。

刑部主事杨宁劝沐晟不要这么幼稚，说："你不可不渡江。大军没开过去，思任发就口称投降，是在使诈，你会后悔的啊。"沐晟不听，英宗派杨宁去督饷。

缅简数次前来挑战，方政大怒，造舟60艘，欲渡江攻打缅简，然而天真的沐晟不允许。

方政不胜愤怒，夜晚独率其部下，渡江攻击缅简。缅简不敌，败走，江上的栅栏被攻破。

思任发的军队奔走景罕寨，指挥唐清将其击败，指挥高远等人又乘胜追击，在高黎共山下将其打败。此战共斩敌人3000多人，明军乘胜深入，逼思任发退守上江。

上江为敌人的重地。

然而方政远道来攻，疲惫不堪，求援于沐晟。沐晟怒其不听指挥而渡江，拒绝派出援兵，过了很久以后才派少量的援兵去接应。援兵来到夹象石，遇阻不前。

方政追敌至空泥，得知沐晟不会大力援助自己，很绝望。此时，敌军伏兵四起，出动大象阵冲击。对大象阵除了火攻或者火器炮轰，其他的战术很难奏效。

方政自知必死，嘱咐其儿子方瑛回去求救，说："你快快回去，吾战死是分内之事。"

看到儿子安全地离开，方政策马扬鞭，突入大象阵中而死，所带的人马全军覆没。

沐晟听闻方政进攻失败，焚毁江上的积聚，仓促逃回永昌。

沐晟上奏，没提方政的真实死因。他上奏说，臣会同都督沐昂、方政等，统兵征剿麓川。正月三日，方政进攻旧大寨，破之，追至空泥，贼出象阵，邀击我军，败绩，遂失方政。今贼势益重，乞求增调官军，以消灭此寇。

英国公张辅认可了沐晟的说法，上奏朝廷选调湖广官军 3.15 万人、贵州 1 万人、四川 8500 人，取回都督吴亮、马翔。

英宗同意，敕令沐晟用兵剿灭思任发，已令户部查得云南都司卫所仓粮还有 541540 余石（不知支出情况），设法运到金齿仓收贮，以供应军队。

沐晟来到云南楚雄，英宗派遣使者来问责，以增兵的 4.5 万人帮助他杀回去。英宗已经知道了沐晟不配合方政的问题，在敕书中表示，尔等渡江杀败贼众，攻破巢寨，可谓有功，又奏都督方政，分路进兵而失陷。这是因为，尔等失于节制，而方政贪功轻躁，朕深惜之。朕考虑此贼必益加猖獗，尔宜考量留军金齿操备，但是万里之外，难以遥度，今命金都御史丁璇、锦衣卫指挥倪正过来，与你们商议今冬进兵，云南选兵 5 万听调，其他处宜调若干粮草足用。

沐晟看锦衣卫都来了，心中恐惧，在楚雄突发重病（有人说是服毒自尽），很快去世。

沐晟死了，但是未竟的事业，弟弟沐昂还得继续干。

思任发继续进犯景东、孟定，杀死大侯知州刁奉汉等人。

五月，英宗以沐昂为左都督、征南将军，右都督吴亮为副将军，马翔、张荣为左右参将，进讨思任发。

正统六年（1441）春二月，沐昂再次进军麓川，在金齿（今云南澜沧江到保山腾冲）一带逗留不进。沐昂令张荣率军先到芒部等处。敌人窥伺明军大营。张荣先令都指挥卢钺出击，战斗仅失利一次，胆小怕事的张荣竟然丢下符验、军器逃跑了，沐昂相距甚近，然而救援不及。

军队回来后，六科十三道交章弹劾。英宗敕责沐昂等人，记沐昂死罪，降为都督同知，将右都督吴亮、左参将马翔抓到北京，下狱治罪。三法司和群臣审问后，商议吴亮、马翔等人应处斩刑。朱祁镇将他们囚禁。太监吴诚、曹吉祥也是死罪。遇到恤刑，皇帝宽宥了他们。吴亮降为都督佥事。

秋七月，思任发屯军于孟罗，大肆抢掠。沐昂率都指挥方瑛、柳英等人打败思任发。威远川土知州刁盖罕大战思任发于威江，也获得胜利。

思任发派人向英宗进贡，礼部只赏赐礼物不赏饭。双方暂时罢兵。

第二次征讨思任发

云南总兵沐昂向朱祁镇报告，麓川路险偏远，非 12 万人去攻打不可。宜征兵湖广、四川、贵州，各委任善战的将领指挥，兵分三路进攻湾甸、芒布、腾冲。

英宗下廷议，英国公张辅表示反对，说："分兵势孤，敌人或许会扼守险要地段邀击我，非万全之计，宜择大臣前往云南专门征讨。"

正巧思任发派遣使者来谢罪，刑部侍郎何文渊主张休战，只防守，不主动攻打他们，说："麓川地处南陲，属于弹丸之地。疆域不过数百里，人民不满万余人，宜宽其天讨。官军屯军于金齿，一边耕作一边守卫。以舜之德，边民臣服，不劳征伐，而他们自然来稽首臣服了。"大学士杨士奇也持这种安抚的主张。

侍读刘球上疏，陈述不要打麓川的理由：

"麓川荒远偏隅，即使背叛，对大明也无足轻重。而北面脱欢、也先父子，并吞诸部，侵扰边境，不去防备北方而只关心麓川战局，就好比释放豺狼而攻打猪狗，舍弃门庭之近，而图谋边徼之远，不是得计之策。请罢麓川之兵，专门防备西北。"

国内有叛乱，毫无疑问是要镇压的。西南的麓川要打，当然北边的瓦剌也要防。所以，喜好功名的王振没听刘球的，不上报英宗。因为两人在攻打麓川等事情上意见相左，王振后来派人将刘球逮捕，秘密杀害于狱中。

张辅也主张攻打麓川立威，说："思任发世代任职长达60余年，屡抗王师，放过这个机会而不诛杀他，恐怕木邦、车里、八百、缅甸等地的人觊觎偷窥，我们示弱于小夷，并非良策。"英宗赞同张辅的意见，决定发重兵剿灭思任发。

正统六年（1441）十一月，英宗拿出了强大的阵容，令定西伯蒋贵为征蛮将军、总兵，以太监曹吉祥监督军务，兵部尚书王骥提督军务，侍郎徐晞、沐昂督运军饷。陛辞时，英宗赏赐王骥、薛贵等人金兜鍪、细铠、弓箭、蟒衣以壮行。

王骥，身材高大，精于骑射，刚毅有胆略，晓畅军事方略，还爱好音乐，喜欢看鼓乐和歌舞表演。

蒋贵，是个不识字的大老粗，从基层士兵干起，屡立大功。他与士卒同甘共苦，凡出征，衣粮、器械不役使一人，全部自己拿。每临战阵，必身先士卒，所向披靡，亲手击杀数十名敌人。蒋贵虽然贵为大将，面无骄傲之色，拱手听上司指挥，故每有打仗，没有不成功的事例。

蒋贵、王骥先赴云南，副总兵李安、参将宫聚率领四川、贵州兵，副总兵刘聚、参将冉保率领南京、湖广兵赶到，兵员达到15万人之多，并动员半个天下，来保证大军的后勤供应。

开战后，明军打得麓川军招架不住，死伤惨重。英宗在北京不断收到捷报：一会儿斩5万级，一会儿消灭十几万人，一会儿对方焚溺数万人。

起先，思任发率领3万人，来到大侯州，欲进攻景东、威远。兵部郎中侯琎，都指挥马让、卢钺迎战，王骥等进至金齿。

王骥召开誓师大会后，兵分三路进攻思任发：右参将冉保从缅甸奔赴孟定，与木邦、车里之师合会；王骥同蒋贵进攻中路，到达腾冲；太监曹吉祥、副总兵刘聚等人，从下江、夹象石合攻，抵达上江。

曹吉祥到达思任发的重地上江后，以2万人连续进攻山寨，五天都没打下来。

天上刮起大风，王骥想出火攻妙计，命人纵火焚烧栅栏，大破之，拔掉上江寨。思任发率千余人冲出火海迎战，官军奋起挥动长戈拼杀，杀死敌人刁放戛父子，生擒刁门项，刁招汉合家自焚，先后共斩杀5万多人，取得上江大捷。

上江平定后，叛军四散而逃。明军进入腾冲，副总兵李安留下防守。王骥等取道南甸，至罗卜思庄，令指挥江洪等8000人抵达杉木笼山。

思任发占据高处险地，以2万人列七营相救，副总兵刘聚、参将宫聚从左右翼沿山岭而上进攻，不能攻克。

王骥、薛贵同奉御监萧保从中路进攻，左右夹攻，大败思任发，斩数百人，乘胜进至马鞍山。

思任发出动了他的老本——大象阵。

对大象阵，王骥先前已经进行了充分的研究。刺探军情的人说，对方有象阵，王骥调查得知，大象很怕老鼠，即命士兵去抓老鼠，但是忙活了一阵了，不管是掏老鼠洞，还是水灌，根本就抓不到活老鼠。于是找来数百只猪、猫代替老鼠。

敌人的大象阵果然冲上来了，明军突然放出数百只猪、猫，四处乱窜，对方的战象果然被吓跑了。王骥就这样攻破了大象阵，杀敌10余万人，麓川大震。

十二月，王骥等直捣思任发的巢穴。此处只见陡峭的大山，四处是深山老林，周长30里，到处挖有深深的战壕，修筑有坚固的工事，其东南方向是大江，以悬崖绝壁作为屏障。

王骥以3000人先试探进攻。思任发的大象阵，原本伏于泥沟之中，见明军来到，突然而起，发动进攻。明军合力将其打败。

思任发的援军又从永毛摩尼寨来到马鞍山，欲包抄明军的后路，王骥指挥大家不要动。

王骥令都指挥方政的儿子方瑛，率领 6000 人进攻，拔掉了敌人山寨，斩杀数百人。

右参将冉保从东路进攻，组织木邦、车里、大侯的军队，先后杀敌 3390 余人。另外的将领守住西峨渡，防止敌人逃跑。

随后，明军进攻思任发的大本营麓川，火攻依然很有效。王骥指挥诸将环攻七门，大家积起高高的木柴，放火焚烧栅栏。那火焰冲天而起，大本营根本守不住，烧死敌人无数。思任发和妻子、两个儿子见势不妙，从小道仓皇逃跑，渡过江水，逃到了孟养（今缅甸莫宁）。可怜思任发部下数万人，在此战中跳江而死。明军缴获了一批虎符、金牌、宣慰司印及腾冲诸卫所的印章。

王骥等人大获全胜，此战至少杀敌 16 万人以上，然后班师回朝。以平定麓川的功绩，晋封蒋贵为定西侯、王骥为靖远伯。

经过这几场大战，中央财政吃紧，银子花光了，"府库为竭"。

第三次大战思任发

思任发败走缅甸，等大军撤退后，其儿子思机发又复出为乱，但是时不时地向北京进贡，乞求入朝谢罪。

朝廷商议进行招抚，但是王振站出来反对，要继续进行战争。

正统八年（1443）春正月，兵部尚书徐晞说，麓川贼思机发今天虽然派弟弟招赛等人来朝贡、谢罪，然而又令其党涓孟车等来进攻芒市，为官军打败，从金沙江逃走了，乍降乍叛，谲诈难测，宜令锦衣卫关押招赛等人。

英宗认为人家来朝贡，却要关押人家，属于不义，没同意，还是把招赛放回云南。

到了二月，招赛以及头目又半路折回，来到北京，进贡大象、马、金银器皿以谢罪。因为思机发仍旧潜逃在外，谋为边患，礼部不愿意按照常例给予丰厚的赏赐，英宗还是让礼部不要太小气，回礼得丰厚一些。此时缅甸上奏，已经捕获了朝廷的大敌思任发，作为交换条件，提出了索要麓川土地的领土要求。

英宗在军事上依旧很强硬，这次要连麓川、缅甸一起打，一定要置思任发于死地。

八月，英宗对王骥说："卿为朕再走一趟。"敕令王骥总督云南军务，进军缅甸，由参将冉保、毛福寿协助，再次发动大军去镇压思任发。正统八年（1443）五月，复命蒋贵为平蛮将军，调5万当地土兵前往，发动50万人保证后勤供应。

蒋贵、王骥的大军抵达金齿，派人告诉缅甸当局，既然已经抓到思任发，快快送到军前来。

因为朝廷没有满足他们的领土要求，缅甸当局嘴上假装说"好"，实际首鼠两端，阳奉阴违，动口不动手。

王骥说："缅甸为党贼，不可不征讨。"

到了冬天，大军抵达腾冲，分为五营，与都督沐昂分道并进。王骥整合木邦等诸部，进军缅甸，屡次获得大捷。

木邦宣慰使统兵1万余人，驻扎于蛮江浒，缅甸人以大金缕船载着思任发，来到江上，偷窥明军的实力，而暗地里以其他木船送他离开。思任发自知不敌，又藏匿不见了。

王骥这时才明白，缅甸不肯交出思任发，是以木邦为唇齿，如果交出思任发，双方将结下大仇，他的儿子思机发就不会放过缅甸。

王骥对木邦宣慰使责以忠义，赐予他们牛肉和美酒，对方感动欢欣，踊跃效死。

缅甸军队蜂拥而至。蒋贵率明军蔽江而下，焚烧缅甸军队的数百艘木船。缅军和明军大战一个昼夜，思机发的军队溃退，山寨被捣毁。思机发溜之大吉，明军俘获其妻子等90余人、大象11头。英宗于正统九年（1444）下诏，让王骥回到北京。

思机发占据孟养，还不服输，负隅抵抗。

正统九年（1444）六月，沐昂、按察使赖巽有罪，没有被追究，而指挥陶昇由于犯罪、诬告，充军广西。

该案中，陶昇收受赃款，放走了敌人，反而揭发沐昂曾经放纵家奴与麓贼勾结；都督方政死战时，是沐昂拥兵不救，又接受投降的人的贿赂，妄请升赏；沐昂还在马龙州诸处捕盗时，大肆杀掠。赖巽明知沐昂的罪行，不敢弹劾，巡按者核查沐昂的罪行，陶昇说的虚实各半。

英宗说，沐昂为总兵，竟然纵容夷贼与家人勾结，风宪官阿附不奏，论法皆难宥，今姑且记罪。陶昇由于受贿、放走敌人、诬告他人，宥死充军。

正统十年（1445）冬十二月，总兵官、黔国公沐斌等人派云南千户王政，带着敕币，来到缅甸，向缅甸宣慰使卜剌浪马哈省（下称卜剌浪），索要思任发。卜剌浪没有得到好处，犹豫不决。

刚好天上发生了天变（估计是日食），大白天晦暗如夜，一连两天看不到太阳。迷信的人就说，这是"天兵至矣"。

卜剌浪对此感到恐惧，将思任发及妻孥、部属等32人交付给王政。

落入明军之手的思任发绝食求死，几天不吃饭。

王政看思任发这样下去肯定会饿死，于是在闹市将其斩首，用匣子装着他的首级，和其他俘虏一起，送到北京。

这一行人，包括千户王政、卜剌浪派遣的代表路猛。他们于正统十一年（1446）八月抵达北京，献上思任发的首级及其他俘虏，进贡了金银什器、象牙、土锦等物品。

朱祁镇十分高兴，命卜剌浪世袭宣慰使，给路猛等人赐宴，并赏赐彩币等物。千户王政等人因为斩获思任发有功，官升二级，其他人官升一级，赏赐白银、彩币、绢布等，共有1236人获得荣誉。

思任发这一代终于消停了。

第四次征讨思机发

思任发虽然死了，第四个猛人——他的儿子思机发还是"不服周"，重新占领孟养为乱，屡次对英宗谕令不从。

正统十一年（1446）秋七月，英宗敕谕思机发想招降他，敕谕说，尔祖父以来，受朝廷大恩，设立衙门，授以官职，管治人民，尔父思任发悖逆不道，杀掠邻境，朝廷不得已，命将率兵，往问其罪，杀尔党类。尔父为缅人斩首，来献朝廷，诛恶之典已行矣。朕复念罚弗及嗣，帝王盛德，况闻尔父为恶，尔累劝谏，及屡遣弟招赛等来朝请罪，近者又差陶孟刀克猛等，朝贡到京，称尔欲亲身来朝，虑为恶已深，恐获重罪，然朕以大信治天下，岂肯失信于远人？已令该部及云南总兵、镇守等官，晓谕刀克猛等，并遣人护送回尔处，今特差人赍敕前去，悉赦尔前罪，尔即亲带头目人等，赴京朝见朕，量授尔官职，拨与土地、人民、管属。如尔犹豫不遵朕言，必命大将统率精兵，直压孟养，捣尔巢寨，此时虽悔无及矣。盖恩必加悔过之人，法不容怙终之类。朕悯尔累次恳求，特为推恩保全尔生，实天道神明所共鉴也，尔其深省之。复虑孟养头目，人民内有不知礼法之徒，或诱尔潜躲或挟制尔不出，非特有害于尔，亦贻祸于彼生灵，并遣敕谕彼，令护送尔来朝，并将尔遗下家口、财产、部属等项用心照管，待尔有定，一一交付，毋致纤毫疏。朕不食言，敢有不遵朕命者，一体剿杀不赦，并谕尔知故谕。

尽管英宗倾向于软化招抚，还提供了不错的工作和生活条件，但是，思机发十分狡猾，看到敕书后，可能认为这是诱降的手段，态度依然没有改变，对朝廷若即若离、半信半疑。

正统十二年（1447）夏四月，云南总兵官、黔国公沐斌派遣千户明庸招谕思机发，但是思机发以弟弟招赛等人到北京还没回来，心怀疑惧，始终不肯出来。

卜剌浪交出思任发后，两家已经结下大仇。思机发此时竟然掠夺了缅甸卜剌浪的牛马和金银，彻底惹恼了卜剌浪，成为他的死敌。明军和缅甸联手，彻底将思机发逼向绝境。

卜剌浪欲和沐斌联手攻打思机发。沐斌向英宗请示，派人分别谕令木邦、缅甸诸宣慰司，令集中夷兵，择期过江，分道并进，沐斌等人率1万名官军进驻腾冲，以帮助卜剌浪进攻，使思机发四面受敌，以便擒拿。英宗批准了他的计划。思机发被明军杀败，他本人逃之夭夭，不知所终。

正统十二年（1447）五月，招赛来到北京谢罪，打探朝廷的态度。得知思机发逃走后，英宗命令将招赛留在北京，在锦衣卫做一个小头目，发放月粮，还提供免费的房屋供他居住，招赛的仆从都到驯象所上班。借助这些恩遇，希望招徕思机发投降。

既然已经杀了思任发，而思机发屡次遣使入贡谢罪，朝廷上下都愿意就此罢兵，让云南重归和平。

但是王振并不满足，要思机发亲自入朝谢罪才善罢甘休。沐斌率军来到金沙江招抚思机发，对方还是不来。英宗谕令孟养人抓住他、献上来，缅甸人也不听命。于是，王振招抚不成，恼羞成怒，发誓要"尽灭其种类"，进一步升级战争。

第四次征讨，时间是正统十三年（1448）春三月。

靖远伯王骥再次出征，率 15 万人讨伐。

英宗命王骥提督军务，都督宫聚为平蛮将军，张轨、田礼为左右副总兵，方瑛、张锐为左右参将，率领南京、云南、湖广、四川、贵州土汉军共 15 万人，讨伐思机发。

以孟养旧宣慰使刁孟宾为向导，英宗又令木邦、缅甸、南甸、于崖、陇川宣慰使刁盖发等，各个输送军饷。命户部右侍郎焦宏督饷云南。

就在明军出动后，正统十三年（1448）八月，思机发将金碗、银碗、驯象人送给云南总兵官、黔国公沐斌等，希望缓和关系。沐斌立即又将这些人和物送往北京。英宗还是让驯象人头目隶属锦衣卫，驯养大象。但他没有改变以武力征服思机发的决策。

正统十四年（1449）二月，明军在腾冲整顿后，建造木船，到达南牙山，舍舟上岸，抵达沙坝。十月，乘船顺流而下，到达金沙江达岭以及哈罕渡口。思机发在西岸竖起栅栏抵抗。

木邦、缅甸 2 个宣慰使，各领夷兵 10 余万人来助阵明军，沿金沙江两岸驻扎，这样联军的兵力达到 35 万人以上。

王骥在江上集合了 200 多只木船，搭起长长的浮桥，率领官军渡江登岸，一起进攻，砍开排栅，杀败思机发，生擒斩首数百人。

然而规模庞大的明军后勤供应不上，缺乏粮食。王骥纵兵大肆掠夺 3 天，得到稻谷 40 余万石，军马充足，明军士气更加高昂，乘胜进至孟养。掠夺粮食给当地群众造成了沉重的负担。

孟养在金沙江以西，距离麓川有千余里，诸部看到明军到来，感到既震惊又害怕，说："自古没有汉人渡过金沙江的，今王师至此，真是天威也。"

思机发将剩余的残兵败将集中起来，占据鬼哭山及芒崖山等山寨，负隅抵抗。他们在鬼哭山顶筑造一个大寨子，两座山峰之上又筑两三个副寨，再筑 7 个小寨，防守的地盘绵亘 100 余里。

每个寨子排起二层栅栏，栅栏上面拴上大木头、石头。

王骥分兵夹攻，先攻破左寨，木、石如雷，轰隆隆地滚下来，铳箭如雨，向明军落下。贵州都指挥使洛宣、九溪卫指挥使翟亨皆战死。不久，趁着南风大作，王骥指挥大家火攻，木柴引燃了栅栏，烈焰冲天，将士们奋勇拼杀。思机发抵挡不住，敌人纷纷喊叫着逃命，一时各山寨全部失陷，被斩杀及坠崖而死的人不可胜数。

思机发老巢被端了，他本人、思卜发（思任发的儿子）又从人间蒸发了。明军再次撤军，将俘虏押往北京，仍敕缅甸宣慰使卜剌浪管理孟养，缉捕思机发。

王骥走后，思任发最小的儿子思禄（有的叫思陆）又冒出来为乱，被打败。

王骥等人看到这样年年割韭菜、韭菜年年长，不是个事儿，劳师远征，而难以消灭当地的武装力量，于是转而使用怀柔政策，一劳永逸地解决问题。王骥就与思禄签署停战协定，在金沙江立石为界，对天发誓："石烂江枯，尔乃得渡。"思禄这才消停了。

王骥顺利班师。英宗为他增加俸禄，赐予铁券，子孙世袭伯爵。

财政枯竭

经过麓川之战，明朝国力消耗太大，前两次战争就已经导致财政枯竭，后两场战争只不过是朱祁镇打肿脸充胖子。

王骥三征麓川，有人议论这种军事行动劳师费财，以西南一隅骚动天下。会川卫训导詹英上疏弹劾王骥，大意是，王骥等役使很多民夫，手抬彩绘，卖给土司赚取厚利。假称向皇宫进御宦官，擅用腐刑，将男人阉割，实际上为私人使用。军队行军无纪律，15万人同一日起行，大家互相践踏。每名军人负米6斗，跋涉山谷之中，吃不了苦头而自缢的士兵很多。军队抵达金沙江，彷徨不敢渡江，渡江后又不敢进攻，进攻而都指挥路宣、翟亨等人战死。敌人瓦解后，抓捕很多渔民冒充战俘。以土地分给木邦、缅甸，掩饰败绩为功劳。这跟李宓之败，而杨国忠以大捷奏报，有什么区别呢？

上奏到了法司环节，被三征麓川的掌舵人王振压了下来，没人敢查。

虽然詹英的上疏有些吹毛求疵，但如果是诬陷，早被王振害死了。压下来不查，表明事情大体是真的。

由于年年征战，云南人民十分贫困，很多人没有粮食吃，陷入饥饿。正统九年（1444）五月，云南总兵官、右都督沐昂等人上奏，云南的军民连年征进转输，财力困乏，又值荒年，粮食歉收，米价暴涨，饥饿者尤其众多，宜加以休养，马匹死去应该赔偿的，军器折损应修理置办的，官私拖欠赋税、债务应追还的，都应暂时停止。

麓川之战的胜利，让王振和英宗冲昏了头脑。在他们眼中，大明就是一支常胜军，挟麓川之战胜利之余威，能顺利战胜瓦剌。按照王振的设想，如果能够一战打败也先，则功劳之大没有人能与之匹敌，控制皇帝则易如反掌。

史学家蔡东藩说："王振擅权，威风逾过人主，公侯以下官员，俱受制于逆阉之手，几曾见刑余腐竖，能杀敌致果者耶？……惟有王振之决意劝驾亲征，实际肇始于麓川之大捷，彼以为麓川可获胜，则瓦剌亦何不可战胜？假设能一战克敌制胜，则功劳莫能与之匹敌，控制天子且易如反掌，遑问张辅、朱勇诸人？然天道恶盈，佳兵不祥，古有明征，矧属阉竖？樊忠一锤打死王振，大快人心，可惜为时已晚。"

挟麓川之战胜利之余威，战胜瓦剌，以建奇功，这纯粹是一种幻想，像肥皂泡一样容易破灭。因为王振忘记了，不论是邓茂七、叶宗留，还是麓川的思某发，都是农民出身的非军事人员，且都有名将率领军队去镇压，朝廷不乱加干涉，而也先的部下，则是驰骋草原几十年的精锐骑兵，而明军的主帅则是军事盲流王振，瞎指挥一通，因此英宗还没等到抓住思机发的好消息，就被也先俘虏了。

景泰二年（1451）八月，继位的景帝从云南总兵官、都督沐璘那里得到奏报，缅甸宣慰使卜剌浪已擒获思机发、思卜发。但是卜剌浪耍心眼，将思卜发放归孟养。如果缅甸人贪利，视思机发为奇货，必会索求无厌。沐璘建议景帝慢慢来，让他们自己来献俘虏，再进行奖赏。

到了景泰五年（1454）三月，卜剌浪关押思机发已经将近3年了，就是不把他交出来，这时才提出要求：要索回旧地。

左参将胡志等派人汇报景帝，将银戛等处地方划给卜剌浪。卜剌浪这才满意，将思机发及其妻子、孩子6人送到金沙江畔，由云南总兵官接收，随后用囚笼装着，押往北京。

景帝要求缅甸宣慰使卜剌浪止战，敕令说，你调大军参与剿杀思卜发，但是思机发是首恶，已擒获，思卜发又逃跑了，有悔过之意，不必穷追，以示至仁，敕令尔等维护边境安宁，不要妄动。

当年八月，思机发等人到达北京，随后被斩首。

云南，终于归于平静。

二、朝贡的骗术

王振和也先之间的关系比较复杂。

也先是王振走私武器的客户，反过来，也先也能拿这些武器灭了王振。

王振后来成为土木堡之变的罪魁祸首，为自己的刚愎自用付出了生命的代价。

这就是他的宿命。高悬的达摩克利斯之剑，迟早会落下，因为权力的游戏，一般来说，无德无能的宦官是玩不转的，犹如小马不可拉大车、小蟒蛇不可吞鳄鱼。

也先崛起

也先是个在马背上长大的人。

他爷爷是瓦剌首领马哈木。他爸爸脱欢统一了蒙古东部地区，先后杀掉阿鲁台和阿台汗，势力逐渐强盛。

也先继承先辈们的遗志，继续开疆拓土，向东征服女真，降伏朝鲜，使瓦剌势力达到全盛时期。向南，也先屡犯塞北，明朝边境自此进入多事之秋。他虽然能力不如成吉思汗，但是也掀起了草原历史上的一个小高潮。

脱脱不花弱了一点，空有大汗之名，拿也先没办法。两人都向明朝朝贡，各送各的良马，各领各的赏赐，各怀各的心思。

也先不老实，因为他有不老实的本事。

向西，也先攻破哈密，捉拿了哈密的国王和太后。向东，他掠夺兀良哈的地盘。

兀良哈喜欢四处惹事。正统年间，兀良哈三卫频频兴师，屡犯明辽东、大同（今属山西）、延安（今属陕西）边境，为守将杨洪击败，兀良哈首领朵栾帖木儿被生擒。为共同对抗明朝，兀良哈部和也先联手。正统九年（1444）春，英宗再次命杨洪等各路人马，各率领1万人的精兵，分兵追剿兀良哈三卫，在以克列苏之战中捕获甚众。

兀良哈被明军打得晕头转向之时，瓦剌首领赛刊王、也先相继出兵兀良哈部，摧毁其朵颜、泰宁、福余三卫。

所以，也先征略四方，手上沾满了很多人的血。

后来，也先侵扰汉人，并擒获英宗；截杀他的主子脱脱不花，歼灭元室后裔；剿戮兀良哈三卫。所以，瓦剌的阿剌知院发动叛乱、杀死主子也先时，历数也先的三大罪状："汉儿人血在汝身上，脱脱不花王血也在汝身上，兀良哈人血也在汝身上。天道好还，今日轮到汝死矣。"这是后话。

也先崛起，与和明朝维持良好的朝贡关系是分不开的，双方少有摩擦。正统六年（1441）春正月，英宗在给也先的书信里，也希望明朝与瓦剌部落"永相和好""永享太平"。

当泰宁卫都指挥隔干帖木儿的女儿与也先结婚的时候，英宗还送了大红纻丝表里等礼物。

但是，也先可不是英宗头脑中的样子。

明朝与瓦剌的和平靠经济贸易来维护。明初以来，明朝在宣化、大同等地开放马市，和瓦剌开展外贸交易。王振长期偷偷跟瓦剌做生意，傻乎乎地拿弓箭和对方交换良马。

也先势力逐渐强大，侵略明朝的意图十分明显。也先以"大元皇帝"的代言人自居，声称"我每问天上求讨大元皇帝一统天下来"，想消灭明朝，打回祖先曾经丢弃的北京。

早在正统元年（1436），接替张辅掌管兵权的朱勇就上言，近年来，瓦剌脱欢以军事手段压迫鞑靼朵儿只伯，恐怕有吞并的危险，变得日益强大。乞敕各边境广储积，以备不虞，为英宗采纳。阿鲁台死后，他立的阿台王子及所部朵儿只伯等，为脱脱不花压迫，投降了明朝，不久，脱脱不花抓捕并杀害了阿台等人。

正统十一年（1446）冬，也先进攻兀良哈，侵略人家却没粮食吃，跑到大同要粮。这其实是对明朝态度的试探，看进攻兀良哈，朝廷是否会干预。

守备太监郭敬接到英宗指示，一不见使者，二不给粮食。其实是采取了中立的态度，要打你自己打，我们也不干预。

第二年，也先复致书宣府守将杨洪。杨洪按照皇帝指示，只给也先的使者礼遇，但不给实际好处。

正统十二年（1447），瓦剌发生小规模内讧，瓦剌人阿儿脱台逃到大明境内，向朝廷报告，自称是居于也先的帐下，与平章克来苦出有仇，恐怕被害，故投降明朝。

又说也先谋求南下侵略，强逼其主脱脱不花大汗展开行动。而大汗制止他说："我们这辈穿着的服饰、使用的物品，大多来自大明，他们何负于汝？而你忍心为此，天道不可悖逆，悖逆必遭殃。"

也先不听，说自己要跟明朝单挑，多抢劫一些好东西："大王不为，我将自为。纵使不能得到其大城池，使其农田不得耕种、人民不得休息，多所剽掠，亦足以达到目的。"

英宗听了阿儿脱台的汇报，让他在南京锦衣卫当差。

朝廷对也先的野心心知肚明，边将屡次示警，也做了一些应对准备。

正统十二年（1447）春正月，巡抚宣大的佥都御史罗亨信上言，瓦剌也先专候衅端，图谋入寇，宜于直北要害干预，增置城卫、土城防备。不然，恐贻大患。

报告交上去后，兵部尚书邝野畏惧王振，不敢主议。

参将石亨欲在大同四州、七县的百姓家里抓壮丁，一家人如果有 3 个男丁，抽出一个当兵，登记为军户。又有敕令未取得正式军籍的军人都去屯田，按亩交粮。

罗亨信上奏表示反对。他说，瓦剌方骄，边境的人民太过疲惫。加上边地地力太薄，若如所言，是绝其衣食而逼其逃窜。当今事势，正宜广布恩信以结交人心，如果绝其衣食，就不能得人心了。英宗表示同意。

正统十二年（1447）七月，大同参将、都督佥事石亨向皇帝上奏说，达贼也先并吞诸部。其势日盛，必来犯边。宜令各边将分别队伍，孰可为正，孰可为奇。大小头目孰可以守，孰可以战。俾各分领操习，庶使兵知将意、将识士情，不致临阵无统，仓卒误事。兵部认为他的计策不错，朱祁镇采纳了石亨的建议，下令各处总兵镇守等官，操练所有官军，选拔骁勇之士，以备打仗。

也先要挑衅，先要找借口。他的借口就是朝贡。

正统初年，瓦剌派遣使臣赴北京朝贡，朝廷派遣使者跟瓦剌回去，留下待到第二年，仍与也先使者同来北京，每年都是这样，形成了惯例。

也先见派出使团来朝贡，赏金很多，有利可图，就派越多的人过来，还常常虚报领赏。本来只让他派 50 人来朝贡，也先不听，常常派几千人来朝贡捞钱。比如派出 3000 多人，再虚报为 3500 人。也先给了王振贿赂，王振自然睁一只眼闭一只眼，都依了他。

朝廷感觉亏大了，就让他们别来这么多人。正统七年（1442）春正月，英宗敕令大同总兵官朱冕、参将都指挥同知石亨："以前，瓦剌遣使来朝，多不满 5 人，现在脱脱不花、也先所派遣的使臣，动以千计，此外又有交易之人。朕考虑到边境道路，军民供给劳费，已令都指挥陈友等带敕令给瓦剌，令自今派遣使臣，多不许超过 300 人。如果来得多了，你们只遵定数，允许其入关，超出的人数先回去，或令于猫儿庄等候使臣，一起回去。"

也先还是不听，派很多人来，一来就是一个月，吃好喝好，搞得朝廷都接待不起了。

正统十年（1445）十二月，大同左参将、都督金事石亨上奏皇帝，陈述接待压力很大："近年来，瓦剌朝贡的使臣，动辄来 2000 余人，往来接送及居住满一个月，供他们牛羊 3000 余只、酒 3000 余坛、米麦 100 余石，鸡鹅花果诸物，不计其数，取给官粮不足。每卫提供银子办桌凳、釜瓮之类，皆军民应用，毕日所存无几。宰过牛羊等皮，也是折粮之物，递年销费无存。臣近奉命提督，切思丑虏络绎，请求无厌，虽朝廷优礼远人不计较这些，但不是处置有方，则亦不免劳费官私。"

这么多的"吸血鬼"，朝廷对此很厌烦，有时就故意冷淡瓦剌使臣。也先就不高兴了。

正统十四年（1499）春二月，也先遣使 2000 余人进献马匹，诈称 3000 人。王振对也先虚报人数大为愤怒，也不按先前的套路出牌了，就格外认真起来，叫礼部按实际人数发给赏赐，又将瓦剌的贡马大幅度削价。

这下，惹了大祸。

历史记载，礼部按实际人头给赏，对也先提出的其他要求，只满足了五分之一："礼部按实予之，所请又仅得五之一，也先大愧怒。"

据《明英宗实录》记载，也先的使者贪得无厌，稍微不足其欲，动辄构衅生隙。索要中国财物，每年有所增加，又索求贵重、稀有的物品，朝廷只给自己有的物品，而朝廷派遣的使者阿附献媚也先的使者，对其索求无不应许，但是既而所得到的，仅十分之四五，也先的使者因此衔恨恼怒。初遣使不满 100 人，正统十三年（1448）增至 3000 余人，又虚冒人数，以冒支廪，会同馆官勘实数以上报，礼部核验人头给赏赐，虚报者皆不与赏赐。

其后果就是，使者回报后，也先愈加大怒，拘留了朝廷的使者，威胁诱引群胡，大举入寇。

战争的警报拉响了。

拒婚

也先这次之所以很愤怒，除了要东西没得到满足外，还在于被英宗的使者耍了。

也先请求与明皇室通婚，想为年幼的儿子求娶明朝公主。

先前，也先派人进贡时，朝廷的翻译官马云、马青等接受了也先的贿赂，不仅给他通报朝廷的消息，告知国内虚实，还私下许诺可以求娶明朝公主，而且拍胸脯说，这事肯定能办成。

此外，还说要送给也先一些美女。

也先信以为真，乐不可支。

酒壮尿人胆，酒去人复尿。马云、马青酒桌上拍完胸脯，回到北京后，却啥也不敢说。毕竟明朝从来没有和亲一说。

也先以为通婚成功，派遣使者来到北京，这次就是以这些贡马作为求娶公主的聘礼。

以马换人？朝廷对此一无所知，一口回绝说："皇帝下诏，没有许婚这回事。"

也先再次大失脸面，又羞又愧，谋求侵犯大同，作为报复。

这纯属使臣没事找事、信口胡诌闯下的祸事。

这些出卖国家利益的使臣，一贪、二骗、三通敌。

于谦后来指斥他们说，差去的使臣，只知贪图小利以肥自己家庭，不思屈节而辱国。对敌情之虚实，一点都不上报，对礼义之大节，全然不顾。等回来复命，又捏造虚词，夸大张皇，肆意欺骗。甚至透露消息，而暗地勾结房人，妄报根脚，而希望求得升职、赏赐，以致外藩放肆，有轻视中国之心，边境不宁，酿成今日之祸。

也先入侵

正统十四年（1449）夏六月，国内出现了一系列灾害。

一天深夜，风雨大作，皇宫里的谨身殿遭到雷击起火，延烧奉天殿、华盖殿，奉天门等被烧毁。王振的一处新住宅在施工的过程中发生火灾，一把大火烧了个干干净净。南京宫殿也发生火灾，当夜大雨，浇灭了火灾。

因为王振讳言天变，地方发生灾异，不敢上报。浙江绍兴发生地震，官府不敢上报。又发生地动，陕西两处发生山体崩塌，数十户人家被埋，山体移动了三天，响声不绝，等山体安静下来，距离原地，移动了三里，当地官员不敢详奏。黄河改道，淹没千余户人家。英宗因为天灾而下诏大赦天下。

瓦剌现在在朝贡、拒婚等问题上找到了借口，说受到王振剥削，遂于正统十四年（1449）七月倾巢出动，兵分4路，大举进犯明朝边境。

第一路为瓦剌主力，也先亲自率领，带兵9万余人，进攻郭敬镇守的山西大同。后来也先损失1万余人后，又调动3万人进行补充，总兵力达到11万人左右。

第二路由脱脱不花大汗率领，带兵3万余人，经古北口进攻辽东，抵御海西女真。

第三路由阿剌知院率领，带兵3万余人（一说2万人），经居庸关南下，进攻杨洪守卫的宣府（今河北宣化）。

第四路为骁将阿乐出率领，带兵2000余人，进犯甘肃马场。

也先进犯的消息传到北京。

三、吾为天下诛此贼

英宗朱祁镇不是他太爷爷朱棣，王振也不是郑和。后来的事实证明，英宗朱祁镇和王振都是彻彻底底的军事蠢材，论打仗都是"吃饱了的牛肚子——草包"，错估了战争形势，低估了瓦剌的作战实力。

战前准备

正统十四年（1449）六月，英宗已经得到也先将兵分几路来侵犯的情报，开始调兵遣将，敕令河南、山西都司派兵增援。

英宗命驸马都尉、西宁侯宋瑛，总督大同军马，敕令他谋划如何杀敌："大同为要害之地，兹闻北房谋欲侵犯彼处。相机剿杀，乘隙邀击，务图成功，以靖边徼。"并升大同参将、都督金事石亨为都督同知。总兵官、武进伯朱冕要来 1634 匹军马备战。

听从宣府总兵官、左都督杨洪的奏请，英宗给宣府守备官拨付军马2423 匹，增强防御能力。给杨洪角弓 5000 张、弦 1 万条、箭 15 万支、碗口铜炮 300 门、信炮 1000 门、木马子火药全旗牌各 10 面。为京军准备45000 人的银两、盔甲、衣鞋，发往大同、宣府。侍郎刘琏、沈固奉命在宣府、大同广储粮料草束。

一日，英宗在左顺门告诉太保、成国公朱勇等人："宣府、大同为国家防守切要的重镇，尔等选精锐马步官军45000 人，令平乡伯陈怀，驸马都尉井源，都督耿义、毛福寿、高礼，太监林寿，率 3 万人去大同。都督王贵、吴克勤率 15000 人去宣府。俱令在彼处训练，养精蓄锐，以备不虞，或遇虏寇侵犯，即与总兵、镇守等官，互为掎角之势出击。"

京军方面，给大营神机、五军、三千等营增加军马 13078 匹。朱勇上奏，官军还缺战马 4787 匹，英宗鉴于也先已经动手，让兵部不要核实了，赶快配足战马。

但是，英宗忽略了一件事，给战局留下了巨大的隐患。总督独石、永宁等处的守备都指挥佥事赵玟上奏：独石、马营、云州、赤城、雕鹗等七堡，只有军马7000人分守，地广兵少，很难防守。乞求于内地适量调拨官军，带领火器，前来训练备用。

英宗却对兵部的臣子说，腹里官军不必调拨，但令赵玟等人整饬当地官军，遇有贼寇，即报告杨洪，令双方互为应援。

结果由于杨洪分身乏术，这些堡后来都丢了，甚至有的官兵不战而降，望风而逃，导致土木堡以及北京门户大开。

在辽东方面，户部上奏，辽东粮食缺乏，先已定拟每年将江南折粮银4万两运去，恐怕不够，现在请增加至6万两，运到广宁备用。英宗批准。

到了秋七月，守备偏头关的都指挥使杜忠上奏，瓦剌虏寇欲来犯边，其势甚众。英宗命兵部下发文件给山西都司，令将偏头关已经换防的官军叫回来，催促限在七月以内到偏头关防守，仍令杜忠率领两班官军，如法操练，防备也先。

英宗又命给事中翟敬、监察御史罗篪等10人，分别前往宣府、独石、大同、延安、绥德、宁夏、甘肃、偏头关、辽东、蓟州、永平、山海等处发钱，赏赐所有士兵每人一两白银，鼓舞士气。

根据各部、各地上奏的情况，大同、宣府、京军等，要么缺少战马，要么缺少粮草，还没做好战争准备。

侍郎刘琏、沈固在宣府、大同负责筹备粮料草束的工作，进展缓慢，情况很不理想，令英宗十分恼火。战争就要打响了，沈固也急了，乞将今年定拨阳和、高山二卫的夏税以及附近屯军的粮食，都改征豌豆，仍召集商人将京仓的15万石豆类都运往大同。山西布政司勘实附近驿站积蓄的谷草，令太原府所属的各州县，各动用500名百姓收割秋青草，并当年地亩草添拨40万束，都运往大同。

英宗看到奏折很恼火，对户部官员说，沈固在大同年久，办的什么事？到要用粮草的时候，动辄称缺乏。于是，六科弹劾沈固尸位素餐，有误边储，宜抓来治罪。英宗正在用人之际，没有惩罚沈固。

户部对侍郎沈固的建议进行讨论后上奏，往大同运豆类，恐怕路远不便，难以督责，没办法实行。宜于山西税粮内折征料豆，如果还是不够，再让沈固于折色秋粮内改征料豆备用。收割草束一节可行。英宗批准了户部的建议。

户部上奏称，大同、宣府缺少草料，应令民间及各个边堡收割秋青草、支用豆料，宜行山西布政司及顺天、保定等七府，原定在口外交纳的夏麦、秋粮，全部令抵斗收豆，赴大同、宣府等处交纳。永平、山海诸仓缺少粮料，请将各处解到的折粮银 2 万两，送到永平、山海使用。英宗予以批准。

户部上奏说，口外添调的军马，用度不够，各布政司、直隶府县拖欠的折粮银布要严格按照时间表催促缴纳，以备各边用来买粮料。

上上下下、手忙脚乱地准备粮草的时候，也先的骑兵已经抵近了大同。

阳和败绩

王振是最坚定、最盲动的主战派，力排众议，极力怂恿英宗御驾亲征，保证能速战速决，青史留名。表面上看，如果一战消灭瓦剌部，那王振就是千古英雄；若是一战大败，他无疑是千古罪人。

一般的看法是：他怂恿皇帝亲征，主观上想取得胜利，结果输得一败涂地。然而，人心难测，知人知面不知心。如果他本来就想英宗输掉战争、被也先俘获呢？那他是不是在下一盘不能言说的大棋，以便自己当上皇帝？后者的可能性也很大，否则，难以解释他出征后的一系列奇葩操作。

七月十一日，瓦剌分道进犯。

也先进攻大同，右参将吴浩迎战，激战于猫儿庄（今山西阳高北一带）。明军不敌，吴浩兵败战死。

吴浩是个擅长打仗的将领，可是碰上也先，一下就死了，可见瓦剌军队的战斗力非比寻常。

与此同时，脱脱不花进犯辽东，阿剌知院进犯宣府，包围赤城，另一支进犯甘州。明军的各个守将，凭借一个个城池据守，并向北京求援。城池就如汪洋中的一条船，承受着风暴的袭击。

七月十五日，大同总督宋瑛、驸马都尉井源、总兵官朱冕、左参将都督石亨等人，各率兵1万人赴阳和（今山西阳高西北）防御。

双方再战于阳和。

太监郭敬监军是最高领导，胡乱指挥一通，诸将为其所制，军队全无纪律。

宋瑛等人受到郭敬专制，即使有本事，也不能发挥作用。

这一仗，几个大帅简直不堪一击，明军大败，全军覆没。大约4万具尸体血流成河，躺满了草地，无人收尸。

宋瑛、朱冕都是世袭的将军，不会打仗，没多久就战死了。宋瑛为凤阳定远人，是朱棣四女儿咸宁公主的驸马，负责左军前军都督府，死后与公主合葬于南京。朱冕，山东沂州人，为武进伯，负责左军都督府，操练北京神机营的兵马。后来朱冕任大同总兵官，善于抚恤士卒，很得人心。

郭敬十分滑头，一看形势不对，早早滚鞍下马，躲藏在草丛中，捡了一条命。他事实上是也先的朋友，即使被抓，一时半会儿也死不了。郭敬长期以来向也先走私的武器，现在被敌人用到了自己人的身上。

会打仗的只有石亨，见兵败如山倒，早早脚底抹油，先溜为敬，单骑逃回大同城内，坚守不出。

当时，智勇双全的边关守将除了杨洪以外，就数陕西大汉石亨了。

石亨身材高大，一张方脸之下，长着长长的美髯。善于骑射的他耍一把大刀，每次作战，蒙古骑兵不能敌。

石亨与都督佥事马麟出兵塞外，打败兀良哈的军队，晋升为都督同知。他虽为偏将，朝廷却视其为大帅。石亨此次的表现也不过如此，战败后，被降职使用，责其募兵。

大同战败的战报传到北京的时间是七月十七日。英宗立即紧急召集众臣，商议是否亲征。

吏部尚书王直说，只要将士用命，必可图谋胜利，朝廷应以坚守为主，劝谏英宗不必亲御六师，亲临塞下。

实际，大家都担心皇帝打不赢。

但英宗不听，不跟大臣商量，就诏令迅速集结军队，两日内出兵讨伐也先。

兵部尚书邝野和兵部左侍郎于谦，力言明军准备不够，劝皇帝不宜轻率亲征。

邝野上疏说："也先入犯，一名边将足以制之。陛下为宗庙社稷之主，奈何不自重？"

吏部尚书王直率群臣合章上疏，劝谏英宗不要亲征。先是夸大其词地吹捧英宗、贬低也先势力，文辞中充满了狂妄："臣闻边鄙之事，自古有之，惟在守备，严固而已。圣朝备边，最为严谨，谋臣猛将，坚甲利兵，随处充满，且耕且守，是以久安。今丑虏无知，忽肆猖獗，违天悖理，自取败亡。"

接着劝英宗慎固封守，派良将劲兵，坚壁清野，疲劳对手，不要亲自出塞迎敌——

陛下慎固封守，益以良将，增以劲兵，加之以赏赐，申之以号令，俾审度事势，坚壁清野，按兵蓄锐以待之，彼前不得战，退无所掠，人困马乏，神怒众怨，陛下得天之助，将士用命，可图必胜，不必亲御六师，以临塞下。

然后才实事求是地分析明军一方后勤保障的短板和软肋，天气炎热，粮草缺乏，饮水困难——

况秋暑尚盛，旱气未回，青草不丰，水泉犹涩，人畜之用，实有未充。又车驾既出，四方若有急务奏报，岂能即达？其他利害，难保必无。

后来，果然是因为饮水问题导致军队崩溃。

最后给出了严重警告，说出了最致命的危险，如果皇帝躬履险地，遭遇不测之祸，宗庙社稷将失去主人——

且兵凶器、战危事，古之圣人敬慎，而不敢忽。今以天子至尊，而躬履险地，臣等至愚，以为不可。惟在端居穆清，坐运神筹，有功者必赏，有罪者必诛，则人人尽力，成功不难。伏惟陛下实宗庙社稷之主、万邦黎庶之所依归，诚不可不自重也，愿留意三思，俯察舆情。

这篇上疏尽管刚开始有点夸大其词，但是后面实话实说、含金量十足，判断到了所有的危险，万望皇帝重视，取消亲征之令，另行选将征讨。

可英宗听了王振的鬼话，非要亲征。英宗说："卿等所言，皆忠君爱国之意，但虏贼逆天悖恩，已犯边境，杀掠军民，边将累请兵救援，朕不得不亲率大兵以剿之。"

这样的商议只是走个形式，亲征是司礼监太监王振劝成于内，是他们两人定下来的决策，因此尽管群臣合章进谏，予以阻止，英宗皆不采纳。

武备废弛

英宗已经被灌了迷魂汤，和王振都过于自信。朱棣5次亲征成功，宣宗亲征也屡获成功，但是到了英宗，他不知道的是，一切早已时过境迁，他的大明已经没有那么厉害了。

当时国家存在的一大问题是武备废弛，缺少将领。

兵熊熊一个，将熊熊一窝。当时北方兵备废弛，将帅乏人，除了杨洪、杨俊、石亨、范广、郭登等人外，已经没有几人能带兵打仗了，跟朱元璋、朱棣时期的猛将如云，已经完全没法比了。

马文升后来说："言天下之安危，系于武备之修否。我太祖高皇帝（朱元璋）以武功定天下，凡私役一军，私借一马者，皆有重罚，虽有兴造，竟不劳军，三十余年海内晏然。太宗文皇帝（朱棣）迁都北平，于武备尤为注意，故出塞千里，胡虏远遁。宣德以来，武备渐弛，迨至正统（指英宗朱祁镇），民不知兵，所以有土木之败。"

他指出宣德以来的和平边境政策，导致武备逐渐废弛，军队战斗力严重下降。

镇守关中的将军兴安侯徐亨曾经与御史张文昌谈话，谈到朱勇等将领，认为他们才能都一般。

徐亨说："在我看来，今之将官，无一人可当朝廷大事者。"

御史不服，问道："当今成国公朱勇，如何？"

朱勇是东平王朱能之子，属于官二代、世袭的爵位，封成国公，属于办公室里培养出来的将军。因为善事王振等，得以久居高位，掌管兵符长达 20 余年。曾跟随明成祖北征草原，随明宣宗平定朱高煦叛乱。真正单独打仗，是在喜峰口两次小试牛刀，打败蒙古骑兵。

徐亨说："强虏视之婴儿耳。"

草原骑兵之蔑视朱勇，如同一个成年人看待一个吃奶的娃娃。

张文昌又举了两个有名的边将，还提及徐亨本人，徐亨都说"不行"，认为他们未曾临大敌，才能平庸，徒有虚名。

徐亨谁都看不起，但比较佩服张辅："无如英国公，屡典大兵，且威严胜，将佐无敢犯，可赴水火。公为大将，手下有名的偏将也所向无前，而他们亦可备他日之用。"

但是，张辅已经 75 岁了，上面又有王振压着，他在土木堡之战中的表现，也让徐亨失望了。

"将率必出于介胄（甲胄之士），宰相必起于州部，不贵豪杰，不以流誉用人也。"（近代章炳麟语）而明代掌管军队领导权的侯伯之流，很多只是世袭而已，靠名声上位，实际上并不会打仗。

换句话说，这些人逢迎拍马、赌博、吃饭是高手，但是本职工作军旅之事长期荒废，只会躺在祖父的功劳簿上吃老本。

很多将领真的是混吃等死。

主持兵部工作的兵部右侍郎邝野对军中缺少将帅之才的情况，老早谙熟于心，还上报皇帝，请求选才。

正统二年（1437），邝野上奏：边陲有很多危急情况，但军中缺少将帅之才，奏请朝廷，从各地博举有胆有识的武士，以备任用。

正统十年（1445），邝野晋升为兵部尚书，敏锐地认识到也先已经势力强大，野心膨胀，向朝廷请示要做好防备，请求增加大同的驻军，挑选有智谋的大臣巡视西北边务，并提出免除驻守京城的士兵修筑北京城的劳役，让他们休养生息，以备缓急。

可惜，他的正确意见，朝廷没有采用。

仓促出征

在两天之内，王振和英宗就急匆匆凑成 20 多万大军，对外号称 50 万。

英宗命给在京的五军、神机、三千等营操练的官兵，每人发放 1 两银子、1 件胖袄裤、2 双鞋、一个月的行军粮 3 斗炒麦，共发放 80 余万件兵器，每 3 人分配 1 头驴拉辎重。每名把总、都指挥，另外赐钞 500 贯。

朱祁镇命郕王朱祁钰居守北京，驸马都尉焦敬辅助。

100 多名文武官员随御驾出征，包括太师英国公张辅，太保成国公朱勇，镇远侯顾兴祖，泰宁侯陈瀛，恭顺侯吴克忠，驸马都尉石璟，广宁伯刘安，襄城伯李珍，修武伯沈荣，建平伯高远，永顺伯薛绶，忠勇伯蒋信，左都督梁成，右都督李忠，都督同知王敬，都督佥事陈友安、朵儿只，户部尚书王佐，兵部尚书邝野，刑部右侍郎丁铉，工部右侍郎王永和，都察院右副都御史邓棨，通政司右通政龚全安，左参议栾恽，太常寺少卿黄养正、戴庆祖、王一居，大理寺右寺丞萧维祯，太仆寺少卿刘容，鸿胪寺掌寺事，礼部左侍郎杨善，左寺丞张翔，内阁首辅曹鼐、张益等人俱扈从。

礼部提议，圣驾亲征，当命有关部门将白银、彩段、钞、绢布、衣服、红毡帽等物送往北京，作为赏赐之用。

英宗拒绝道："运送需要劳人，在宣府看见有什么，就用什么吧。"

战争是国家大事，绝对不能打无准备之仗。历史证明，一场准备匆忙的战争注定是要失败的。没有绝对的把握，不能贸然进行战略决战，更不能怂恿皇帝御驾亲征，而应坚壁清野，"敌进我退""敌疲我打"，逐渐消耗瓦剌的实力。

明军仓促决策、仓促出战、仓促撤退，一切都那么乱糟糟的。

出征的命令下达两天后，军队立即开拔，"扈从文武、吏士皆仓猝就道"，几乎是揉着惺忪的睡眼踏上不可预知的征途。

七月十六日，派遣官员祭告太庙、社稷之后，御驾从京师出征。

京军三大营——五军营、三千营、神机营一起出动。五军营为营阵的主力，三千营负责巡哨，神机营掌管最先进的枪炮、火器。行军时，大营拱卫皇帝在中间，五军分驻外围，步兵在内，骑兵在外，再外面为神机营保护，形成周长达 20 里的战阵。

士兵们用驴子拉着炒麦、武器、衣服等，缓慢前进。大家没有得到打仗的命令，以为只是扈从皇帝出行，并没有什么战斗状态。

关于明军的人数，有 3 种说法：

（一）事件亲历者、大臣李贤在《天顺日录》中记载，亲征军是 20 多万人：土木堡之变"二十余万人中伤居半，死者三之一，骡马亦二十余万"。

这个 20 多万人，估计还有很大的水分。

英宗亲征前的六月底，令成国公朱勇选京营 4.5 万人。令平乡伯陈怀，驸马都尉井源，都督耿义、毛福寿、高礼，太监林富率 3 万人往大同，都督王贵、吴克勤率 1.5 万人往宣府，以抵御瓦剌。而这些被抽调的人，大多是京营兵精锐。

（二）朝鲜《李朝实录》记载："皇帝领兵八万亲征。" 8 万的数字也可能缩小了，如此数量就敢亲征，无论数量还是质量，都差瓦剌一大截。

（三）《明史纪事本末》称军队有 50 多万人，跟朱棣亲征的规模相当："十七日，命太监金英辅郕王居守，每旦于阙左门西面受群臣谒见。遂偕王振并官军五十余万人，至龙虎台驻营。"这么多人，居然打不过也先的十几万人。

当天晚上，明军到达康家岭。

十七日，到龙虎台，夜里一鼓，军中发生夜惊，骚动不安。丙申是朱棣的忌辰，派遣官员祭祀长陵。

英宗看到行军队伍比较乱，召集扈从大臣，要大家整顿行军纪律。

十九日，亲征大军过居庸关，风雨连天。六军苦不堪言，文武将士皆无纪律，群臣纷纷请求扎营。王振执意不许，大家冒着狂风暴雨，骂骂咧咧地继续往前走。

兵部尚书邝野护驾出居庸关，不见一个敌人。出了居庸关，就到了经常打仗的地界了。他越走越觉得不对劲，心里慌兮兮的，力请英宗回銮，千万不要往前走了。

王振大怒，令邝野与户部尚书王佐皆随大营行动。

邝野嗅觉灵敏，具有军事战略眼光，多次上疏建议巩固北方边防。他是湖广宜章县人，喜欢诵读道经，终生不变，进士出身，任监察御史，曾经奉命到南京调查破坏钞法的人，只抓了一两个主犯就平息了事态。日本海盗进犯辽东，上百名守海防的人失职，皆应处以死刑。邝野向朱棣求情，朱棣为此宽恕了这些人。邝野为陕西按察司副使，赈济饥饿的灾民，救活了很多人。

做句容教官的父亲一直把他当好官员培养。邝野曾经用工资买了一件羊绒衣服，送给父亲，其父亲拒绝接受，还回信责备："你掌管刑名，应当洗雪冤案、解决长期积压的案件，而不要有愧于你的官职。你从哪里得到这件衣服，竟然拿它来玷污我。"邝野手捧书信，跪着诵读，感动地哭了。后来，邝野做了应天府尹，兴利除害。

正统初，没干过军事的邝野当上了兵部左侍郎，又升为尚书。

邝野时年65岁，老眼昏花，骑马不胜体力。忽然，他身体一晃，坠下马来，差点一命呜呼。有人看到他伤势严重，劝他留在河北怀来城就医。邝野坚决推辞："至尊在行，岂敢托疾自便？"

其实，邝野的话一点作用也没有。让皇帝不要亲征，皇帝不听；劝皇帝别前进了，皇帝还是不听；后来遇到危险，让王振率大家躲进城池或者快点逃命，王振也同样不听。

英宗不让这些大臣参与军政事务，全当他们是摆设，一切军政大权，全由王振一人说了算。"王伴伴"不懂军事，在军中瞎指挥，将有才能的将领晾在一边，一群狼被他整成了一群羊。

七月二十日，明军到达榆林站。

这天，镇守辽东的左都御史王翱来向英宗汇报当地的情况。辽东广宁右卫指挥佥事赵忠守卫镇静堡，瓦剌来攻打，围攻甚急，他死战不退。赵忠的妻子左氏，料想此堡旦夕必被攻破，"破则吾宁死不受辱"，与母亲、3个女儿全部自缢而死。赵忠经过力战，打退了敌人的进攻，敌人解围而去。他回到家一看，一家人全死了。英宗嘉奖左氏忠节，派官员谕祭，赐金安葬，旌其门曰"贞烈"。赵忠因为英勇抵抗瓦剌进犯，升为指挥同知，妻子左氏获赠为淑人。

二十一日，明军到达怀来城西。

二十二日，到达雷家站。

二十三日，驾至宣府。宣府作为军事重镇，先前已经做了军事准备，增加了兵员和粮草。这群羊如果躲进宣府的城堡中，未必会被群狼吃掉。

大风呼呼地刮，大雨噼里啪啦地下，边报一个接一个地如纸片飞来，群臣纷纷交章请求扎营。

拖着受伤身体的邝埜又请求驻扎宣府，英宗仍不听。仗还没打，就要躲起来，这不符合他的风格。

王振怒气未消，装模作样地处理军务，逼官员们巡视阵地，逼着大家继续往前走。

大家已经走了8天了。正值北方雨季，明军自出居庸关以来，天天不是刮风，就是下雨，士兵们疲惫不堪，人情汹汹，心惊胆战地走在泥泞不堪的道路上。驴子拉着运粮的车陷在泥地里，大家费了很大的劲才拉出来，走不了多远，又陷在泥地里。

明军还没到达大同，军中就已经没粮了，不断有人饿死、倒下，冰冷的尸体塞满了道路（兵士已乏粮，僵尸满路）。仗还没打，军队已经被拖垮了。

按照这个情况，在宣府进行休整，是很有必要的。但是王振不允许。

诱敌深入

过鸡鸣山的前一天，大家无不怨恨王振。吏部李贤心中更是恼怒，与三五个御史私下密谋，准备干一件大事——干掉王振。

李贤说："今天子蒙尘，六军丧气，无不切齿于王振。若用一武士之力，捽而碎其首于驾前，数其奸雄误国之罪，即派遣将领兵至大同，而圣驾可回北京。"

打砸王振人头的武士其实真有，不过，此时还未出现在他们的视野里。

护卫将军樊忠，还没到出场的时候。他正持一把大锤，在英宗帐前担任护卫。

王振的无能和刚愎自用，激起了众怒，但大家敢怒不敢言，都忍气吞声、引而不发。

李贤想和英国公张辅联手，但张辅年老怕事，除掉王振这事就烂在肚子里了。

二十四日，大军到达了鸡鸣山。

大家感到危机四伏，心里十分恐惧。英宗向来把诸事都交付给王振，现在王振大权在握，更加滥施淫威，不听大家意见，折辱众多大臣。

大将、成国公朱勇等将领们，陈述意见，要说什么，都要跪在地上，膝行到王振跟前，听命于这个门外汉。世界上最荒唐的情景，莫过于此。

兵部尚书邝野、户部尚书王佐管理的老营，作为先头部队在前边走，大家都不想前进了。邝野屡屡上奏，请求英宗回军。王振火冒三丈，为了杀一儆百，命令他与王佐跪于泥泞的野草中。两个尚书不敢违抗，一直跪到天黑才起来。这么大的官员，竟然被一个太监如此羞辱，让士大夫情何以堪？

钦天监监正彭德清是王振的人，也看出情况不妙，以天象谏阻，劝告王振不要往前走了："虏势如此，象纬示警，不可再继续前进。若有疏虞，陷天子于草莽，谁来承担这天大的过错？"

王振大怒，骂彭德清："倘若有此，也是天命！"

翰林学士、内阁首辅曹鼐也怒了，冲王振说道："臣下性命不足惜，惟主上系宗社安危，岂可轻易前进！"

这么多大臣都发怒了，但是王振一句也没听进去。

明军一步一步前进，而也先早就侦察到他们的踪迹，一步一步地逐渐退伏于塞外，诱敌深入，疲惫明军。

这种诱敌深入、神龙见首不见尾的军队，才是最可怕的。

七月二十五日，明军到达万全峪。

二十六日，到达怀安城西。当天夜里四鼓时分，黑云四塞。一道宽二尺多、离地一丈余的黑云，南北亘天，徐徐向北而行。

二十七日，到达天城西。

二十八日，到达阳和。

这里正是宋瑛等人战死的地方。只见阳和城南，伏尸满野，几万名战死士兵的尸体还没安葬，缺胳膊断腿的残肢早已经变了颜色。众人看得胆战心惊，心里感到愈加寒心。

当晚，钦天监观测到火星犯土星。

二十九日，到达聚落驿。

也先听说明军主力到来，佯装退却，继续引诱明军进入大同及其以北地区。明军继续被牵着鼻子走。

八月一日（戊申朔），王振和英宗到达大同。他们看到瓦剌军队北撤，以为瓦剌害怕英宗亲征，坚持继续北进。

此时，天上的太阳看起来怪怪的，罩着日晕。日晕周围，出现了戟气——一种酷似古代兵器戟的光，形状就像三国典韦、吕布、甘宁，唐朝李文忠、薛仁贵使用过的那种兵器。太阳左右都有光晕，还有戴气——一种罩在太阳之上的黄气。东北方向生出一条彩虹，形如舂米或捶衣的木杵，到黄昏时分，彩虹逐渐散去。有人议论，那天上的彩虹为二气不正之交，象征淫奔、作乱，说彩虹是双头龙或双头蛇变的，可以把水吸走，是不吉祥之物。

英宗一路行军，锦衣卫、"夜不收"（指边防守军中的哨探或间谍）全无瓦剌军队的谍报，他们的方位在哪里都不知道，只有明军卫所不断传来的求援信息。

为什么明军的情报失灵了呢？因为仁宗不勤远略，宣宗罢边主和，明军北面的情报功能早就失灵了。而反观也先，早就摸透了朝廷的虚实，除了安插在朝廷和军队内的间谍传递情报外，永乐时代投降过来的蒙古人也成了也先的内应，他们住在北京附近，人数众多。

邝野等人深感途中未见瓦剌一兵一卒，恐怕也先有诡计。他再次上章请求回军，提醒王振不要中了瓦剌的埋伏。王振仍然不听。

二日，英宗驻跸军事重镇大同。

王振还要继续北进，寻找也先的主力，决一死战。

天快黑的时候，又有黑云忽然而至，如一张大伞，笼罩在军营之上，顿时雷雨大作，风雨交加。

自出居庸关以来，连日非风即雨，但是这大同的雨很是特别，不同于往日，骤雨好像突然袭击一般，这雨点大、雨量足、雷声响、气势足，每一个雨点敲打在地上，犹如也先骑兵的马蹄践踏在心上。只要听见这雷声、雨声的人，即使有再好的定力，此刻也会心神动摇，变得惊疑不定。不是一两个人有这种心绪，而是所有的人都感到惊慌失措。

你知道也先来了，但就是看不见也先的人；你已经感觉到他的刀光从背后亮起，就是不知道大刀会从哪个方向挥过来。

这种感觉让人心惊，让人窒息。

此时，王振的同党、镇守大同的宦官郭敬，密告王振："若继续前行，正中胡虏之计，势必决不可行。"他把前几天前线惨败的情况一一汇报给王振。

王振听了郭敬的话，才第一次真正感到恐惧起来，急忙传令："明日撤出大同，向北京的方向撤退。"

撤军之前，命广宁伯刘安充总兵官，都督佥事郭登充参将，镇守大同。那参将石亨，先前单骑逃回大同城内，降为为事官，招兵自效。

仓皇回撤

八月三日，20万大军仓皇回撤。

也先见大鱼已经上钩，还想溜走，开始火速追击。

撤就撤吧，赶快撤！不想中间又出了幺蛾子。

王振想从紫荆关（今河北易县西北）退兵，以便途经他的家乡蔚州，让英宗驾幸他的府第，让家乡父老看一看：我王振现在鸟枪换炮，是何等威风。

王振连逃跑都这么不专业，面子比生命都重要，闹着玩呢。

走了 40 里，王振突然想起来：大队人马经过蔚州，会损坏家乡的田园、庄稼，乡亲们要骂他的。

于是，王振一拍脑袋，不去蔚州了，下令改道东行，向宣府（今河北宣化）方向行进。

这时距离紫荆关只有 40 里，那里有重兵把守，如果大家一鼓作气，花半天时间，就可以退入紫荆关。

大同参将郭登和大学士、内阁首辅曹鼐等人不同意从宣府走，于是向王振建议："自此趋紫荆关，只有 40 里。大人应该从紫荆关回北京，可保安全无虞，不应再取道宣府，以免被瓦剌军队追及。"

郭登是这里最能打、最有经验的将领，他的建议如此重要，然而王振不屑一顾，一意孤行，坚持折向宣府。

为什么从宣府走，这是一个谜。大概是因为这里有一员令也先都害怕的战将——杨洪。

王振如果想搞阴谋，或与也先联手，或报复当年被"一太皇太后 + 三杨"压制之仇，从宣府撤军，的确可以使英宗落入敌手。

人性的复杂，不到暴露的一刻，你都看不清最终的真相。

瓦剌骑兵

直趋紫荆关，或许是一条生路，毕竟比走宣府安全得多。

不过，前边有一支瓦剌兵，在静静地等待着他们，那就是阿剌知院率领的 3 万骑兵。

阿剌知院从独石口长城南下，已经在怀来设伏，等待着他们。他们以逸待劳，至少已经早到半个月之久。

阿剌知院是瓦剌贵族、也先的重臣，相当于丞相，执掌瓦剌右翼诸鄂拓克。后来，他两个儿子被也先毒死，他举兵 3 万就击败了也先，可见战力也是相当厉害的。

阿剌知院这次率军攻击宣府、赤城等处。

宣府，他是打不下来的，因为那里有右参将、都督金事杨洪。

然而，一些卫所则战斗力很差，一看到阿剌知院骑兵来到，基本都逃跑了。

守备赤城的都指挥佥事赵玫，先前被杨洪推荐，调往独石守备。赵玫认为独石、马营、云州、赤城、雕鹗等七堡，只有军马 7000 人分守，地广兵少，根本守不住。但是英宗拒绝给这些堡配备火器、增加士兵，让他们遇到瓦剌兵，直接向杨洪求救。

但是，阿剌知院骑兵一来，怀来、永宁、赤城、独石、马营等处守备的官军，吓得魂飞魄散，提前弃城逃到北京。没有人向杨洪求救，求救了也没用，因为杨洪已经自顾不暇。

巡抚大同、宣府的副御史罗亨信战后弹劾说，守备赤城堡的指挥郑谦、徐福，守卫雕鹗堡的指挥姚瑄，七月闻贼入境，弃城带全家逃跑，以致怀来、永宁等卫也争相模仿。

而总督独石、永宁诸处边务的将领，正是杨洪的儿子杨俊。

杨俊最初以显贵子弟（舍人）的身份参军，像石亨、杨洪一样英勇善战。因为有父亲罩着，杨俊升职很快。

正统九年（1444），杨俊升任独石备边府军卫指挥佥事，督操马营军马，得到了总督独石、永宁诸处边务的权力。他的升职正是由于父亲杨洪举荐，理由是他"久历边务，屡著战功"。

在一些大臣口中，杨俊在土木之战中表现不佳。

一些大臣指责，七月十一日左右，杨俊在阿剌知院的攻击下弃城南逃，马营、龙门等皆不守，赤城（今赤城县）、雕鹗（今赤城南雕鹗村）、龙门卫（今赤城西南龙关）、龙门所（今赤城东龙门所）、怀来（今京包铁路官厅水库桥底）、永宁（今延庆永宁镇）纷纷失守，导致居庸关外丧失了坚强防御。

七堡只有军马 7000 人分守，地广兵少，防御力量严重不足，杨俊如果死战，不免全军覆没，但作为主要负责人望风而逃，又死罪难逃。

叶盛指责杨俊："如果独石、马营不放弃，则皇帝何以会陷于土木？紫荆、白羊不破，则虏骑何以逼近都城？"

于谦也说："以前自逆虏犯边，杨俊望风奔溃，将独石、永宁等十一城全部放弃，遂使边境萧然，守备荡尽，虏寇往来如在无人之境，闻者无不痛恨。"

而《宣化府志》也记载，杨俊是弃城而逃："秋七月瓦剌寇独石、马营，守备杨俊弃城，遁。"

相比之下，瓦剌进犯云州之时，永宁卫守备孙刚、左少监谷春率军来救援，与瓦剌激战，战败，进入城中自缢而死，以身殉国。相比之下，杨俊的确做得没有孙刚、谷春地道。

正是杨俊失责，阿剌知院才进军神速，占领了怀来到土木堡的河流，截断了明军归路，导致亲征军在土木堡被全歼。

所以，叶盛、于谦历数杨俊丢掉独石、马营之罪，并没有错。

有人说，不是杨俊畏惧弃逃，是奉旨撤离，或者说是去驰救英宗。这个只是杨俊被逮捕后的一面之词。

因为北边的防御基本垮了，王振要从紫荆关回撤，几十万大军必须先打败阿剌知院的 3 万骑兵，也不是没有胜算。

改道宣府

王振刚决定好改道东行，向宣府方向行进，傍晚到达双寨儿扎营。

话音刚落，此时，天上黑云有如一把大伞，覆盖在大营之上，刚才还四处晴朗明亮，须臾间，雷电骤然轰响，风雨大作。营中一片惊乱，雷声彻夜响个不停，大雨下个不止。

八月四日，明军到达滴水。

五日，到达洪州方城。

六日，到达白登。当夜，月犯心宿。

白登，就是以前刘邦被围困的地方。土木堡之变，不过是白登之围的翻版。

公元前 201 年，韩王信在平城（今山西大同）造反，与匈奴约定联手攻汉，以马邑之地作为交换条件。随后两军南下，攻下太原郡。汉高祖刘邦率领 32 万大军迎击，节节胜利，产生麻痹轻敌之意。天降大雪之时，刘邦轻敌冒进，匈奴以老弱残兵为诱饵，待追到平城，刘邦和先头部队被冒顿单于的 40 万大军围困，于平城白登山被围困 7 天 7 夜，饥寒交迫之际，硬来已经是没有用了，只有靠一颗脑袋和一张嘴了。

陈平看到冒顿单于对妻妾阏氏十分宠爱，骑马显摆英雄配美女的情节，寸步不离地秀恩爱，判定阏氏就是那个突破口。

陈平向刘邦献计，派遣使臣，乘雾下山，向阏氏献上许多金银珠宝，让她动了心。

阏氏向冒顿单于吹枕边风，说汉朝有几十万大军前来救援，会内外夹攻；汉、匈两主不可以逼迫得太厉害，打败他们，夺取他们的城地，也会水土不服；汉帝被围 7 天不死，必有神灵相助，何必违背天意？冒顿单于就采纳阏氏的建议，打开包围圈的一角，让汉军慢慢地走出而脱险。

然而，明军中缺少一个陈平这样的人。

七日，明军到达怀安城西。英宗升都指挥使孙安为后军都督佥事，仍旧镇守怀安。

八日，明军到达万全峪。

九日，到达阳和北沙岭。

明军走了这么多弯路，于十日才退到军事重镇宣府，花了将近 8 天时间。

如果待在这里不走了，后面就不会发生土木堡之变。因为这里镇守的主将是一个被称为"杨王"的人，真名叫杨洪。

当时，明军中有四人比较出名，于谦善谋，石亨善战，杨洪、郭登善守。

而丁谦对杨洪又极推崇。

于谦认为杨洪是一名威震边疆、能与古代名将并肩的杰出战将。论个人之勇武，杨洪不输这些人，但杨洪以猛将发于行伍，没有打大仗的机会，与卫青、霍去病这些皇帝近臣的功绩还不能相提并论。

杨洪 22 岁入职时，不过是一个小小的百户，世袭战死父亲的军职，统兵 120 人，正六品。当时在偏远的边关，年老的军户天天逃亡，新人都不想去，而杨洪感叹："大丈夫立功名，宁在跬步之内？"谈笑而往，带上在苏州的母亲一起戍边。他之所以升迁快，就仗着一个"猛"字，经常突入敌阵，生擒敌人首领。

跟随朱棣北征时，杨洪已经有了亮眼的表现，率所部随驾北征，抵达饮马河。鞑靼大汗本雅失里率众迎敌。杨洪首先杀入敌阵，缴获其人口、战马、骆驼献捷。本雅失里大败，仅率 7 名骑兵，仓皇西逃。朱棣大喜过望，称赞杨洪是"将才"。

宣宗时期，朝廷针对敌情，计划在西猫峪（今河北赤城马营乡）这一战略要地，置兵马营，以备边塞。

此时，杨洪在塞外永宁、赤城、独石一带征战、驻守已有 20 余年，对当地情况十分熟悉，朝廷命杨洪在此筑城并驻守。杨洪率领 1 万人在荒山野岭的荆棘丛林之中，筑起城堡、建立烽火台，1 个多月筑好。杨洪召集众将士说："现在城已筑好，吾与尔等孤悬一城，从此长期驻守在这里，在这穷荒边塞，人在则城在，城毁则人亡。我们大家一定齐心协力、死守此城，切不要怀有二心。"杨洪与将士同甘共苦、共守边塞。这样便有了"马营"军事要塞。宣德八年（1433），杨洪以马营城为大本营，率兵追剿蒙古士兵，败敌于红山。

杨洪因为战功卓著，由偏将升至都督。正统十三年（1448）秋，67 岁的杨洪受命挂镇朔将军印、充总兵官，接替郭玹镇守宣府。

杨洪能用奇兵，遇敌必捣其虚，或出其不意，善于劫营。李贤称赞杨洪用兵灵活，"在边校之诸将纪律严，士卒用命，为一时巨擘"。

一日，瓦剌人又来了，不敢靠近宣府。杨洪晚上派人劫其大营，瓦剌士兵害怕地说："以我两人，不能敌宣府军一人。"

几十年明朝边境宴然，只有朵颜三卫等百骑或数十骑小毛贼来骚扰，然而来了不是被杀，就是带头的首领被抓，讨不到任何便宜。

曾当过内阁首辅的陈循，称"石亨、杨洪及其儿子杨俊，皆今日之善战者"。他读《史记》，读到齐威王的臣子檀子守卫南城，而楚国人不敢进犯，不相信会有这种事情，看到昌平侯杨洪守卫北边，善战之声远近闻名，瓦剌士兵不敢轻进，才相信真有这种事。因为杨洪有巨大的威慑力，"亨及洪父子，又皆虏所畏惮而不敢攻大同、宣府"。

瓦剌人很怕杨洪，脱脱不花、也先经常写信问候他，并送以良马想软化、收买他。每次遇到这种"好事情"，杨洪都谨小慎微地踢皮球，一一奏请朝廷定夺。

英宗出于维护边塞和平的需要，让他接受对方的良马，对北边诸部以礼相待。

自朱棣到英宗，杨洪守边40余年，以敢战、善战升至大将，备御宣府之时，更是号令严肃，兵强马壮，声震南北，瓦剌士兵对他十分畏惧，称其为"杨王"。

杨洪还有一名得力助手——纪广。

纪广以前是守卫居庸关的一名卫卒，投到王振门下，攀上了高枝。在比武大会上，王振以纪广成绩第一，提拔他为都督佥事。

纪广是个有本事的人，有胆略，对阵瓦剌军队时，未尝畏惧。

正统六年（1441）三月，英宗让英国公张辅及五军都督府兵部臣，选拔军事人才。

当月，张辅等推选署都指挥佥事指挥纪广等44人。英宗说，为将非熟悉韬略不可，纪广等人读《武经》《百将传》，讲究方略，练习武艺，可以试用。

试用后果然不错。纪广被任命为右参将，镇守宣府，不久升右都督，充总兵官，佩镇朔将军印。

这次，明军到了宣府，以为到了安全之地，英宗和王振又开始磨叽起来。

英宗升都指挥佥事纪广为后军都督佥事，仍任右参将。

当天，派遣国子监祭酒萧镃拜祭先师孔子。

当时，有人向皇帝提出，应当留在紧要之地，相机御敌。

袁敏当时按要求留在宣府。据他后来说："臣知胡寇猖獗，所谋非浅，即于营中具本奏：留大将一员，统领官军三四万及臣等报效之人，相机于要紧之地驻扎，以抵御房骑突冲。于时，太监王振专权，不留官军，只留臣等九百人，于宣府总兵官杨洪处操备。假如当时皇帝用臣所言，命令将屯兵于宣府城南或鹞儿岭扼塞之处，纵使房贼欲击大营，而此必能御敌。岂致一败至于如此之甚乎？此实王振专擅之罪。"

袁敏的正确意见没有被采纳。英宗和王振显然对形势之危缺乏正确判断，对自己的能力估计有误，军事盲动主义占了上风。

英宗如果让杨洪带兵，而不是王振，土木堡之变或许就不会发生。而实际上，杨洪只不过是个看客，没发挥什么作用。

英宗御驾亲征前几天到达沙岭（今河北经开沙岭子）时，召杨洪入见，命他随驾，又命令他守卫阳和山二口。

英宗这次到达宣府后，命杨洪为殿前将领，继而又命他回来坚守宣府，自己率军向北京撤军。

英宗刻意削弱宣府、大同两大军镇的兵力，将大部分官军编入亲征军，只留杨洪、袁敏等900人守卫宣府。英宗这么做的目的，是以杨洪为诱饵，引诱也先来攻打，从而与瓦剌主力决战。

朱祁镇就这样错失了拯救自己的机会。

兄弟战死

打又有点想打，留也不想留，跑又不快跑，明军就这么慢悠悠地撤出宣府。也先大军已经从后边追袭而来。

八月十一日，明军到达宣府东南，又开始磨叽，派遣驸马都尉焦敬祭祀大社、大稷。古代以社为土地之神，稷为谷神，皇帝以社稷作为国家的象征。

八月十三日，英宗到达雷家站，听从宁远伯任礼的建议，升甘肃副总兵王敬、刘震，都为右军都督金事。

八月十四日，明军正要启程，杨洪从宣府发来谍报：房众，袭击我们断后部队。可见，瓦剌军骑兵已经尾随大军追上来了。

英宗停下不走了，准备和敌人决战。

英宗派 24 岁的恭顺伯吴克忠、都督吴克勤两兄弟，率本部鞑靼骑兵断后，回击也先骑兵。吴克忠的儿子吴瑾也随父亲御敌。

让吴克忠断后，是因为英宗看中他骁勇善战。吴克忠为凉州人，镇守凉州多年。正统九年（1444），剿平虏寇，加太子太保。

也先骑兵突然到来，骤然开战。吴克忠果然勇猛，也先不胜，被杀退。但是随后也先骑兵占领了山上的制高点，形势就不利于明军了。敌人居高临下往下射箭，飞矢如雨，还搬起山上的大石头、小石头，重重地砸下，致使明军死伤惨重，溃亡殆尽。

吴克忠跳下马来，向敌人跪射，不一会儿矢尽，也先骑兵围了上来，向他攻击。他扔掉弓箭，挥动长枪，枪枪见血，杀了一个又一个，杀敌多达数十人，由于寡不敌众，英勇战死。

弟弟吴克勤也战死于阵中。唯有吴瑾逃走。也有记载称，吴瑾当时守护父亲、叔父尸首，拒不逃走，为敌人生擒，后放回北京。

英宗得知两兄弟战死的消息，已近傍晚。

此地距离怀来城仅 20 里。大家都说赶快进怀来城。其实，阿剌知院已经在前方等待他们了，跑已经来不及了，但不跑情况更加糟糕。

邝野再次上章：请求疾驱入关，重兵殿后。

大家都看到形势很严重，两次大战都全军覆没。这也先就是战争狂魔。然而王振不准大家疾驱入关。他要和心爱的财宝在一起。他本人的千余两辎重，还没跟上大部队，远远地落在后面。相比起来，士兵的性命就是草，而这些财宝就是他的命。

贪心的人，就如金山上的拾金者，表面看是死在烈日下，其实是被自己的贪欲害死。

老尚书邝野又来到皇帝的行殿，请求疾驱进入居庸关。

居庸关工事坚固，易守难攻。逃进居庸关，就等于逃出了鬼门关。

你个老东西，不听我的命令，还聒噪什么？王振大怒，冲邝野大声呵斥："汝腐儒一个，安知兵事？再言必死！"

邝野毫不惧死，怼他说："我为社稷生灵说话，何惧！"

王振更加恼怒，呵斥左右赶快将他拉出去。

士兵们像拖死狗一样，把邝野拖出了王振的大营。

邝野与王佐，两个尚书知道处境危险，即将大难临头。只要有王振在，无论什么正确的意见都没用。两人绝望了，在帐中相对而泣，束手无策。

王振要等他的财宝，拿出了他的王牌部队——派遣成国公朱勇、永顺伯薛绶，率4万人（《明英宗实录》记载4万，《明史》写5万）迎战也先。

鹞儿岭中伏

那么，朱勇能力如何？

朱勇，凤阳怀远（今安徽蚌埠怀远）人，为太傅、成国公朱能之子，又是个"官二代"。

朱勇自幼读书不错，性情恭谨。朱棣委以心腹，付以兵权。宣德初，随宣宗亲征朱高煦。朱勇建议兵贵神速，全速前进，为宣宗采纳。大军直抵青州城下，迫使朱高煦出城投降。宣德四年（1429），听从都御史顾佐建议，宣宗解除了张辅的兵权，命其朝夕顾问，而兵权由朱勇替代。

这样，朱勇就成了军队的头号人物。然而，他的才能比张辅差得远。

《明英宗实录》评价朱勇：须髯猬张，而勇略不足，但是这个人性格好，礼遇士大夫，得到士林的赞誉。

王世贞评价朱勇性格胆小："朱勇身材高大、赤面，须髯张开如戟，引人注目，而内心胆小怯懦。无他技，颇能折节礼遇士大夫，因此负有儒将之名。"

就是说，朱勇貌似红脸关羽，军事才能不高，但是情商高、人缘好。世袭制度下，选人就是这么选的，老子英雄儿好汉，老子是军队一把手，到了儿子，他估计又是一把手。相比起来，从底层一步一步上来的人，一般到了将领的级别时已经老了，帅才只有"官二代"垄断。能打的上不去，上去的不能打，这个是世袭制度对军队战斗力的损害。

朱勇看到京军数量少的状况，唯恐京军不能居重御轻、保卫首都，请选天下10万精兵充实北京军队。

尽管身处高位，但是朱勇真正打仗的机会不多，基本是一些小仗。

朱勇跟随过朱棣北征大漠。

宣德三年（1428），朱勇和监军太监郭敬一起，来到刘家口，直抵女直哈剌哈孙等处，俘虏男女 500 人。

正统九年（1444），朱勇与监军太监刘僧统兵出喜峰口，在富峪川、热水川两次击败瓦剌军队，规模都不大。

因为打仗少，朱勇对战斗过程的处理，十分欠缺火候。

这次打也先，前方传来一个不好的消息——朱勇冒险而进，在鹞儿岭败没。他率领的骑兵中了埋伏，被也先包了饺子。

原来，成国公朱勇、永顺伯薛绶率几万骑兵前去，疾驰 50 多里，到达鸡鸣山的险要地段。此处山峦起伏，重重叠叠，人烟稀少，仅有几座茅舍，由于地形险要，适合打伏击战。宦官、监军刘僧不了解地形，贸然率部突入隘口，迎击敌人前锋。

朱勇、薛绶稀里糊涂挥兵跟进，敌人故意边打边撤，诱敌深入。

朱勇、薛绶突入隘口后，杀伤甚多，但是也先大部队早已埋伏在鹞儿岭两侧。待明军进入口袋阵后，瓦剌兵于大山的两翼邀阻夹攻。

朱勇有勇无谋，被杀。

薛绶为蒙古人，永顺伯薛斌的儿子、大将军薛贵的侄子，年幼丧父，靠伯父铺路，又加上骁勇善战，登上高位。

此时，薛绶弓弦已断，箭头用尽，还手持空弓，击打敌人。瓦剌兵大怒，将他杀害肢解。战斗结束，瓦剌兵才知道他也生在草原，敬佩地说："此吾同类，勇健如此！"不少人为他哭泣。

明军几万人被杀之殆尽，全军覆没。

杨士奇后来经过此地，创作了一首五言律诗《重过鹞儿岭伤用道长史》来追忆这场战斗：

> 荒山千万叠，茅舍俯河滨。
>
> 岂意清明世，翻为憔悴人。

命穷身不返，志屈道还伸。

为洒重来泪，平生心所亲。

追抚昔日的战场，只有在荒山用一把老泪来告慰死去的英魂。

也先只略施小计，就把王振的王牌军干掉了。

明军已经没有选择，继续逃吧，下一步就是死亡之地——土木堡（今河北怀来东南）。

以前，每天晚上扎营，王振必预先派遣司设监太监吴亮，早早去侦察地势，选择适合扎营的地方，大军再停下来住宿。

但是这一次，由于一再失利，王振已经情绪大乱，既惭愧又恼恨。

在这种躁狂情绪的支配之下，王振没有让太监吴亮侦察地形，直接在土木堡扎营。

是王振惊慌失措了吗？还是他自信还能打得过也先呢？

答案并不清楚。只是王振传令：大军在此宿营，明天继续前进。

没有比这更蠢的命令了。因为土木堡的地形并不适合驻军。然而，因为王振已经把懂军事的大臣折磨得没有了脾气，所以没有人站出来指出此地不宜久留。

土木堡这地方地势较高，形似船形城堡，南北长约 500 米，东西长 1000 米左右，城墙高六七米。既然有城防，他料想也先骑兵暂时还攻不进去。

这个地形实际上很容易被攻破，是一条死路，还不如山东孟良崮居高临下的地形。

无水之堡

最致命的缺陷是，这里地高无水，没有任何水源！

连唯一的饮用水源都被切断，在人饥马渴的情况下，人的战斗意志完全丧失，是不可能打胜仗的。

王振已经犯了许多兵家大忌，其中后勤保障糟糕是一大原因。明军长期在风雨中辗转，苦不堪言，军粮不备、军械不习、运输不及时，现在连一点水都没有了。

八月十五日，英宗想继续行进，但为时已晚，也先的部队已经包围了土木堡。

土木堡没有水，附近也没有。士兵们掘地两丈多，在这样的深处仍然不见水的踪影，到处愣是找不到一滴水喝。只有南面 15 里处，有一条河流，但是早已经被阿剌知院占领。

王振没想到会这样，醒悟过来时已经太晚了。

渴！渴！渴！

明军的士兵们从来没有感到水是如此珍贵。绝水终日，人马饥渴，大家嗓子渴得直冒烟。明军陷入了绝境。

最后的一点水，留给了王振和英宗。

也先这下吃定了王振，趁着夜色，开始进攻，分道从土木堡旁边的麻峪口，试图攻进土木堡。

明军守口都指挥郭懋拼死打了一整夜，然而敌人就像赶不走的苍蝇，越打越多。

郭懋是金吾右卫指挥使，以弱势兵力在隘口英勇奋战，杀得难分难解。

明军一夜惊扰，无法睡去，第二天，脑子越发昏沉沉的。

夜晚，瓦剌兵分批上阵，退下来的士兵，在两匹马之间架上"秋千"休息，让随行的猎狗在边上"看家"报警。

打到第二天，接近中午，一直作战、疲惫不堪的明军已经一两天没有喝水了，渴得嘴唇干裂，吃不下食物。天上无雨，地上无风。士兵们怨声载道，骂不绝口。

南面 15 里处的一条河流，水就在那里流淌，但是没人组织去抢水。

在这种情形之下，逃出去不是不可能，要么有拼尽最后一个人的勇气，要么有以计退敌的谋略。

绝境之下，破局一定要有神人出现，为了保命，什么手段都得用上。

白登之围时，刘邦和先头部队被冒顿单于的 40 万匈奴大军围困 7 天 7 夜，陈平献计，贿赂冒顿单于的妻妾阏氏，才说服冒顿单于放走了刘邦。

可惜，当时没有一个高级文官有陈平的计谋。即使有，也已经被王振折磨得没有了任何积极性。

就这样崩溃

明军大崩溃是迟早的事情，犹如一个油桶，还差一颗火星。

详细经过是这样的——

英宗车驾欲启行，但是也先的骑兵绕营窥伺，根本走不了了。两军相持，老奸巨猾的也先使了一计——诈和，派遣一名使者跟明军交涉，说要讲和。

英宗召来曹鼐，起草诏书，派遣两名翻译随瓦剌使者回去见也先。

也先接到诏书，伪装退却。

他们将土木堡南面的河水让出，暗地里设下埋伏，专等明军过来争水。

王振没有打过仗，根本不是老狐狸的对手，以为瓦剌军真的要议和。

剧本完全按照也先的设计来演。王振果然上当，下了最后一道致命的命令——

向南移营就水。

这个命令下达之后，明军的命运走到了尽头，他自己的生命也随之完结。

起营之时，南坡忽然出现了许多穿着明盔、明甲的人马来迎接，跟明军一样的装束。大家以为都是自己人，其实不过是瓦剌士兵伪装的。

明军哨兵也没报警，没做任何防备。这支人马很快逼近皇帝的座驾，准备活捉朱祁镇了。

大家毫无纪律，纷纷奔向河边，行军秩序大乱。

明军南行不到三四里，意想不到的事情发生了！

瓦剌大军突然折回，重新把他们包围起来！原来，让他们喝水，不过是一个诱饵。瓦剌士兵四面发动致命的攻击，箭如雨下，满天都是恐怖的、夺命的箭。明军毫无心理准备，有的甚至为了喝水，跑得快一些，脱去了身上的盔甲。

不大一会儿，宦官、将军们的身体上，插满了射来的箭，一个个被射得如同刺猬。

还没死的明军士兵，溃不成军，狼奔豕突。大家都恨少生了两条腿，好快点逃出这箭雨的范围。逃跑的人太多了，大家自相践踏。

安插在明军之中的高层间谍、宦官跛儿干也开始了反攻。

跛儿干，本是归降的蒙古人，任御马监少监，不过几十年身在皇宫，其心却在草原。

御马监是何等的职位！掌管御马、养马、驯马，更重要的是，他统领禁军，包括腾骧四卫及勇士营。

养马就是挂个名，其实就是为皇帝提供宿卫、扈从，防奸御侮，保卫皇帝的安全。要是禁军造反，这个皇帝基本也到头了。

天天在皇帝身边活动的高级武职干部，居然是瓦剌的间谍！

难怪瓦剌每次都能洞悉明军的去向，这肯定与跛儿干的通风报信有关。御马监的腰牌，居然也曾经出现在瓦剌人的地盘。

跛儿干此时撕下内鬼的面具，帮助瓦剌兵反攻，一箭射死内使黎定。（正统十四年，即公元1449年十月，跛儿干作为也先的使者，来索要东西，被朝廷擒获，予以诛杀。）

明军中，有大批军队倒戈，皇帝身边的禁军越来越少。

然后瓦剌铁骑发动凶猛的攻势，四面出击，像一群狼遇见了羊群，突入明军阵中，拿着长刀左右砍杀，大喊道："解甲、投刀者不杀！"

听到喊话后，又饥又渴的明军，纷纷照办，竟无一人拿刀枪战斗。

士兵们都解甲去衣，袒露胸腹，坐着等死，没有任何战斗意志，如同一具具僵尸。不投降的人，早吓破了胆，四散而逃，像无头苍蝇一般自相践踏，死者堆积如山。

为什么会狼狈成这样？

实质上是由于军户制度此时已经腐烂透顶，军队缺乏战斗力。杨善后来解释说："太平日久，将卒相安，况且此行只是扈从随驾，初无号令对阵敌人。因四方无虞，士兵只修军营、寺宇而已，何曾操习？被尔虏兵陡然冲突，如何不走？"

原来就连最精锐的部队平时都不务正业，成天修房子、修庙宇，缺乏基本的操练，一打仗就成了待宰的羔羊。大家以为这趟出来就是扈从随驾皇帝旅游，没有听到要对阵敌人的号令。在王振的指挥下，一切全乱套了，士兵们连一声发动进攻或者后撤的号令都听不到了。

战争结果就是：明军10多万人中一半受伤，三分之一的人死亡。20余万匹骡马以及衣甲、兵器，尽为也先所得。

朱祁镇傻眼了，这不是他想象中的亲征，也没想到王振如此无能，没想到将军们都如一只只瘟鸡，士兵们都好像手无寸铁的胆小鬼，一切都烂透了，大势已去。

英宗起初还与几名亲兵乘着马，奋力突围，然而冲不出去。朱祁镇甚是绝望，他知道：一切全完了，保命要紧。

朱祁镇索性跳下马来，面向南方，盘膝而坐，等待就缚。

身边唯有宦官喜宁随侍。

接下来的8年里，他将作为一名顶级的演员开始绝佳的表演，剧本的主题就两个字：保命。

护卫将军樊忠，是名陕西大汉，天生神力，平时勇武无敌，耍得一手好锤，因此在英宗驾前保卫安全。此时，早就对宦官王振愤恨至极的樊忠，拿起铁锤，向王振头上砸去，大喝一声：

"吾为天下诛此贼！"

话音未落，只一锤，将王振砸得脑浆迸裂，尸体歪倒在地上。

王振所有的阴谋，至此收场。

樊忠这潇洒、正义的一锤，结束了这个无能贪婪、无比显赫、自信膨胀、刚愎自用、不懂装懂的太监可耻、荒谬、可怜的一生。

暗无天日、黑白颠倒、鬼魅横行的一个时代落幕了。

完成了历史使命的樊忠，挥动铁锤突围，杀死数十人。一个又一个瓦刺兵倒在他的大铁锤下。别说是人，就是那飞奔的马匹，只要挨上这一锤，也得立马倒地。

瓦剌兵看他过于勇猛，不能近身格斗，一起用箭射他。

樊忠被乱箭射死，年仅 49 岁。一双大铁锤，再无如此勇猛的主人。

一名瓦剌兵冲上来，索要英宗的衣甲，朱祁镇不给。

这名士兵拿刀就要杀他，他的哥哥赶忙制止，说："此不是凡人，举动与别人不同。"

朱祁镇没有武器，手无寸铁，看起来好好的，身上没有一点伤，衣服还穿得这么亮，应该是个大人物。

兄弟俩将英宗俘虏，拥出雷家站，簇拥着他去见也先的弟弟赛刊王。

见到赛刊王，英宗并不慌张，抢先问道："你是也先吗？还是伯颜帖木儿？你是赛刊王？还是大同王？"

赛刊王听完，也不答话，料想他不是一般人，大惊之下，立即飞驰而去，报告也先。

赛刊王说："我部下抓获一人，样子甚是奇异，难道是大明天子乎？"

也先非常惊愕，不敢相信自己的耳朵，自个儿思忖：世上的成功难道就来得这么轻而易举吗？看来，大元一统天下有希望了。他立即找来去过北京的两名使者去辨认。

二人一见，果然是英宗，大惊道："是也。"

也先喜不自禁，说："我常告天，求大元一统天下，今果有此胜。"

问众人，抓到这个活宝，该怎么办？

其中一人叫乃公，头脑简单，大言道："老天以仇人赐给我，不如杀之。"

伯颜帖木儿这时出现了，从此成为保护朱祁镇的贵人。

他为瓦剌贵族、也先的重臣（一说为也先的弟弟，一说为阿鲁台太师的儿子），统率瓦剌的左翼诸鄂拓克。

伯颜帖木儿闻言大怒，手指乃公，冲也先叫道："那颜（意思是大人）！怎么能让此人在这里！"

他将一只大手捂在乃公脸上，冲他吼道："快滚！滚！"

伯颜帖木儿力言："两军交战，人马必会中刀箭，或践踏受伤，或被压死。今大明皇帝，独独不被践伤、压死，身体也没中刀箭，而问那颜、问我等，无惊恐之色，无怨怒之语。我等久受大明皇帝的厚重恩赏，虽老天有怒气，推而弃之于地下，而未尝使其死亡，我等何必去违反天意呢？那大人派遣使者告知中国，迎回天子，大人不是有万世好男子的美名吗？"

众人皆表示赞同。

也先也点头同意。

也先还算客气，以君臣之礼拜见英宗，致礼很是恭敬。

英宗刚才还惊魂未定，看到也先没有伤害自己的意思，一颗悬着的心才慢慢平复下来。

于是，也先将英宗送回伯颜帖木儿的大营，命令他们仔细看护。

此战中，明军数十万人全军覆没，从征的文臣武将几乎全部战死。

太师英国公张辅，泰宁侯陈瀛，驸马都督井源，平乡伯陈怀，襄城伯李珍，遂安伯陈埙，修武伯沈荣，都督梁成、王贵，户部尚书王佐，兵部尚书邝野，吏部左侍郎兼翰林院学士曹鼐，刑部右侍郎丁铉，工部右侍郎主永和，都察院右副都御史邓栗，翰林院侍读学士张益等，52名跟随英宗远征的大臣，皆死于混战之中。

这个领导机构里，真正懂打仗的人很少，武官不多文官多，其实就是把朝廷搬到了战场上。军事决策都由王振和英宗朱祁镇两个人嘀嘀咕咕暗箱操作，大臣们大多说不上话，即使说了王振也不听。

兵部尚书邝野死了，明代黄克修作诗《哭邝孟质》，称赞他"谏疏犹闻泣鬼神"，尽管意见不为王振采纳，也要为君王陈事，展现了性格中"真"的一面：

> 痛惜忠良志未伸，徒将殉难了完人。
>
> 乘舆不借罹戎马，谏疏犹闻泣鬼神。
>
> 道阻权奸惟自愤，冤悭心事为君陈。

缅思土木纷纷者，谁尽先生一点真。

大理寺右寺丞萧维桢、礼部左侍郎杨善、文选郎中李贤等数人侥幸逃出。李贤后来成为于谦倒台之后支撑政局的重要政治人物。

负责最有战斗力的神机营的镇远侯顾兴祖，丢下火器，也骑马跑了。

顾兴祖世袭了父亲的爵位，有一些军事经验。曾经任总兵官，镇压了广西叛乱。在土木堡的战场上，他的火器几乎没发挥什么作用，如果向也先骑兵狂轰滥炸，或许不会输得如此惨烈。他被对方凶猛的骑兵吓破了胆，一看势头不对，没怎么抵抗就溜之大吉。

顾兴祖一向偷奸耍滑。

六科给事中、十三道御史曾经交章弹劾他和广宁伯刘安，偷偷侵占每月支给士兵的钱款，宜按照法律进行惩处。英宗没有惩治，只是告诫他俩不要再犯。

顾兴祖等人不朝参，又被弹劾，被停俸一年。

顾兴祖从土木堡逃回北京后，廷臣向景帝朱祁钰交章弹劾，随驾的失机总兵官、公侯、驸马、伯、镇远侯顾兴祖等人，无谋无勇，不义不忠，受制奸臣，但求阿附，贻忧圣主，遂致蒙尘，流血成河，暴尸遍野，磔其尸不足以纾解列圣在天之愤，食其肉不足以抚慰四海切齿之心，乞求将各官明正典刑，籍没家产。及武臣太师英国公张辅等、文臣尚书、侍郎、都御史、学士等官、王佐等，同时扈从，并无协济之功，未审存亡，难逃悖弃之罪，亦应追究罪责。

这些人把皇帝弄丢了，好多人战死了，朱祁钰却不想惩治这些人，说，你们说得都对，但是圣驾为奸臣所误，其扈从者，姑且置之不问。

朱祁钰心软，对这些战败者没有追究责任，体现了他的宽宏大量。

廷臣再次弹劾顾兴祖，审问后，顾兴祖被判处斩刑。朱祁钰下令将他下狱、禁锢。不过，顾兴祖运气不错，遇到朱祁钰登基，大赦天下，宽宥死刑犯人，这才捡了一条命。

顾兴祖、刘聚等人恢复了冠带，都当了副总兵，广宁伯刘安的罪行也赦免了，当上了总兵官，让他们领军杀贼。

顾兴祖后来参与北京保卫战，陈兵于阜成门，后又授予都督同知，把守紫荆关。

然而还是有人不想放过顾兴祖。旗手卫百户朱忠上奏，已经战死的成国公朱勇、逃跑的镇远侯顾兴祖以及修武伯沈荣，党附王振，朋比为奸，请按照太宗时期淇国公丘福丧师塞外的先例，都加以族诛。

这个的确够狠了，朝廷正在对抗也先之际，将军乏人，因此景帝驳回说，此事发生在大赦之前，不要追究了。

景帝又命顾兴祖为左军都督同知，刘安为右军都督同知，刘聚为中军署都督佥事，同罗通、杨俊一起巡关，修筑要塞以及沿边的关隘。这样，顾兴祖在战场上逃跑之事，就算过去了。

只有极少数将领在大战中被俘虏。忠勇伯蒋信曧从北征，在土木堡落入敌手。

蒋信原名把台，蒙古人，为忠勇王金忠的外甥，跟随金忠投降朝廷。

被俘后，也先让蒋信隶属自己的弟弟赛罕王的帐下。

皮儿马黑麻赴北京朝贡时，带着把台的旧部下达官伯颜答里，对于谦说了把台的情况，说把台在漠北经常有南归之心，只是无计可脱。

把台一心想回北京，时刻思念着北京的一切。他在漠北尽心保护着朱祁镇，每次见到英宗，必伤心恸哭。

英宗回到北京后，把台也跟着一起上路，回到了日思夜想的北京。

世袭制度的没落

从阵亡高官名单里，我们可以读出世袭制度的没落。

世袭制度分为政治世袭和经济世袭两类。先秦以来，中国实行世卿世禄的制度，上至皇帝、王，再至公卿、大臣，下至士、农、军户，他们的爵位、封地、官职或者职业都是父子相承。这种世袭的传承可以一直传承下去，直到爵位、封地、官职因为犯罪等原因被革除。

世袭制度，一方面有利于鼓励效忠、个人奋斗和职业传承，个人的奋斗可以为后世打下基础，直接转化为后代的政治遗产。

但是，世袭另一方面造成了阶层固化和不平等，"龙生龙，凤生凤，老鼠儿子会打洞"，发财当官要靠爹，不符合自由、平等的历史潮流。

这种不平等是统治者的制度人为造成的。人一出生就决定了自己的阶层，将个人背景和出身制度化，使人没有选择职业的自由，用人为的制度制造贫富贵贱。

底层的人下一代也是底层——军户的后代就是军人，农民的后代就是农民，乐户的后代是乐户，奴隶的后代是奴隶。底层的人很难通过个人努力实现阶层跃升，整个体制是一潭死水，没有活力，最后越来越僵死，激化了阶级矛盾。

下层人民要实现阶层跃升，只有通过科举制度这一条狭窄的通道，成功者只占极少数；或者通过军功晋级，但在和平年代，这条路也被堵死了。

而高阶层的官僚阶级下一代也是高层——皇帝、公、侯、伯的后代是贵族，官员的后代就是官员。世袭造成了一代更比一代强或者一蟹不如一蟹的两个极端。皇位的世袭由老大继承，幼儿、笨蛋、浪荡子、凡庸的人很多，一般是一代不如一代。这样就造成鞋子和脚不匹配，才不配位，而人们的普遍意识是可以让具有才能和美德的人拥有更多的权力和财富，而没有才能和道德的人则不配拥有很大的权力和大量的财富。

土木堡之战中，有一个人的死最为可惜，他就是太师、英国公张辅。

张辅是世袭制度成功的典范。父亲是河间王张玉。朱棣起兵，张辅跟随父亲征战，任指挥同知（从三品）。张玉在东昌之战战死时任都指挥佥事（正三品），中军主帅（死后升一级，赠都指挥同知，从二品）。

张辅继承父亲的职位，属于"嫁接"式，从从三品直接任正三品的都指挥佥事，参与夹河、藁城、彰德、灵璧等地战斗。建文四年（1402）六月，随朱棣攻入南京，升任都指挥同知（从二品），积累了卓越的战功。作为威震东亚的名将，张辅身经百战，帮朱棣夺江山、打安南、征漠北，几乎没有败绩。

在当时王振擅权、文武大臣望尘顿首之下，百官无一人敢与王振平起平坐，唯有古稀老人张辅可以与他分庭抗礼。

张辅个人品德极好，气度不凡，不苟言笑，治军如山，而心实宽厚，治家有礼，尤其礼敬士大夫。张辅能远离权势之人，懂得机变，贵而不骄，富而不侈，很受天下人推崇。

有人批评张辅没有发挥应有的作用，跟随英宗出征，却不参与军政，竟曲从一个腐竖，每天默默无声、混吃等死，就像木头人一样，只为保全官位、爵位。智老而偷生，才会导致大祸。

也有议者批评张辅，以勋戚大臣的身份，受皇帝遗命辅政，为国家所倚重。当初讨论英宗是否亲征时，张辅默不作声，不能陈述利害，进谏予以制止。等到了危急之际，又不能痛折权奸王振，没有分兵拒敌，以致土木堡大败，未能死得其所。

批评当然对。只是张辅能发挥的作用也是有限的。王振作为一个大太监掌权，没有人奈何得了他，只有英宗可以约束他，连英宗本人都对王振迷信不已、放任自流，张辅这样一个 75 岁、没有兵权、淡出权力中心很多年的老头，又有多大的能量能约束得了王振，从而改变历史走向呢？

张辅智老偷生的结果，换来了身后名。他死后，朝廷派遣礼官谕祭，命有关部门隆重安葬，追封他为定兴王，谥号"忠烈"。他的后代也都做了大官。他如果对抗王振，说不定这些世袭的好处都没有了。同样是由于世袭制度的固化，张辅不能发挥应有的作用。

同样是世袭，有些人接替父亲不高的职位，从基层一直当到大官，还是很有军事才能的。

王贵，凤阳霍丘县（今安徽霍邱）人，世袭父亲职位，累功至都指挥使，升右军都督佥事、都督同知，镇守肃州。后调中军署。

陈怀，庐州合肥县（今安徽合肥）人，代替父亲职位，为通州卫千户。靖难之役，累功至本卫指挥使。永乐初，升辽东都指挥佥事，从征安南。又以军功升山西行都司都指挥使、右军都督同知，任参将，镇守陕西、宁夏。宣德年间，任总兵官，统领陕西等处官军，征剿松潘番寇，升左都督，仍任总兵，镇守四川。正统年间，领兵出古北口等处，有功封平乡伯。陈怀为将，军事理论功底很好，对兵书爱不释手，且终生保持了这一爱好。

还有皇帝的女婿、大比武冠军得主井源，展现出了血性，跃马挥刀，力战群敌，将不少瓦剌兵砍落马下。井源身体多处受伤，鲜血淋漓，终因寡不敌众，战死疆场。

除了张辅等少数人外，用世袭制度选出来的高官，如果没有从基层一步一步上升的经验，几乎很难打仗——

陈瀛，扬州府泰州人，世袭哥哥的爵位，为泰宁侯。

李珍，直隶和州人，世袭父亲爵位，为襄城伯。

陈埙，四川巴县人，世袭父亲爵位，为遂安伯。

沈荣，直隶滁州人，世袭父亲爵位，为修武伯。

这些人都在混战中默默地死了，没有什么英勇事迹。

土木堡之变发生时，脱脱不花大汗率领的另一支瓦剌军，进攻辽东。3万大军猛攻广宁城（今辽宁锦州北镇），明军紧闭城门防御。脱脱不花攻打3个昼夜，未能攻破，于是撤退。

退兵之时，将沿途据点、驿站、屯堡尽数破坏，劫走1万多人口以及6000多匹马。

第四支进攻甘肃的瓦剌兵，也给当地造成重创。明军总兵任礼、太监刘永诚没有被皇帝治罪。

《明史》总结土木堡之变中军队衰弱的原因，主要是军队从上到下素质不行，主要表现在将军是纨绔子弟、不懂军事的门外汉宦官监军，再者很多军人平时干的是劳役，或者可以付钱不去当兵或者不干活，军队没有军纪，不抓军事，没有几个真正的军人，这仗还怎么打？

谷应泰则从主帅无能的角度，评价土木堡之变——

寇准学术深厚，可以作战，而宋真宗接受耻辱盟约；王振缺少方略，不可以开战，而明英宗骤然开启战端。所以澶渊之会，以慎重行事而丧失成功的机会；土木堡之变，又以轻易为之而至于失败。王振倡谋，喜宁反噬，虽一个死于沙场，一个死于斧锧（指喜宁被斩首），而罪行罄竹难书，身死而无法抵罪。

史学家谷应泰指出，王振胸无谋略，仓促开启战端而失败，实在是罪不可赦，死有余辜。

土木堡的失败，是仁、宣之治后整个朝廷政治、军事、经济的失败，也是王振宦党的失败，印证了整个明廷未能清除自仁宣之治时便广泛存在的弊政，反而在王振的摧残下再添新伤，变得极其腐朽和无能，使明朝从盛世向衰世转化。所以，英宗被俘看起来是极其偶然的事件，其实背后也蕴含着必然。无论走哪条路线，在也先和阿剌知院前后围追堵截的情况下，结局都不太会好。

对王振行为的解读有两种：一种是王振被也先当蠢猪宰了，只不过是重蹈李景隆的悲剧。本来，有多大能力就给多大权力，于国于己都有利。但是王振无能，却被委以重任，到头来不仅把自己累死，更是把国家拖垮。

然而，从另外一种方式——"赵高式"来解读，或许可以发现一种新的天地。赵高就是故意干掉了扶苏，杀掉了秦二世，梦想自己当皇帝。

如果王振的出发点只是把英宗送进也先的虎口，在大同有死党郭敬帮忙，可以得手，或者在土木堡，让英宗被也先活捉或者死于混战，而他幻想自己逃出来，回到北京主宰政局，那么他无疑是全世界"最好"的导演。

只是，王振的生命没办法按照自己的想法延续，被护卫将军樊忠一锤了结，此后便没有然后了。

当然，王振想谋害皇帝，只是一种猜测，尚无证据支持。

四、顶尖的保命术

英宗朱祁镇被俘后，太监喜宁等一批人投降。

也先劫持英宗朱祁镇，妄图以英宗朱祁镇诈开各大城池，进入北京，夺回元顺帝丢失的皇位。

因为也先毕生的理想就是做大元皇帝，一统天下。这次他为爷爷报了仇。朱棣北征打败顺宁王马哈木后，后者于永乐十五年（1417）郁郁而终，他的儿子脱欢继承顺宁王的称号，直到孙子也先执政，才干了一件比较爷们儿的事儿——俘虏英宗。

这也是也先不杀朱祁镇的原因，妄图得到更大的利益。

朱祁镇当前最大的任务就是保住自己的命，使出浑身解数，顺利回到北京。他先要物色一群帮手。

在雷家站，锦衣卫校尉袁彬听到英宗的消息，来见朱祁镇。

朱祁镇问道："能识字否？"

袁彬回答说"能"，朱祁镇就让他留下，随侍左右。

朱祁镇开始了自救，当天就让袁彬立即写了一封书信，交给千户梁贵，让他回北京去取九龙蟒、龙段匹以及6托珍珠、200两黄金、400两白银，送给也先，以稳住对方。

也先粮草不够，开始退兵，由土木堡方向撤退，很快到达宣府城南。

宣府闭城

镇守宣府的总兵不是别人，正是名将"杨王"杨洪。

八月十五日，英宗在土木堡被围困时，杨洪总兵确实在宣府，没有出城营救英宗。

当时就有人劝他，率领留下的900人，赶快冲出敌人的包围圈，帮助皇帝突围。杨王摇头拒绝了。

有人认为，杨洪惊惶无措，闭门不出。若土木之围时，杨洪能够带兵救援，必无这次大败。

这不过是不切实际的书生之论，夸大了杨洪的作用。

杨洪确实闭城不出，除了坚守，什么也没有做。可他即便是带900人出击，对阵上也先的十几万人，也无异于送死。

历史上单枪匹马救主的人不是没有，但也是极少数。现在杨洪已69岁高龄，别说万军之中去救皇上，就是活着、能吃饭已经很不错了。

现在，也先逼迫英宗写下开门的手谕，传旨告诉杨洪、纪广、朱谦、罗亨信，赶快开门来迎接。也先试图诈开城门，攻占宣府。

杨洪识破此计，打开城门肯定完蛋，令士兵收下皇帝的手谕，并对城下也先的骑兵说："我们所守的是皇上的城池。现在天色已晚，不敢开门，而且杨洪已经去了别处。"

也先无法，渡过宣府河，向北而去。

先前，土木既败，边城多陷，宣府孤危。宣府四面皆是也先的骑兵，一天警报响起三四次。英宗既被俘，边城官兵更失去斗志，纷纷弃城逃散。数十万边民被也先的军队掳走或杀害，人民受的苦难太大了。

只有一人主张死守宣府。他就是东莞硬汉、巡抚大同和宣府的副都御史罗亨信。

罗亨信，进士出身，经营边关已经多年。正统五年（1440）三月起，巡抚宣府、大同，督理军卫屯种。他在边20年，履职尽责，对边事无不周知，所行大多得当，明敏负才，遇事敢为。

只是罗亨信这时老了。

漠北地瘠民贫，天气苦寒，异常艰苦的条件使罗亨信的身体健康每况愈下。风沙弥漫的时候，他的眼泪止不住地流淌，眼前模糊一片，什么也看不清。听觉衰退得厉害，患了严重的耳鸣，耳中总是隐隐有雷声，轰隆隆地作响。"趋朝上马须扶插，奉使乘轺怯往来"，体力也跟不上了。

有北京的朝臣认为，宣府难以守住，朝议时，建议速召该城官兵入卫京师。

诸将皆欲弃城向南逃跑，只有罗亨信站起来表示反对。

他时刻思念家乡东莞，想退休回乡，但是现在战事紧急，还想做最后一点贡献。

罗亨信说，我73岁了，受朝廷大恩，国家危殆之际，只有以死相报。你们好自为之，切勿渎犯法律。他立誓，朝廷将这座城交给我，我一定要拼死守住它。

大家得不到真消息，散布谣言说朝廷将放弃宣府，于是，百姓纷纷惊慌失措地出城逃跑，扶老携幼，道路为之堵塞。

罗亨信来到南城门，拔出佩剑，坐在城门中间，拒绝任何人出城，下令说："敢言弃城者，斩。"

众人看到一个衰弱的老头，在城门里摆出决死的架势，他们受到了鼓舞，也不再出城了，纷纷回到家中。

于是，诸位武臣不敢动，众人开始有坚守宣府的斗志。城中老幼欢呼："吾属可以活下来了。"

此时，朝中也放弃了撤军弃城的意见。罗亨信向朝廷请求，严格失守之律，犯者必诛。景帝下诏予以肯定，赏赐金币，升他为右副都御史。

也先知道城中有备，不敢强攻，于是把人质英宗挟持到城下叫门。

英宗传命开城。罗亨信置身家性命于不顾，断然拒绝献城："我是奉命守城的，不敢擅开城门。"

朔风猎猎地吹，雪花纷纷地下，天地间白茫茫一片。城楼上，罗亨信面色威严，按剑危坐；守城的兵将，张弓拔弩，严阵以待；城中百姓万众一心，协助守城，连老妇、小孩都登上城楼帮忙。

也先见此场面，大为震惊，深感宣府不可得，只好押着英宗走了。

于谦也认为，万幸宣府一城，有杨洪坚守，虽不救土木之危，以解君父之难，但是足以为京师及居庸关之应援，接大同等处之声势，对京师保卫战有贡献。

明代藏书家项笃寿也肯定了杨洪、郭登分别坚守宣府、大同对北京保卫战的牵制作用："己巳之变（指土木堡之变），内有于谦善谋、石亨善战，外有杨洪、郭登善守。所以京师危急，而九服宴然，良由大同、宣府作为屏障。额森（也先）善战知兵，恐惧宣府、大同军队尾随其后，将有腹背交受敌之患，故长驱深入（北京），不敢持久，狼顾而去，卒以无成。假若杨洪、郭登浅谋，轻出失利，宣、大不守，灾祸延及京师，土崩瓦解之势，谁能控制得了呢？"

也先渡过宣府河，向北而去。当晚，大雨倾盆，天上炸雷轰响。

突然一声巨响，一道闪电从天空划过，击中了也先所乘的良马，马立即倒地死亡。瓦剌兵大惊失色。

当时的人很难理解雷击是怎么回事，以为是老天发怒了。也先感到不祥，感觉自己做错了什么事情，心情十分沮丧，此后对朱祁镇越发恭敬，认为是老天都在保佑他，自己不能加害朱祁镇了。

　　当晚，没有寝具，朱祁镇胡乱睡下，他提醒自己要时刻保持警觉。

　　夜半时分，朱祁镇命袁彬悄悄走出寝幄，窥视瓦剌兵有啥动静。

　　袁彬走出帐篷，看到有一道红光，覆盖在寝幄之上久久不散，觉得十分异样。

　　果然有瓦剌兵想来谋杀朱祁镇，看到有人防备，悄悄地溜走了。

　　第二天一早，也先又来了，在帐篷前向朱祁镇跪下磕头，进上饭菜，同时送上皮衣服和睡觉用的寝具。

　　朱祁镇又派遣喜宁同翻译岳谦等人，前往北京，嘱咐回来一定要带上所需的金珠和彩币。

第四章

社重君轻

一、一声断喝断人肠

为了让家里人知道自己还没死，赶快来营救自己，朱祁镇开始了自救，让千户梁贵带着他的书信回北京想办法，并去拿珍珠、黄金、白银等搞定也先。

之所以派遣梁贵，是因为他熟悉路线，办这事靠谱。梁贵带着英宗的手书出发，手书上详细写了被扣留的情况。

梁贵来到怀来，只见怀来城城门紧闭，不可进入。守将见城下有个人，认出正是使臣梁贵，遂从城头上放下绳子。梁贵把自己系好，上面的人一起使劲，将他拉了上去。

守臣再派遣人将手书送往北京，到达时已经是八月十七日夜晚三更，从西长安门入报。

这样，土木堡之战全军覆没的消息传到了北京，令整个朝廷震惊不已。京师立即实行了戒严。

民间还不知道英宗被俘。败退下来的士兵，陆陆续续回到北京，裹创累累，惨不忍睹。抓住一些人讯问，没有一个人知道英宗去了哪里。

深深的恐惧笼罩在每个人头上。整个北京，疲卒不满10万人，就是一群待宰的羊，似乎没什么战斗力。

靖康二年（1127），靖康之变的耻辱似乎再次来临了。当年，金军攻下北宋首都东京，掳走宋徽宗、宋钦宗二帝，劫持赵氏皇族、后宫妃嫔、大臣等3000余人北上，导致北宋灭亡。康王赵构从勤王的路途中转头逃跑，逃到南京应天府（今河南商丘），即位新皇帝，后又逃到临安（今浙江杭州），建都于此，后面便有了岳飞抗金的故事。

同样，也先扣留朱祁镇之际，悲伤解决不了任何问题，先救人要紧。

这个儿子，孙太后是非救不可的。土木堡之变后，孙太后实际成为决定政局走向的关键人物。没有她的正确决策，景帝和于谦便无职无权，难以发挥作用。

当天，孙太后得知英宗还活着，和钱皇后商量了一下，两人决定立即救人。

孙太后

那么，孙太后的能力如何呢？

孙太后是一个美丽、聪慧又有手腕的人物。

山东作为礼仪之邦，出过许多皇后。孙太后就出生在山东邹平。她自幼美丽聪慧，皮肤白皙，十多岁成为宣宗的嫔。而她的对手是山东老乡、济宁人妃子胡善祥，胡善祥位置在她之上，然而争宠能力不如孙氏。

宣宗即位后，孙氏扶摇直上，成为贵妃。而且她打破贵妃以下有金册、无金宝的惯例，破天荒地第一次以贵妃的身份，同时拥有了金宝、金册。其后在皇宫的生育竞赛中，孙贵妃再次拔得头筹，于宣德二年（1427）十一月，第一个生下了儿子——长子朱祁镇，受到皇帝加倍宠爱。

在古代，母从子贵。胡善祥皇后没有儿子，宣宗想废掉她，册封孙贵妃为皇后。

于是，宣宗找来张辅、蹇义、夏原吉、杨士奇、杨荣等人了解情况，告知自己的意思：朕30岁了还没有儿子，今幸好孙贵妃生下了儿子，母从子贵，古已有之。但是，如何妥善处理皇后的事情呢？想听听各位的意见。还列举了中宫的几个过失。

杨荣比较滑头，说："列举这些过失，可以废掉皇后。"

宣宗听罢有些高兴，问道："废掉皇后，有先例吗？"

蹇义说："宋仁宗降郭后为仙妃。"

宣宗又询问其他几个人的意见。

杨士奇保守一点，认为商议这件事情是以下犯上，不是臣子应该讨论的问题，他说："臣子于皇帝、皇后，犹如儿子侍奉父亲和母亲。今中宫是母亲，群臣是儿子，儿子岂当议论废掉母后？"意思是他不想掺和，让宣宗自己做决定。

张辅和夏原吉也打起了太极，说要再考虑考虑，详议以闻。

宣宗想到废后一定会引起外界舆论的关注，问道："此举会不会被外界议论呢？"

蹇义说："自古有之，人们怎么会议论？"

杨士奇反驳道："宋仁宗废郭后，孔道辅、范仲淹率领台谏十数人入谏，被黜，至今史册记载为贬官，怎么说没议论呢？"的确，因为干预皇帝婚姻，孔道辅从右谏议大夫、御史中丞被贬为徐州知州，范仲淹从右司谏外放为睦州知州。

退下来后，支持宣宗主张的杨荣、蹇义告诉夏原吉、杨士奇说："皇上有志久矣，非臣下所能制止。"

夏原吉说："但应当商议如何妥善处置中宫。"

杨士奇说："今日所闻中宫的过失，皆非应当废掉之罪过。"废掉皇后的事情于是议而不决。

第二天早上，宣宗召杨士奇、杨荣至西角门，问道："你们讨论得怎么样了？"

杨荣从怀中拿出一张纸，里面列举皇后 20 个有过失的情形，皆诬蔑诋毁之事，说："如果是这样，就可以废掉皇后了。"

宣宗看了其中二三事，脸上生气变色，说道："她何尝有过这些过失？"杨士奇说："汉光武帝废皇后，诏书曰：'异常之事，非国休福。'宋仁宗废皇后，后来甚是后悔。愿陛下慎重。"

宣宗听了很不高兴。他日又问，杨士奇说："皇太后必有主张。"宣宗说："我与尔等说的话，正是太后的意思。"

宣宗还是没放弃废掉皇后的打算。

一日，宣宗独召杨士奇来到文华殿，屏退左右，问道："怎样处置才得当呢？"杨士奇问："中宫与贵妃关系怎么样？"

宣宗回答："她俩甚是和睦，相亲相爱。但朕偏重皇子，而中宫禄命不宜有儿子，所以想扶正其母亲以有所区别。中宫现在生病超过一个月了，贵妃每天去看望她，慰藉甚是殷勤。"

杨士奇就出了一个主意："乘现在皇后有疾，而引导她辞让皇后之位，那么进、退以礼相待，而您对她的恩眷不衰。"

宣宗点头，表示可行，然后通过一番运作，果然达到目的。胡皇后坚决请辞，上表逊位，请皇上早定国本。

孙贵妃开心得不得了，但是还是要推辞一番："皇后病痊，自会有子，吾的儿子哪敢排在皇后儿子前面呢？"果然很会说话。

数日后，宣宗又召见杨士奇说："你前几天说得非常好，中宫果然欣然辞去皇后之位。贵妃坚决不受，太后还尚未表态。但中宫辞让皇后之位的态度很坚决。"

杨士奇说："如果是这样的话，则愿陛下待两宫应当均一。往昔宋仁宗废掉郭后，而对待郭氏恩意加厚。"

宣宗说："可以，朕不食言。"

废掉胡皇后，改立孙皇后的事情就这样定下来了。

宣宗于是下敕，对外宣布皇后换人的事情。

说胡皇后多病，没有儿子，自己上表请辞皇后。而皇帝一再拒绝，最后没办法才从了她，但是一切待遇不变。孙贵妃生的长子，已立为皇太子，群臣请求正位中宫，所以批准臣子们的请求，册封孙贵妃为皇后。

这个敕书当然说得冠冕堂皇，但是给足了各方面子，相比景帝废掉汪皇后的简单粗暴、薄情寡义好得太多了。整个过程经过精心策划，显得富有人情味，没有那么残忍。

第二年三月，宣宗就废黜胡皇后，册立孙贵妃为皇后。宣宗夸奖孙氏"十有余年，德义之茂，冠于后宫"。

孙贵妃因为儿子而富贵，朱瞻基逝世后，孙皇后升级为孙太后，立皇太子朱祁镇为皇帝。

英宗现在被捉走了，孙太后痛彻心扉。她来不及悲伤，立刻筹措一批珍宝、文绮作为赎金，派遣使者带着这些宝贝，用8匹快马拉着，找到也先，希望这些宝贝能换回她的宝贝儿子。

这些财宝中，包括钱皇后的所有财产。钱皇后救夫心切，一切财宝在她看来都是身外之物。

但是她俩都失望了，也先拿了钱财，并不放人。一个国家的皇帝，难道就值这点资产？也先的野心并不限于财产，他想玩得更大。

不过，这些赎金暂时保住了朱祁镇的一条命。

钱皇后

23岁的钱皇后不懂政治，因为赎人失败，满怀忧虑，日夜哀泣，向上天祷告丈夫能够回来。

她的诚心超过了常人，对丈夫的爱让她忘记了时间、饥饿和寒冷。

她不停地向苍天、神灵和祖先祷告，希望有一个能听见她的声音，保佑她丈夫还活着。她再困再倦，也不上床休息，只席地而卧，不管宫女们怎么劝告她上床歇息，她都不听。她要靠折磨自己，感动上天，释放自己内心的痛苦。

她本来还没有生育，这样天天跪在地上祷告，让她得了严重的疾病，丧失了生育能力。

她的一条大腿，也因为冰冷的地面、冬天的严寒，导致血液循环不畅而肌肉坏死。她残废了。

她的眼睛由于日夜哭泣，一只眼睛泪水流干，哭瞎了。

现在，原本美丽、善良、单纯的她，成了一名又跛又瞎又没有生育能力的残疾人。

不知道丈夫归来，见她这副模样，会作何感想。

朱祁镇回京之日，会抛弃她吗？

朱祁钰

英宗亲征瓦剌前，孙太后命郕王朱祁钰监国。

相比起来，朱祁钰跟孙太后的关系，就隔了好多层。

朱祁钰是朱祁镇的异母弟弟，比朱祁镇小 1 岁。母亲是吴贤妃，官方的说法是，她是宣宗为太子时的侍女，16 岁进宫，和宣宗有染，生下朱祁钰。(《明史》)

而按《罪惟录》的说法，朱祁钰是个"野种"。

吴贤妃本是朱高煦的宫女，朱高煦造反失败后，女眷被全部没收，充入后宫当奴隶。朱瞻基对她这个美人一见钟情，赦免吴氏的罪，秘密安排她住在宦官陈符的家中。罪臣的女眷，如果成为皇妃，有损皇室的尊严，所以生下朱祁钰之后，吴贤妃仍然秘密住在宫外。直到宣宗快去世时，这件事情不能再隐瞒了，宣宗派人将吴氏母子召进宫中，正式承认他们，托付自己的母亲张太后予以善待。

这又是一个女奴隶和年轻皇帝违背常理相亲相爱的故事。

于谦结仇

听到英宗被俘，于谦北望哀号："誓不与虏俱生。"

北京的形势是极其严峻的。下一步，必定是也先攻打北京。原皇帝英宗已经丧失管理国家的权力，成为也先手中危害国家安全的战俘。北京的劲甲精骑皆已经暴尸于野，城内只剩不到 10 万人的老弱残兵、疲卒。北京尽管留下了一个"小朝廷"，然而政治结构不完整，还需要整合力量。天下臣民听闻英宗被俘，莫不痛恨，号泣不已。这样一副烂摊子，到底该如何收拾？

无论是朝廷还是百姓，大家都惶惶不可终日，舆论汹汹，上上下下都想逃走，没有固守北京的打算和斗志。

留在北京的大臣有如丧家之犬，于八月十七日集聚紫禁城，在殿廷上一个个如丧考妣，号啕大哭：皇帝被抓了，现在怎么办呢？

监国的朱祁钰和群臣商议：是逃是战，还是守？必须尽快拿定主意。

太监兴安问成山侯王通，守卫北京，有什么计划？

王通，是朱祁钰刚刚起用的人。

王通，西安府咸宁县（今陕西西安）人，金乡侯王真之子，世袭父亲职位为都指挥使，又继续率领父亲的兵，转战有功。张辅占领安南后，当地不断反抗，交阯总兵官丰城侯李彬去世，荣昌伯陈智多次被黎利打败，在这样艰难的情形下，皇帝换上王通和黎利过招。王通在应平的宁桥中了埋伏，致使明军阵亡二三万人，兵部尚书陈洽牺牲，王通本人受伤。

黎利率精兵包围东关。王通不经请示，暗中派人许诺将清化以南的地盘划归黎利。但清化的罗通不肯弃城，打赢了保卫战。宣德元年（1426）二月，王通击破黎利军营，斩杀 1 万余人。双方互有胜负，坐下来谈判停战。

当年十月，王通立坛与黎利盟誓，相约退兵。至十二月，明军全部退回广西。朝廷也作出了罢兵、放弃交阯的决策。这样，朱棣、张辅辛苦攻下来的安南（后称交阯），历经朝廷统治 20 余年，前后用兵数十万人，花费百余万两白银，至此一切努力付诸东流，放弃占领。官吏、军民仅撤回 8.6 万余人，被对方所杀者不可胜数。

王通军事上的失败是放弃交阯的表面原因，实质原因是国家没有实力消化安南。

王通回到北京后，遭到群臣弹劾，被判死罪并抄家，关进狱中。在锦衣卫、镇抚司监狱还关押了王通的 295 名亲属。宣德十年（1435）冬十月，放弃交阯的太监马琪、成山侯王通、右都督马瑛、布政使弋谦等人获得释放。因为王通财产没有了，其母亲去世，都没有土地安葬，后来英宗将昌平县东及西山下两处祖坟赐归于他，老人才入土为安。

正统十四年（1449）九月，景帝朱祁钰起用已经是普通百姓的王通为中军都督府都督佥事，提督守备九门。

王通已经丢了交阯，绝不会提议放弃北京。按照王通的意见，应该挑筑京师外的城壕，加强防守。

兴安认为挖城壕不当，鄙视王通胸无计谋。

侍讲徐珵当时很有名气，也锐意功业。朝廷也向他询问对策。

太监金英召来徐珵问计。徐珵竟然胆大包天，第一个提出逃跑，说："夜晚观测星象、历数，天命已去，请幸南京。"有的史料记载他的话说：

"验之星象，稽之历数，天命已去，惟南迁可以纾难。"

徐珵判断的依据居然是伪科学、荒唐的政治巫术——星象历数。他夜观天象，看到火星运行到斗宿中，断言帝王会有灾祸，并且断言大明王朝天命已去，只有迁都南京一个办法，才能盘活死局，而且在土木堡之变发生前，徐珵已经动员妻子南迁。他老婆不想走。他大怒："汝不快点走，想做轵人的女人吗？"当他老婆走到山东临清驿站，土木堡之变的消息就传过来了。

他预测到事态的严重性，又错误评估了事态的严重性。

迁都南京这种胡说八道的主张顾头不顾腚，祸国殃民。

兵部侍郎于谦听闻后，怒发冲冠，好像出膛的子弹直奔靶子，厉声说："言南迁者，可斩也！京师为天下之根本，一动则大事去了！独独不见宋代南渡的事情吗？为今之计，速召天下勤王兵死守。"

宋代南渡是指北宋灭亡后，赵构向南逃跑，丢掉北方的半壁江山，仅留南方的半边天苟延残喘。南渡造成的恶果很严重：到南宋末年，这半边天苟延残喘也喘不下去了，小皇帝又逃到海上，走投无路之下跳海自尽，宋朝因此灭亡了。

对比上、中、下三策，逃跑只能算中下策。

在于谦看来，也先精于骑射，擅长野外作战，但是兵力有限、火器较少，特别是不善于城墙攻坚战，而紫荆关、居庸关等关口以及北京等城池，工事坚固，易守难攻，在军事上有战胜瓦剌的把握。

这种判断不是天生的，而是来自高超的战略眼光、深厚的军事修养以及对敌我态势的精准把握。有的人的脑袋就如大数据一样精密，能从纷繁复杂的万象中准确地捕捉到关键点。

徐珵听到于谦"南迁可斩"的一声断喝，犹如五雷轰顶，吓出了一身冷汗。

金英斥责徐珵胡说八道，令人扶出去。

其他大臣纷纷表示支持于谦的主张，必须坚守北京。礼部尚书胡濙说："文皇（指朱棣）定陵寝于此，示子孙以不拔之计。"

内阁学士陈循说："于侍郎所言极是。"

吏部尚书王直等人赞同于谦的看法。

又帅又高的内阁成员商辂也极力反对南迁。商辂为妥妥的"学霸＋考神"，浙江严州府淳安县（今杭州淳安）人，乡试、会试及殿试均为第一名，是明代科举考试中第二个"三元及第"的人。商辂经阁臣陈循、高谷推荐，进入内阁参预机要事务。他的意见，也是举足轻重的。

众人都说"是"。

各位官员主张坚守，想南迁的毕竟是极少数。而孙太后还在疑惧之中，担心江山社稷不保。

她问太监李永昌什么意见。

李永昌也主张坚守，说："陵庙、宫阙在兹，仓廪、府库、百官、万姓在兹，一或播迁，大事去矣，独不见南宋之事乎？"

李永昌同样拿靖康之难劝说太后，言辞甚切。

第二天，于谦上疏抗言，再次指明徐珵当斩："京师为天下根本，宗庙、社稷、陵寝、百官、万姓、帑藏、仓储咸在北京，若一动则大势尽去，宋代南渡之事可为借鉴。徐珵妄言当斩。"

孙太后和郕王同意了于谦的主张，决定守卫北京。太监金英向大臣们宣布："要死，则君臣同死。如果有人胆敢建言迁都，必定诛杀他。"

又贴出固守北京的榜文，定下大计，统一思想，整个北京城的人心开始变得安定。

于谦力排众议，极力要求坚守北京，坚决打击瓦剌大军。后来北京保卫战的胜利，证明于谦比迷信伪科学的徐珵更有定力、更有远见。明代诗人黎景义赞颂于谦阻止南迁，具有以手补天之功："皇明不继宋南渡，倚重于公手补天。"

于谦能作出这样的决策，跟从小熟悉历史有关。他崇拜岳飞。对于岳飞的遭遇，于谦是十分熟悉的。于谦写了一首诗，用南宋迁都的故事，向人们说明迁都是错误的——

匹马南来渡浙河，汴城宫阙远嵯峨。

中兴诸将谁降敌，负国奸臣主议和。

黄叶古祠寒雨积，清山荒冢白云多。

如何一别朱仙镇，不见将军奏凯歌。

（于谦《岳忠武王祠》）

于谦很痛心南宋迁都的行为，更痛心当今的时事，因此用这首诗影射宋室南渡后无力收复故土，朝廷内的负国奸臣主张议和、阻挠主战派抗金的事实，感叹将军遇害、不见高奏凯歌的感伤，表达坚决守卫北京的决心。

自己才能卓绝，又有贵人相助，于谦即将走上政治的巅峰，更大的责任在前方等待着他。

当然，也有很多人对于谦不服气，但是谁也没有表露出来。大敌当前，找一个核心人物十分不易，个人的恩怨还是暂且放在一边吧。于谦因为"徐珵妄言当斩"的言论，把这个苏州小个子得罪得干干净净，后者是绝不会善罢甘休的。

立皇储

皇帝没了，朝廷必须尽快建立从皇帝到大臣的整个体系，否则难以应对也先的进攻。

八月二十二日，司礼监太监金英传奉孙太后圣旨，立英宗的儿子、皇长子朱见深为皇太子，时年3岁。郕王朱祁钰为辅助，代总国政。

朱见深为皇太子，将来有可能成为皇帝。

孙太后立3岁的孩子为太子，朱祁钰相当于代理皇帝。将来等太子朱见深长大，皇位还是要还给英宗一家。

郕王监国

正统十四年（1449）八月十八日，孙太后再次命郕王朱祁钰监国，负起救亡图存的实际责任。

217

孙太后召集百官入集阙下，发布谕旨，敕令郕王朱祁钰总理国事。谕旨说："迩者虏寇犯边，皇帝率六军亲征，已尝敕尔朝百官。今尚未班师，国家庶务不可久旷，特命尔暂总百官理其事。尔尚夙夜祗勤，以率中外，毋怠其政，毋忽其众，钦哉。"

又敕令文武群臣，凡大小事务，全部向郕王汇报，听令而行，毋致违怠。

这样，郕王朱祁钰就成了北京的主宰。

朱祁钰派遣官员祭祀山川、城隍等神，派遣旗手、卫官祭祀旗纛之神，以安定人心。

驸马都尉焦敬等人建议广泛招收各方面人才。建议说，英宗车驾未回，恐怕贼迫近京师，官吏军民，有能奋勇设谋、出奇制胜者，俱到政府自荐。有能擒斩贼人者，能反间济事者，破格升职奖赏。城市关厢有悄悄住下、打探消息的人，允许锦衣卫、五城兵马抓捕处治。

朱祁钰令礼部贴出告示，让更多人知晓。

在这个告示的激励下，人们纷纷献计献策。户科给事中李侃向朱祁钰上奏三件事：

一是战守之法在于用将得当，乞求于武臣内及行伍中，不拘职位之大小贵贱，精选勇猛才智之人，问其方略，试其弓马，果能通晓，不次擢用，步将、骑将各随所长，战守攻取各施其谋。

二是今虏得利而强大，我方失利而气馁，何况新选的军余（军中编外人员）、舍人（仆从）平时大多嬉游，未历艰辛，少有可用的人，乞求派遣廉干的京官，驰往北直隶、山东、河南、山西、陕西各处，选操民壮，每府5000人，待其操习可用，选2000人赴北京听调杀贼。

三是北虏马健来袭，若要迅速制其奔突，宜用车战。骡车最为坚固，而骡子的奔突最疾健，京城内外约有1000辆骡车，取为战车，车列四周，步骑处于中车厢，用铁索连接木板，将神铳藏在其中，等到交阵之时，每个车配备刀牌手5人，乘机下车击敌，敌退则打开铁索，纵骑兵追击。

朱祁钰觉得这些建议非常好，令该部议行。

朱祁钰还广泛发动群众，参与守城和运粮。令新选军中编外人员、官府的差役并旧操仆从及报效者，每人赐银一两、布二匹；守城的匠人、守门军火夫以及皇城四门内外官军，每人赐布二匹。顺天府起车500辆，运送通州的粮食到城内。文武京官自九月至明年五月，粮食提前于通州取来供给，军人供给半年。招募有车之家，能于通州运粮20石纳入京仓者，政府付给一两白银的脚钱。在京由五城兵马负责，通州听都指挥陈信指挥，令各司官员管理运粮，仍令户部派2名官员、2名御史、2名给事中，沿途提督巡察，以都御史陈镒指挥，同知马顺、都督同知武兴、都指挥汤节等总其事。

朱祁钰将石亨升为右都督，掌管后军都督府，仍管大营操练。驸马焦敬管神机营，忻城伯赵荣管三千营。给守卫九门的官兵全部配备盔甲。在军事上做好准备。

军纪也得到了整顿。镇守居庸关的都指挥佥事孙斌上奏，守备怀来的署都指挥佥事康能及怀来隆庆龙门卫指挥易谦等人，各领士兵，拖儿带口，放弃城池，来到居庸关躲避瓦剌兵，请治其罪。

朱祁钰宽宥了康能等人的死罪，就领军在居庸关，协助孙斌守备。

于谦掌军

当时，朝廷上上下下皆倚重于谦，于谦逐渐成为领导核心。

在明朝，兵部尚书不能直接指挥军队。为此，朱祁钰登基后，立即授予于谦"提督各营军马"的权力，这样，在京的所有将领、军队都听从于谦指挥，于谦毅然以社稷安危为己任，筹备保卫北京。

灵魂人物于谦就此诞生。

于谦是中国历史上一颗璀璨的明珠，他生下来就仿佛要名垂青史，以一身正气做万世楷模。如果硬要把他和其他先贤做比较，他办的事比岳飞更难，像文天祥一样有气节，像王守仁一样坚毅，像海瑞一样廉洁，比张居正更有操守，比很多名人更加光芒万丈。文天祥是引导于谦前行的偶像，于谦也确实成为如文天祥一样的人物，这就是理想创造的奇迹。

当然，于谦得到重用，还离不开诸大臣的帮助。

首先是太监集团的帮助。

金英，是宣宗朝的司礼监太监，最受皇帝宠信，拿到了皇帝的免死诏。到王振擅权时，金英风头不及王振，不敢跟王振掰手腕，自动退避三舍。王振一死，他的力量又开始凸显出来。

在南迁之议中，金英力挺于谦，当时在朝廷上，金英对侍讲徐珵倡议南迁进行了斥责，并将他赶出了朝廷。有人说，"敢言迁者斩！"这句话就是金英说的（也有兴安或者于谦说这句话的说法）。

金英作为孙太后跟朝廷的联络人，入告太后推荐于谦，劝郕王起用于谦担当守卫京城的大任，金英在其中起到了很关键的作用。

兴安，祖籍安南（今越南社会主义共和国）人，著名宦官。英宗即位后，他和司礼监太监金英同受宠信。兴安清正廉洁，向来知道于谦贤能，极力予以推荐和保护。在景帝时期，由于金英贪污腐败被下狱论死，景帝下令将其关押于监狱中，这样，兴安接任司礼监太监的职位，掌握大权。景帝内信兴安、外倚于谦，任用这两人与司礼监近侍李永昌、石亨等4人总理军务，取得了北京保卫战的胜利。

文官集团中，也有许多大臣支持于谦领头保卫北京。

土木堡之变后，朝臣屡屡呈上奏议，推荐老资格、吏部尚书王直为大臣之首。但是王直认为自己年老，能力不如于谦，甘心屈居于于谦之下，让于谦出来挑大梁、干实事，自己只当当定盘星、把关人，只起到镇静持重、抚慰群臣的作用，所以每件事都很谦逊，主动让位，极力推举于谦来处理。

二、疯狂的书生

于谦带头诛除宦党，清除这些腐败基因。

正统十四年（1449）秋八月庚午日，下午5时，郕王朱祁钰在午门摄朝，言官、廷臣一个接一个，宣读弹劾土木堡之变罪魁祸首王振的启章，内容大同小异，历数王振误国之罪，请求将其族诛："王振倾危宗社，请灭族以安定人心。若不奉诏，群臣死不敢退。"

群臣一边骂一边哭，哭得有力、凄惨、诚恳，声彻宫廷里外。

被称为"黑胡爷爷"的右都御史陈镒，联合其他大臣弹劾，伏地大哭，将王振的罪行一一道来，骂得真是畅快淋漓——

尝谓擅政专权者尚难逃于显戮，陷君误国者当速寘于严刑。论十恶莫加其罪，虽万死犹有余辜。天地不容，神人共怒。切照司礼监太监王振，本自刑余，幸居内侍，素无学问之益，岂有经纶之才？误蒙圣上眷顾之隆，逾于师保，倚托之重，过于丘山。为振者，自合竭诚守分，以图补报。岂期恃宠狎恩，夺主上之威福，怀奸狭诈，紊祖宗之典章。每事不由于朝廷出，语自称为圣旨。不顾众议之公，惟专独断之柄。视勋戚如奴隶，目天子为门生。中外寒心，缙绅侧目。卖官鬻爵，则贿赂大行。恣毒逞凶，则诛杀无忌。孕妇被剖，童稚遭屠，伤天地之至和，致宫殿于回禄。迩者胡寇犯边，止宜命将讨罪，缘振乃山西人，因见大同有警，逼胁圣驾亲征，备历艰危，躬冒矢石。既欲保全其家，又欲光幸其第。增一己之威势，屈万乘之尊严。彼时文武群臣恐陷不测之祸，上章恳留。皇上畏其强愎不臣，不得已而强行。舆论皆欲驻跸宣府，被振逼胁，直抵大同。兵柄在其掌握，总戎惧其威权。亲信小人钦天监官彭德清不择善地驻劄，以致逆虏犯跸，邀留乘舆，扈从官军肝脑涂地，宗社为之震惊，臣民为之痛愤。原其罪恶，虽殄灭其族、籍没其家，亦不足以上回列圣在天之怒、下雪全师覆没之冤。况振一门贵盛，素无汗马之劳，屡肆奸回，尤甚指鹿之奸。驰马入正阳门，蓄跋扈不轨之心。度僧住隆恩寺，皆奸诈无赖之辈。擅杀谏官，则刘球之忠良受害。怒诛大臣，则齐韶之处决非时。兵马范质，为挟私雠而枷项。御史李俨，因嗔不跪而充军。及柴文显等，固有难容之罪（指王振在邓茂七叛乱一事上追责，磔杀御史柴文显以立威），过施惨酷之刑。指挥受其棰楚几死，内官被其非法加诛。所厚太监郭敬，私遗胡寇兵器，则潜为蒙蔽。所任尚书王骥，远征麓川无功，则略不加罪。欲使其侄王山专锦衣之柄，故遣指挥徐恭为南征之行。管家内官陈玙为其聚敛货，侔于府库。上天谴戒，焚其私藏，振恬不知畏，怙奸稔恶，愈肆贪婪，广置塌房、庄所、田园、马坊，侵夺民利，不输国课。信用无藉之徒，多为家人名色。倍支官盐，船挂黄旗，府县官员望风拜跪。委任匠役等辈，挟其声势，出入其家，求谋请托，遂至豪富。纵侄王林等淫乱暴横，强抬良家子女，夺占邻家地基，甚至搬抬官物，出入朝门，守卫官军不敢盘诘。邪佞投之则生，善良悖之则死。勋臣多结为姻亲，勇士悉布为牙爪。养群马于内厩，借服用如尚方。侄妇之丧、孙妇之葬，越礼制而犯分，虽王者莫能及。罪恶滔天，擢发难数，怨声动地，粉骨莫偿。虽三尺之童，恨不寝其皮、饮其血。六军之众皆欲剒其心、剖其肝。虽汉之石显、唐之仇士良、宋之童贯罪恶未有若此之甚者也。臣等切思天下者，祖宗列圣之天下也。由此奸贼，几至倾危。若不明正典刑，则亲王宗室及四海臣民皆痛心扼腕，宁无异议之可虑乎？复恐此贼潜匿偷生，乞令诸司缉捕得获，万锉其尸，以伸天下之愤，以释神人之怒。仍将其九族诛夷，籍没家产，财物宝货给付阵亡之家。发其祖宗坟墓，暴弃骸骨。庶几可以固臣民之归心，鼓三军之锐气，剿逆虏之强暴，解圣驾之拘留。宗社复安端在于此。不然，无以警戒将来，人皆解体矣。

六科十三道也纷纷弹劾王振。

朱祁钰才主持几天国政，没什么经验，说："汝等所言皆是，朝廷自有处置。"他想蒙混过关。

话还没说完，百官皆走上前，跪地恸哭不起，说："圣驾被留，皆王振所致。殿下若不速断，何以安慰人心？"

见朱祁钰态度不坚决，大家苦苦以性命相逼："王振罪不容诛，死有余辜。殿下如不即正典刑、灭其家族，臣等今日皆死在这里。"

弹劾王振的文章实在太多了，看到若不奉诏、群臣誓死不退的架势，朱祁钰听得心头十分惶恐，站起来袖子一甩，起身走了，要打道回宫。宦官这时要关上宫门。大家不干了，黑压压地跟了上来，从宫门一拥而入。

籍没王振的令旨先前已经发出去了，本来要派指挥马顺去执行的，王振的多处豪宅里面有堆积如山的财宝、物资，马房里有上万匹良马。但是大家议论说，马顺属于王振之党，应该回避，派他去不妥，宜派遣都御史陈镒去执行籍没。

太监金英传旨，令百官退下，今天上朝到此结束。

但是大家心里还悲伤着、愤激着、忧心着，见金英这么说，大家更加愤激，想揪住金英痛打一顿。金英看势头不对，赶忙慌慌张张地逃跑了。

而王振的同党马顺仗着自己是锦衣卫指挥，权力大着呢，哪个人见了锦衣卫会不害怕呢？他和大家大声吵了起来，不仅为王振辩护，还厉声呵斥言官们、大臣们"快滚"，言辞之激烈、态度之嚣张，令人血脉偾张。

看马顺这么嚣张，给事中王竑出离愤怒，奋臂而起，一把揪住马顺的头发，开始揍他。打的就是你锦衣卫，看你长了几个脑袋？

王竑是湖北江夏（今属武汉）人，一向不怕事，豪迈负有气节，正色敢言，即使对方是一头张牙舞爪的老虎，也要揪他几撮毛下来。王竑大呼："马顺倚仗王振放肆而强硬，今天还是这样，真是奸党！""马顺往时帮助王振作恶，今日至此，尚不知恐惧！你们这帮奸党，其罪当诛杀，现在还敢这么嚣张！"一边大骂，一边狂啃马顺脸上的肉。

大家都受到了强烈的感染，血气上涌，平时斯文的大臣现在变成了凶狠的打手，不管三七二十一，打了再说！

朝班大乱，喧哗声四起，卫卒们见状，大声汹汹，跑过来维持秩序，要大家赶快住手。

大家哪里肯听，七手八脚群殴马顺，揪的揪，捶的捶，踩的踩。马顺一人难敌众手，倒在地上，拼命去护脸。有人脱了他的靴子，想跑也跑不了。那场面犹如一群蚂蚁围攻一只大青虫，又酷似那"鲁提辖拳打镇关西"，大家提起那醋钵儿大小的拳头，使劲往他身上擂，打得他鲜血迸流，身上咸的、酸的、辣的一发都滚出来，红的、黑的、紫的都绽将出来，又似做了一个全堂水陆的道场，磬儿、钹儿、铙儿一齐响。

只一会儿工夫，马顺便直挺挺地躺在地上，头上淌着血，口里没了气，两腿一伸直了，当场就死了。

见打死了人，大家忽然清醒了过来。有些大臣怕事，直接就逃走了。

朱祁钰吓得胆战心惊、恐惧不安，被王竑和群臣们堵着，没法离开。

看到这打人的恶斗场面，于谦坚立不动，坚如磐石。

百官请求将王振抄家，朱祁钰没有办法，只好准了。

但是众人犹哭不退。守卫的士卒们也哭了。

朱祁钰站了起来，让太监金英问大家：你们还有什么要求？

大家都说："宦官毛贵、王长随也是王振之党，请依法惩治。"

金英只好把这两个人交出，从门缝里塞出来。毛贵、王长随吓得呆若木鸡。

于谦请朱祁钰降旨，杀了这两个宦官，令群臣立班站好，不要擅动。

朱祁钰也只好答应了。

他身边身材魁梧的殿廷卫士——红盔将军，听朱祁钰这么一说，抢起瓜锤，"嘭嘭"两声，直接将这两个宦官捶杀，鲜血溅了一地。大家拖着3具血肉模糊的尸体，扔在东安门下。

群臣又抓住了王振的侄子、锦衣卫指挥王山，把他五花大绑地捆绑起来，双手捆在背后，喝令他跪在朝廷上。

大家争相唾骂王山。众人稍微冷静了下来，相互告诫："不要把王山捶死，使他伏法。"大家经过请示，日后把王山绑赴都市，让刽子手凌迟处死。

朱祁钰心里害怕极了，没见过这么恐怖的场景，几次三番站起来要跑回寝宫。

于谦奋力从人群中挤过去，一时太急，场面太乱，他连袖子都扯脱了。于谦紧紧拉住朱祁钰的衣服，让他不要走，说："殿下止步。王振为罪人之首，不籍没他，无以发泄众人心中的愤怒。而且群臣一心只为社稷，无其他意图。"听了这一番开导，朱祁钰心里才安稳了一些，坐了下来。

尽管大臣们出于正义和激愤，打死了王振的3个走狗，但是毕竟群殴死了人，皇帝是不是追究罪行，大伙儿心里没有底。族诛王振的请求，景帝也愣是没答应。

于谦请求朱祁钰给大家免罪："请再宣谕群臣，王振罪行固然应族诛，等启奏太后后，再族诛不迟。马顺罪恶应死，对大家今日之事不予追究。"

朱祁钰觉得于谦的话有道理，族诛王振必须启奏太后定夺。王振这一支势力祸国殃民，死了没什么可惜。于是降下令旨，马顺罪行应死，不予追究，并奖谕了百官，让大家回去安心做事。

百官又请将马顺、毛贵、王长随抄家。

朱祁钰予以拒绝，下令不要抄家。

于谦和群臣看目的基本已经达到，安下心来，拜谢退朝。

于谦穿着一身裂开的衣服，慢步走出左掖门。耿直老臣、吏部尚书王直路上见了于谦，凑上前去，拉着于谦的手，感叹地说："今日事起仓促，国家正仰仗于公。今日之事，即使一百个王直，何能有所作为啊？"于谦连连摆手辞谢，表示不敢当，两人客套一番作别。

马顺等3人血溅朝堂的事情，外界都知道了。王竑和于谦的名气更大了。

只有远在浙江的镇守中官李德，兔死狐悲，表示不服，切齿痛恨于谦等人，指斥他们是贼臣，驱逐朝廷正人。

李德上奏："锦衣指挥马顺、王长随、毛贵等罪犯，应当取自圣断。但是各大臣肆意犯法作乱，竟然在御前捶死他们。变乱祖宗法度，驱逐朝廷正人，违背礼法，僭越等级名分，听闻者切齿痛恨。保卫官员，无一人遮护，假如无宦官在皇帝左右侍立，各大臣必定生出别的争端。皇上没有宦官拥护，很危险啊！这些犯阙的贼臣，不宜任用。可任用者，不如亲近之人。"

他把宦官说成是皇帝的自己人，而把大臣说成是危害皇帝人身安全的人，用心十分险恶。

朱祁钰将奏章发给大家廷议。

于谦等上奏，予以反驳："上皇英宗蒙尘，大祸由贼首王振引发。而马顺等实是王振的心腹。陛下监国，群臣共同请求行戮王振家族，而马顺还胆敢呵斥群臣。所以，在朝廷上的文武大臣及宿卫军士，忠愤激发，无暇顾及，当场捶死三人。这正是《春秋》所言，诛乱贼之大义。假如乘舆播迁（指英宗被俘），而奸党犹在，国家的安危大概不可知晓。臣等以为，打死他们，不用过问。"

已经是景帝的朱祁钰再次肯定于谦的说法："诛杀乱臣，才能安定众志。廷臣忠义，朕已知道了。"

李德也就哑口无言了。

王竑除掉宦官有功，名震天下。马顺的儿子于是伺机报复。

尚宝司在清查牙牌时，王竑发现自己的牙牌丢了。

牙牌为象牙做的工作证，刻着官员的名字和官职。进入皇宫，要出示牙牌给门卫，而门卫只认牙牌不认人，王竑上下班不方便了。

丢了牙牌，补办就是了，马顺的儿子就趁机搞事，要求对王竑问责。

谏官们替王竑辩护："马顺之党奸邪罪重，大臣一起共同除掉他们，还问什么牙牌的事情？除掉马顺之党，不是王竑一人的事情。如果问责王竑，这些忠臣们都害怕了。"

景帝对王竑丢失牙牌一事不予追究。

景帝对朝廷业务越来越熟练，对宦党的处理也变得严厉起来。

接着，朱祁钰听从大臣的建议，下令杀死王振的侄子王山，将他凌迟处死。

死党钦天监监正彭德清等人的家产被查抄。几个月后，彭德清死于狱中，仍命斩其首。彭德清对明军不择地利、在土木堡扎营负有重要责任。

宦官陈玙、唐童属于王振党，予以抄家。

镇守大同的太监、王振的死党郭敬，在大同之战中，看到宋瑛、朱冕战死，自己躲藏在草丛中逃脱，刚刚潜逃回北京，就被抓进监狱、抄家。

先前，都察院监狱关押王振的家属多达260余人，监狱发的粮食不够吃，有的人都快饿死了，都察院请求每人每日给一升米，让他们别饿死了。现在，根据群臣的建议，族诛王振家族，不分老少一律处斩。

陈镒奉旨籍没王振。王振掌权7年，贪污的财富实在了得，在京城内外建造多处豪宅，像帝王居所一样富丽堂皇；有无数的器服、珍玩等奢侈品，为宫廷制办和掌管饮食器物的官署（尚方）都不及他的物品高档而丰富，仅大玉盘有100多面，高六七尺的珊瑚有20余株；有无数的币帛、珠宝；金银装满 60 余库（库泛指贮物的屋舍，就是装满 60 多间仓库），还养着 1 万余匹好马。马在当时不仅是"豪华轿车"，而且还可以随时转化为军马，他一个太监，养这么多马干什么呢？

这些豪奢的家产，皆被政府没收。王振坏事做尽，富可敌国，不过空忙一场，最终只是皇帝的物资保管员。这么多的财产，足见朱祁镇早期的昏庸以及王振对政治生态的毒化之深。

遵从刑部主事刘错的上奏，都察院将王振的罪恶榜示天下，以释天下人心之怒。

谷应泰历数王振的罪行："李时勉头囊三木，刘中敷荷械九门，石帝婿待系请室。薛瑄论斩禁狱，刘球蒲埋奸狴，归葬血裙。侍中战死，仅返污衣；吕祉魂归，惟持括帛。虽范滂不祭皋陶，绛侯见溺死灰，未有若斯之惨者也。土木堡之变，六军败绩，九庙震惊，青城覆辙，躬自蹈焉。"王振监禁了这么多人，枉杀了这么多人，贪污了这么多财产，葬送了这么多军队，让皇帝做了俘虏，招致了瓦剌兵临北京的危机，罪莫大焉。

然而如此大奸似忠、大诈似信之人，英宗复辟后，日夜思念这个情同父子、恰似手足、引为知己的奴才、先生、翁父，不认为是王振害了他、倾覆了江山社稷，反而下诏恢复了王振的官职。还在京城智化寺北院为王振建祠纪念，雕刻他的香木雕像为其招魂，还赐予一块荒唐的匾额，上书"旌忠"两个大字。中毒太深的人，只看到事物的表面现象，对其实质缺乏正确的判断，一时半会儿醒不了。

对外，英宗对樊忠将军一锤敲死王振的事情讳莫如深，别人还以为王振在战场上"英勇献身"了。朱祁镇在《英宗谕祭王振碑》中替王振百般掩饰真实死因，说他是自刎谢罪："车驾北征，（王）振以腹心扈从，将军大臣失律，并以陷没，即引刀自刎。"

谷应泰嘲笑英宗此举贻笑于后世，实在荒谬："而乃复辟以来，常怀圣虑，九原可作，发叹拊髀，三径犹存，空悲卢宅，招魂榆塞，雕木浮屠，为振复仇，贻讥后世，何其谬哉！"

三、卿等胆敢乱法

国不可一日无君。英宗归来遥遥无期，而也先的压迫日甚一日，立新君，成为当时最大的事件。

当时朝廷有两种选择：要么外戚专权，要么监国转正。

一种是立英宗3岁的儿子朱见深为皇太子，然后成为皇帝，由孙太后垂帘听政、大臣辅佐，就像武则天或者张居正模式。

襄王朱瞻墡倾向于立朱见深当幼儿皇帝。土木堡之变后，襄王两次上疏安慰孙太后，乞求任命皇太子朱见深居摄天位，并建议紧急发放府库的武器，招募勇敢之士，立图迎复英宗。对于郕王，建议他尽心辅政幼儿皇帝。

可是朱瞻墡的上疏在路上走得太慢，到了皇太后手里，景帝已立8天了，说啥也没用了。

英宗复辟后，在宫中得到这份上疏，感叹良久，于是手书一封信，邀请叔叔襄王来到北京，予以隆重接待，表示迟到多年的感谢。襄王辞归时，英宗依依不舍地送至午门。英宗问："叔父还有什么吩咐？"襄王伏地不起，顿首说："望你治国如饥渴，愿皇上省刑罚、薄敛财。"英宗拱手表示受教。

第二种是直接立英宗的弟弟郕王为帝。这种事情也有先例，兄终弟及也是世袭的一种形式，比如作为父亲的宋徽宗赵佶、作为哥哥的宋钦宗赵桓做了俘虏，赵桓的弟弟康王赵构直接称帝。

大家选择了第二种，几天后拥护郕王称帝。在当时国势危殆的情况下，这是比较切实可行的方案。

积极推动郕王称帝的人，无疑可以拥有巨大的政治筹码。八月二十八日，左都御史王文第一个上书朱祁钰，希望他承继大统。

九月初一，也先派遣使者到北京，说要送朱祁镇回北京。

如果朱祁镇回来了，新皇帝也不用立了，但满朝都觉得此事太过诡异，怀疑也先讹诈，不可相信敌人的诡计。根据也先的意图，他们希望朱祁镇能回到北京当皇帝，这样能给予瓦剌更多的让步和优惠。

也先的使者临走时，郕王让他拿了黄金 100 两、银子 200 两、财帛 200 匹，赐给也先。这样做，可以保住他哥哥的性命。

正统十四年（1449）秋八月丙子日，于谦、王直等文武百官，集体请于孙太后："圣驾北狩（指英宗被俘），皇太子幼冲，国势危殆，人心汹涌。古云：国有长君，社稷之福，请定大计，以奠宗社。"

孙太后对此批答，表示同意："卿等奏国家大计，合允所请，其命郕王即皇帝位。"礼部制定礼仪，择日行登基大礼。

正所谓选择大于努力，郕王就这样轻轻松松获得皇位。

孙太后立郕王为皇帝，是出于国家必须有成年人来领导的现实需要。她能这么做，显示了她的智慧和胸襟。

群臣奉孙太后的旨意，告诉郕王当皇帝的意思，但郕王没有任何心理准备，吃惊地说："卿等何为有此议？我有何才何德，敢当此请？"

群臣坚持要他当。郕王再三推让，还是推荐 3 岁的皇太子朱见深，面色生气，厉声说："皇太子在，卿等胆敢乱法邪？"

群臣不敢说话，过了一会儿还是请求："皇太后有命，殿下岂可固执违抗？"

兵部尚书于谦站出来表态说，臣等诚然忧虑国家，非为私人算计，愿殿下弘济艰难，以安宗社，以慰人心。于谦的言辞极为恳切。

郕王看大家表演都已经到位，再推辞就太虚伪了，再说也没合适的人，万不得已，才当了皇帝。

朱祁钰的权力具有正当性，是皇太后改立监国的郕王为帝的，治国师出有名，并非篡位，更非政变起家，后来被废黜，也不是因为他荒淫无能。

谷应泰评价："景帝受国有名，非少帝（指被废黜的皇帝，比如西汉前少帝刘恭、东汉少帝刘辩等）、昌邑王（指第一代海昏侯、汉废帝刘贺）可比，而于谦功在社稷，岂是吕产、吕禄、舞阳侯之徒乎？"就是说，朱祁钰并非庸主，于谦也并非像吕氏家族这样专权的权臣。汉代吕后死后，吕产和吕禄专权被灭；大将军樊哙为舞阳侯，也是吕后妹夫；第二代舞阳侯樊伉，参加吕氏集团被杀。

但孙太后的立储和立皇帝，因为是两支血脉——一个蒂上两个瓜，本质上是自相矛盾的，搅乱了人们的思想，为以后的夺门之变埋下伏笔。在许多大臣眼里，这个新皇帝只是临时客串，并非终身制。优柔寡断的朱祁钰也并非"霸座"之人，心里并没有打消随时让位的可能性，从而导致各个大臣见风使舵、首鼠两端。

九月癸未日，郕王即皇帝位，遥尊朱祁镇为太上皇，诏赦天下，改第二年为景泰元年（1450）。

提拔将领

以于谦为代表的兵部，地位迅速上升，总督军务，掌握兵戎、总兵之权，之前五军都督府掌握的军队管理权和指挥权，现在均由于谦一人掌握。

鉴于"虏寇得志，要留英宗大驾，势必轻视中国，长驱而南下"的严峻形势，兵部尚书于谦向景帝慷慨泣奏，陈述抵御也先的工作思路："寇贼不道，势将长驱深入，不可不预为计。"

为了应对也先接下来的大战，于谦必须科学、果断施策，将一群羊打造成一群狼。

于谦向景帝分析，武器方面，各营的精锐，尽数派遣跟随朱祁镇出征了，已全军覆没。军资器械，存下来的不到十分之一。京营的兵械几乎已经用尽。宜立即分道招募民兵，令工部齐集物料，内外局厂昼夜开工，修缮、制造攻战器甲。

保卫京师方面，九门宜用都督孙镗、卫颖、张轨、张仪、雷通，分兵守卫，列营于城墙之外，列营操练，以重振军威。

人事方面，于谦自请负责军事，请求让都御史杨善、给事中王竑参加指挥等，分出巡视，勿致疏虞。

调动全国力量，招募官舍余丁、义勇，召集附近的民夫，替换下沿河漕运的官军。迁徙城外附近的居民进入北京，充实力量，随地安插，免得为敌人寇掠。

粮食储备方面，通州坝上仓的积粮，不可放弃以资敌寇，令官军自己赶到通州去取来，以每月取来的大米作为他们的报酬。

于谦向景帝陈述这些思路的时候，说到动情处，不禁感怀激烈，流下眼泪，深深地打动了景帝的心。

景帝对他的建议一一采纳，并在八九月间迅速提拔了大批武将和官员。

特别是对于谦的"石亨、杨洪、柳溥宜用为将帅"的建议，景帝非常支持。朱祁钰说："于谦公廉勤慎，才识俱优；石亨存心宽厚，善抚士卒；杨洪军旅整严，有谋有勇。此三人，朕亲用之，特授以重要职位。"

所以说，于谦就是石亨和杨洪的恩人。

原大同副将石亨很有威望，身材高大威猛，长着一张方脸，长长的胡须茂盛而美观，简直可以垂至膝盖。他在大同战败后，单骑逃回。英宗派他协助守卫万全，当英宗处于危险之时，石亨坐视不救，因此被贬官，戴上刑具，关押在诏狱。

总兵杨洪镇守宣府，土木堡之变时没有出城营救英宗。杨洪因此被逮进诏狱。

此时，于谦将杨洪、石亨从诏狱中释放。由于谦推荐，景帝命都督杨洪仍守宣府，升为昌平伯；升都督石亨为武清伯，充总兵官，管军操练。

安远侯柳溥，为名将柳升之子，佩征蛮将军印，担任总兵官，镇守广西。正统十四年（1449）九月，会昌伯孙忠也上奏，广西总兵官柳溥廉能公正，智勇超群，宜召回北京统领军务。兵部和廷臣一致认为，柳溥诚堪大用，而两广农民起义多，宜留柳溥镇守。但是，景帝非常尊重于谦的建议，特召柳溥回到北京，参与防守。于谦令柳溥掌管火力最强大的神机营。柳溥离开广西，留下一个空缺。九月，景帝升都指挥使田真为都督佥事，担任总兵官，接替柳溥镇守广西。

除柳溥掌管神机营外，还任命都督同知武兴负责神机营操练。

此外，升兵部郎中项文曜为本部右侍郎。升都指挥佥事张軏为都督佥事，专领护驾将军。召辽东都指挥范广赴北京任职。

这范广，本事十分了得，靠世袭成为辽东宁远卫指挥佥事，后来以军功升为都指挥佥事。范广性情刚毅果敢，骁勇绝伦，每每临阵，奋勇当先，未尝败绩；总是杀得瓦剌士兵片甲不留。此时急于用人，兵部尚书于谦听说范广骁勇善战，起用以保卫北京。

加强五军都督府、三大营。由石亨等奏保，升都督同知毛福寿为左军左都督，都督佥事高礼为都督同知，负责三千营的管操。升都指挥佥事孙镗为左军都督佥事，仍在三千营负责入值护卫。

升都指挥同知刘信为后军都督府都督佥事，照旧操练。

石亨也推荐提拔了一批人。景帝予以批准，命卫颖、范广署后军都督府都督佥事，张义、陈友、王良都署都指挥同知，李贵、王淳、王英、崔福都署都指挥佥事。

加强关隘防守

十三道监察御史秦颙等人提出相关建议，说了 5 件事情：

一是合众善以理万机。近年因奸臣擅权，对正人君子屏而远之，对忠臣谏士阴毒害之，所以人人缄默不言。今皇上欲隆中兴之治，宜遴选雄材硕德、识达治体之臣四五人，俱在内阁。退朝后召入文华殿，讨论所奏事，务求至当，遇到难题，召大臣召开会议决断。就是集众人之力，集思广益。

二是选大臣以总边务。边务之急莫重于居庸等处，虽有文武职官提督，但是职小权轻，人无畏惮，宜推选刚果有威、智谋出众的大臣一人专一巡历各关、总督军务，刑赏悉令便宜行事，如此则备御得人，而边关之守牢固。

三是严号令以振作士气。近来达贼临阵，人无战心，失败是号令不严导致的。乞求敕石亨会同兵部遴选强弱，分为二处，遇事缓急，相机调用。仍令石亨专一提督操练，不违军令者奖励，有犯纪者处罚，可以激发勇敢效死之气。

四是别奸忠以振士风。以前趋附奸臣，谀佞成风，或依阿逢迎以固禄位，或贿赂奉献以求升用，节义廉耻，荡然不存，导致朝廷保身惜命者多，忘家殉国者少。今当国家更张之始，正宜表忠去奸，以示劝惩。如礼部右侍郎章瑾，先前任都给事中，扈从朱祁镇至居庸关，托疾躲避，追闻师败潜回北京，还升职了，乞求将章瑾罢职。仍令各衙门通查阵亡官员，录用其子，给与敕命，优赡其家，如此则忠义之士，必皆感发而兴起。

五是用直言以图实效。希望弘开言路，虽军民人等，多感激奋发，各陈己见，其间岂无裨补时政者？

景帝采纳了这些建议。

除杨洪守宣府外，景帝命大同副总兵、都督同知郭登充总兵官，仍镇守大同，都督佥事方善、张通充左右参将，大同后卫指挥使姚贵为都指挥佥事，掌管都司。

升兵部郎中罗通为右副都御史，守居庸关。居庸关原有官军9000人，后来又增兵1万，总兵力达到1.9万人。

总督独石等处备御都督佥事孙安说，先前命都指挥赵玫守备独石，杨俊守备马营，夏忠守备龙门卫，署都指挥鲁瑄守备龙门千户所，臣同少监陈公总督四处备御，即今贼势甚多，军力甚少，若分开守卫，恐难御敌。朱祁钰听从他的建议，令陈公、孙安、赵玫、杨俊率领所领官军，集中到居庸关外驻扎，保卫京师。

石亨还组织了"特种兵"，欲招募壮士1000人，每二三十人为一组，在居庸关以西的山林、高阜处潜伏，几个人拿一块银牌，上面写有"劫营信牌"四个字，令打入贼人内部，相机劫营。

升兵科给事中孙祥为右副都御史，守紫荆关。

于谦于九月增兵5000人守紫荆关，此处兵力达到1.2万人。

后来，又增兵2000人，增加了1000个手把铳。

令朱谦为右都督，遣右都御史陈镒前往顺天府、通州等处安抚军民；广东左参议杨信民前往白羊口，会同军职守备关隘、抚恤军民。

于谦于九月添调京军2000人守古北口。指挥石彪领3000名骑兵在边境巡逻。

镇守山海、永平的总兵官应城伯孙杰，素无将略，士兵一向有怨言，军政废弛。而都指挥同知宗胜任参将年久，善抚士卒。于谦提拔宗胜为后军都督府都督佥事，换下孙杰。

在于谦的领导下，形成了由胡濙、杨宁、石璞、张凤、俞士悦、杨鼎、何文渊、孙原贞、仪铭等人组成的文官集团以及由石亨、杨洪、柳溥、郭登、朱谦、罗通、方瑛、毛胜等人组成的武将集团，在组织上做好了保卫北京的准备。

进京勤王

为了打持久战，增强防御力量，于谦派廷臣分赴各地，选兵勤王。

于谦调动北京、南京、河南备操军，山东及南京沿海的抵抗倭寇的军队，江北及北京诸府的运粮军全部开赴京师操练，总兵力达到 22 万人。

各地招募民壮。命监察御史白圭、李宾、夏裕，侍讲徐珵，编修杨鼎，检讨王玉，郎中谢佑、陈金，主事王伟等都行使监察御史的职权，前往直隶、山东、山西、河南各府县，招募民壮，安抚军民，在当地卫所操练，听调策应，遇警调用，有功则照例升赏，事定之后仍回归为百姓。

筹集战争经费。景帝令停止修建南京的山川坛、殿宇、历代帝王庙、诸仓厂、寺监器皿及北京的马驹桥。将修桥的白银千余两、钞 40 余万缴纳国库。一些扰民政策也停止了，为方便运输，停止各处征收车船税；各处的清军御史停止抓逃兵。

为了激励将士，石亨、于谦都辞免已有的赏赐，并请求免去武职都督以上、文职四品以上的赏赐，将这些白银拿来奖赏操练的官军。礼部尚书胡濙等人反对说，武职都督以上出军临阵，要置备衣装，难准辞免。而文职大小官员，都可以免赏。景帝还是下诏文武官员仍旧给赏赐，给每名在北京操练的旗军加一两赏银。

通州有数百万石粮食。在于谦的政策奖励和督促下，运粮队伍不仅有官府征用的大车，还有士兵和商人、普通百姓。他们都自备车辆，挥汗如雨、不分昼夜地向城内运粮，路上的运粮队伍你追我赶、川流不息。

囚犯也加入了运粮大军。按照法规，通州运至京仓，杂犯斩绞罪犯运粮任务是 360 石；流放并杖一百、徒三年的，运 280 石；余四等递减 40 石；

杖罪每人运 18 石，笞罪每人运 14 石。通州运至居庸关、隆庆卫等仓，杂犯斩绞罪犯，运 90 石；流放并杖一百、徒三年的，运 70 石；余四等递减 10 石；杖罪每人运 12 石，笞罪每人运 11 石。

不久，通州的几百万石粮食都被运进北京城里，士兵和百姓信心倍增，做好了打持久战的准备。

南方抓紧通过运河向北京运粮。景帝升都指挥佥事徐恭为都督佥事，专门管理漕运。

户部也推出新政：在城每人缴纳草料，每 100 束谷草，政府给白银三两二钱；每 100 束禾，给二两二钱。不分官员、军民之家都可以报纳于城内。派官员收放义河等马房，派 1000 名士兵，赶赴南石渠马房，负责运送官方草料，马匹折与官银，每 1 束草，给银二分。

北京城外实行坚壁清野，不给也先留下粮草。根据镇守居庸关都指挥同知赵玫的上奏，近关地方有粮草的，运进关内，远的地方运不进来的，派遣夜不收（密探）去焚毁，勿留给敌人。

并令古北口等关，调集军马、口粮、草料，送往北京。

北京武器缺乏，将南京内库三分之二的军器调到北京急用。

南京兵仗局则抓紧打造兵器，充实仓库。

命工部造 1000 辆战车。每辆车箱上使用 16 张牛皮，下面用 24 张牛皮、马皮，后来皮不够用，再杂以芦席、木板制作。战车造好后，由尚书周忱祭祀后投入使用。

土木堡之变后，也先带走了大批武器，但也遗弃了不少。于谦派出人员到土木堡收集明军溃败时丢弃的装备，果然很有收获，捡到头盔 9000 余顶、甲 5000 余件、神枪（火枪）1.1 万余杆、神铳（火铳）2 万多只、神箭（火箭）44 万枚、火炮 800 余门，全部拉到北京，用于北京保卫战。

景帝让前线保持戒备，不要上也先的当，丢了城池。

景帝敕谕宣府总兵杨洪，不要理会朱祁镇和也先的要求，只当这个皇帝是假的。敕谕说，皇太后命朕即皇帝位，以安天下，尊大兄皇帝为太上皇帝。奈何虏寇往往使人假扮大兄皇帝，到各边境胁迫开关入城，或召总兵、镇守官出见。尔等恐怕会堕其奸计，故特地驰报尔等，今后凡再有如前项诈伪到尔处，不许听信。

杨洪又上奏，得到出使瓦剌的都指挥季铎的情报，说也先不满赏赐物薄，又说自己将送朱祁镇赴北京正位，要五府、六部官员出迎，约在四五日后即到达大同。先前令臣选7000人往土木堡掩埋将士的遗骸，恐怕贼人突然袭击，等边事稍微平静后再去掩埋。

景帝表示同意，又敕令镇守宣府的太监赵琮：尔等为朝廷守卫边所，当务之急是惟知宗社为重而已，虏情难测，假设是真情送驾回京，人马若只五七骑或十数骑，可听其自来，如或大举来犯，必非真情。尔等从长计议，务必万全谨慎。

九月，朝廷为各军增添战马。给锦衣卫官旗将军分发马匹580匹，给各营发军马14735匹，给神机等营发军马23817匹。景帝还命武安侯郑宏、彭城伯张瑾督促南北两个太仆寺保证军马生产，要孳生6万余匹马骡。楚王也选送了100匹骆驼，送到北京助阵。

兵部还贴出告示，推出奖励政策，鼓励所有人杀敌立功：军民、职官及诸色人等，有能临阵、敢勇当先，活捉贼一名或斩贼首一级的，官升一级，官下舍人（指仆人）给冠带，食粮一石五斗，百姓任副巡检，每人各赏银五两。斩首三级并擒贼三名以上的，官升二级，舍人、百姓任百户，不愿任百户者，任副兵马，每人各赏银10两后，再有功仍加升赏。其逃军（指从卫所逃跑的军户）、逃囚，有功升赏，并照此例。若能设计偷劫营寨，致贼溃散，或能拔旗、斩将、立大功的，破格升赏。其擒获人口是被贼人所虏掠的，让他们回家。擒获人口、头畜是贼人的，直接赏给有功之人。

各界人士纷纷行动起来，保卫北京。交阯归顺的土官百户陈复宗，建议使用大象、造战甲。他愿意领军骑象，攻破贼阵。景帝让他和石亨商议可行之法。

太医院也行动起来了。医士程礼带头采集诸种毒药，做成毒箭，用来御虏，射中人马之后，可以立即毙命。

战争的形势逼近，一些人逃出了北京，一些边境的王吓得想跑却跑不了。庆王朱䅲𤊓与诸王因为瓦剌要进犯，想将宫眷搬到安徽凤阳去居住，但是景帝写信予以阻止，说，今达贼正窥伺我中国动静，若一搬移，彼必得计，叔祖当镇静藩屏，以保卫宗社为重，决不可轻易迁走。

讹诈大同

朱祁钰登基后，下诏边关守将不得听信也先的谎言。边将严防死守，使也先劫持英宗骗开关门的企图均告失败。

正统十四年（1449）秋八月二十三日，也先劫持英宗经过大同，此时，郭登已经回到大同，督率军民严加守御。瓦剌军久攻不下，以英宗为要挟，想诈开城门，令守军出降。

郭登知道朱祁镇此时已经无用，他之前是个皇帝，但此时还不如一个匹夫。

只要有郭登在，大同则固若金汤。

郭登有勇有谋，善于守城，既纪律严明，又善抚士卒，料敌制胜，动合机宜。

土木之战后，明军屡次战败，边陲已无一块完地。大同同样处于孤危之中。

大同的士兵大多已经战死，士气瓦解。城内的百姓犹如待宰的羔羊，人心汹汹。郭登昼夜关闭城门，不让任何人进出。

看到士气低落的状况，郭登抚慰人心，吊死问伤，亲自为伤员裹创敷药；他昼夜筹划，组织士兵修筑城防，修理兵械，练兵振武。

有人哭泣着，泪眼问郭登："事已至此，奈何？"郭登安慰大家说："天若赐福于国家，必无其他忧患。如果敌人势头无法遏止，吾誓与此城共存亡，不令诸君独死。"

将士们听到郭登誓死保卫大同，十分感奋，这才安下心来，先前的颓唐一扫而空。

将士们更加忙碌起来，使城防薄弱的地方都得到了加固。郭登屡出奇招，挫败敌人，保全了这座孤城。

士兵们对郭登很有信心，对他的才能、胆气心悦诚服。

瓦剌人非常惧怕郭登，在他们口中，郭登简直就是神人。

这次，也先又来到大同城下，索要金币，说：只要金币足够，就送还朱祁镇。

然而郭登不上当，始终关闭城门。英宗很恼火，派人质问郭登："朕与你是姻亲，为什么把朕当外人，拒绝朕进入城内？"

郭登派人回答："臣奉命守城，不敢擅自开启、关闭城门。"

英宗无计可施，由此痛恨郭登。也先见英宗诈不开城门，派跟随朱祁镇的校尉袁彬入城，继续索要金币。

袁彬领命，手持驾牌，以头猛撞城门，大呼开门。大家都听到他在城下呼喊，郭登命人放下飞桥（即吊桥），让袁彬进来。

郭登、广宁伯刘安、侍郎沈固、给事中孙祥、知府霍瑄等人出来和袁彬相见。

袁彬告诉众人土木兵败的详细情形。大家听罢，伏地恸哭。

袁彬说，朱祁镇需要蟒龙袍，想将它赐给救他性命的伯颜帖木儿及也先的弟弟大通汉英王。大家赶紧拿来了蟒龙袍，交给袁彬。

袁彬还向众人转达朱祁镇的话："秋天的庄稼还没收上来，士兵已经长期吃不饱饭，可令他们收割庄稼，送进城内。"又转达朱祁镇的叮嘱，要大家小心："也先声称归还我，但是情伪难测，要严加防备。"

刘安也通过放下的飞桥，出城来见朱祁镇，看到他身边站着20余名瓦剌兵，看守着他。

朱祁镇说："汝等勿疑，朕是汝主。"

刘安见昔日主子混得这般模样，不禁悲从心来，伏地恸哭。哭罢，朱祁镇叫他找一名翻译（通事）来。

刘安进得城内，令翻译和袁彬一起出城。

伯颜帖木儿得知双方联系上了，到朱祁镇跟前求取赏赐。朱祁镇满口答应下来，赏赐自然少不了他的份儿。

工夫不大，都督佥事郭登穿着官服，同大小官员出来拜见朱祁镇。

郭登伏地恸哭说："六军东归，孰料至此。"

朱祁镇说："将领骄横，士卒懒惰，朕为所误，夫复何言？"又问大同库内还有多少钱物。

郭登回答："有 14 万两白银。"

朱祁镇命取来 2.2 万两白银，先以 5000 两赐给也先，再以 5000 两赐给伯颜帖木儿等 3 人，其余的分给瓦剌兵。

朱祁镇分配礼金的时候，谈笑自若，神采奕奕，好像自己不是俘虏，而像仍然身在大位，跟平时接见臣子并无区别。

郭登等人不禁惊叹："圣主可谓是处于困境而通达之人。"

在筹集白银的这些日子里，郭登组织了敢死队，准备营救朱祁镇，由于太过冒险，此计划未能成功。

当晚，朱祁镇住在城西 20 里处。郭登派人告诉袁彬，将把 5 名夜不收（就是密探）打入虏营，准备展开营救。时机是朱祁镇游览石佛寺时，密探保护他进城。

袁彬随后告知朱祁镇，但朱祁镇胆小怕事，不同意这种冒险的做法，拒绝说："我命在天，今若为此，万一发生不虞之事，乃自取灭亡。"

郭登组织的敢死队，准备趁送银子的时候劫营，救出英宗。郭登说："莫若以计伐其谋，劫营夺驾，进入城内，此为上策。"

敢死队共有 70 余人，都是军中精锐。大家吃了一顿好饭，然后郭登与各人盟誓，激以忠义，传令：大家奋勇直前，执其弓刀，保护朱祁镇回到大同城。约定事成之后，给予每名壮士高爵厚禄。

敢死队员誓死用命，每个人都签订了生死契。但也有人提出反对意见，认为劫营太过冒险，投鼠忌器，会伤害英宗，因此大家迟迟没有行动。

过了几天，朱祁镇命袁彬进入大同城，来取赏赉之物。大家已经按照他的吩咐，筹集了 2.2 万两白银（有书记载是 2 万余两黄金），宋瑛、朱冕、宦官郭敬等人拿出了家资以及蟒龙衣，指挥千百户所拿出衣服、彩段，还准备了慰劳瓦剌兵的酒。袁彬用一队马车载着这些物品，驶出城门，交给朱祁镇，然后分配给也先、伯颜帖木儿等人。

也先尽管拿到了这么多财物，但并不会释放朱祁镇。

朱祁镇告诉郭登："固守城池，人来有所传报，必察诚伪，慎勿轻信。"

也先保持着高度的警觉性，拿到了巨额赎金，又怕生出什么事端，匆忙劫持英宗，惊扰而去，返回漠北老巢。

刘安还派人接触朱祁镇，得到他的一些信息。

朱祁镇想通过多缴纳赎金、多给好处的方式脱身，告诉来人："尔奏报皇太后，朕虽在房中，身体无恙，若再派遣使臣，要多带物货前来，多给赏，可以早日回京，如来迟了，恐怕深入房地了。"

朱祁镇又向联络人说："也先欲将其妹与我结姻，送我回北京，仍正大位。"

英宗要活命，也先要他干啥就干啥，什么国家利益都顾不上了。也先为了拿捏住这张王牌，在朱祁镇身上下了很大的赌注，优待战俘，待他不薄，甚至听从叛变的太监喜宁的唆使，想把自己的妹妹嫁给他，但被英宗拒绝了。又送一些蒙古美女给英宗，他还是不感兴趣。

后来，英宗回到北京，也先妹妹听从哥哥的安排，来到了大同，但是没能和朱祁镇结婚，阴差阳错之中，被大将石彪捷足先登。等朱祁镇想起这件事情，问起也先妹妹的下落，才知她早已成了石彪的女人。

朝廷的立场则跟他们不同，不满也先对大同的勒索。

得知郭登、刘安等人给了也先这么多财物，朱祁钰非常生气，谕令刘安："得报，房围拥一人，称是至尊，尔等俱出朝见，给予银两、段匹，分赏众人。此盖房寇设计，诈诱尔等。尔等无知无谋，至于如此。朝廷用尔镇守何为？中国惟知社稷为重。今后，但有此等不分真伪，尔等决不可听信，以误国家。近者，房寇诈诱杨洪三次，杨洪皆不听。如尔等日后再听诈诱，罪不容诛，慎之、慎之。"

朱祁钰的这份谕令，明明知道是英宗来求助，但是要求各地不要接受也先的勒索，要以社稷为重，希望大家向宣府杨洪学习，对他不理不睬，否则罪不容诛。

刘安等人以及其他沿边诸将都掌握了这份谕令的相关精神，就是抛弃朱祁镇这只死老虎，让也先捞不到任何油水。

北京保卫战前，大同也抓捕了一名通敌者。大同总兵官郭登上奏，通事指挥李让以讲和为由，和也先勾结，将幼女许配给也先弟弟大同王做儿媳妇，又暗地接受也先赏赐的4匹马以及两名抢掠来的妇女。得到这些好处后，李让将各城指挥的姓名全部报告给也先。又诈传朱祁镇的圣旨，令臣与也先相见。又将口外城池擅自许给也先。郭登在大同关押了李让这个叛徒。

副都御史朱鉴也上奏，也先许诺让李让当知院，镇守大同。李让教也先伪造朱祁镇的敕书，说景帝不当正位，也先必来为朕报仇。

景帝和兵部商议后，令郭登密切处置。

阿剌知院也派人来讲和，但是在敌我生死对立的情况下，这种讲和背后隐藏着更大的阴谋。

总督独石等处的备御右少监陈公等人，向朝廷传达了阿剌知院求和的愿望，也说明了蒙古部落内部也是矛盾重重，几个领导人各怀心思。兵部对陈公的奏报进行商议后，认为虏情谲诈，不可轻信，叮嘱昌平伯杨洪等人严饬武备，相机战守，务在合宜，以图成功。

也先带着大批银两继续退兵。

朱祁镇继续出塞，经过猫儿庄、九十海子，再经过苏武庙、李陵碑。八月二十八日，随也先大军来到黑松林，这里是也先的大营驻扎地。

朱祁镇来到也先大营，面见也先。

也先对他还算客气，向朱祁镇叩头行礼，侍坐一边，并设宴款待。牛肉、羊肉的香气飘满了营帐，大家狼吞虎咽地吃起来。

也先叫出妻妾，让她们向朱祁镇敬酒，祝颂长寿，随后载歌载舞，气氛还算欢乐、融洽。朱祁镇酒足肉饱，在蒙古女子的歌舞声中，刚才还心惊肉跳的小心脏终于平复下来。

完毕之后，朱祁镇又回到伯颜帖木儿大营休息。这里距离也先大营十余里，并不算远。伯颜帖木儿与其妻见过朱祁镇，还是行跪拜礼。伯颜帖木儿事实上成为朱祁镇流落漠北的守护神。

袁彬颇有文化，性格机警，在英宗被俘期间，护主有功。英宗北去，没有马骑，走不动路，靠袁彬背着走路；到了冬天，气温零下几十摄氏度，帐中被子无法御寒，朱祁镇冻得直跺脚，把袁彬当人肉取暖器，将脚放在他胸口捂热。

他们又碰到了哈铭，是先前随使臣吴良来到漠北的，被瓦剌人羁留在这里。

还有一个人叫卫沙狐狸，也随朱祁镇来到漠北，供应柴薪、挑水，劳苦备至。

这三人组成了服务朱祁镇的后勤小组。

进犯紫荆关

九月，锦衣卫小旗陈喜同从瓦剌逃回，带回了重要的情报。他说，脱脱不花率领 1 万军队，去劫广宁，回到野猪口后，又前往西南，欲与也先及阿剌知院相约，一起来进攻北京。

双方的使者此时还互有来往。景帝升都指挥同知季铎为都指挥使，出使去见也先，带去了景帝给朱祁镇的一封信，其中告知了立大兄皇庶长子为皇太子，自己即皇帝位的事情，并表示朱祁镇回国，皇帝之位可以商量，另外筹划，护送他回来的人不要太多。

景帝给也先也写了一封信，意思大体相同，但是表示皇位问题有点难办。

这些信没起到什么作用。正统十四年（1449）十月初一，也先仍不死心，以太监喜宁为向导，打着送朱祁镇还京的旗号，与其大汗脱脱不花兵分三路，大举进犯北京。京师闻报，实行了戒严。

景帝派遣官员祭祀了长陵、献陵、景陵后，命令居庸关、紫荆关及沿边一带的总兵等官，巡视大小关隘，在可通人马的地方或阻塞道路或加强防守，塞则广积木石，守则锋利器械，务在措置得宜，有备无患。

也先亲自率领主力、西路军，挟持英宗自集宁经大同、阳和（今山西阳高），在叛变的阉人喜宁的引导下，进攻紫荆关。太监喜宁是鞑靼人。土木堡之变后，喜宁投降也先，告诉也先明朝的情报，作为向导，引导也先进犯。

东路军从古北口方向进攻密云。

中路军从宣府方向进攻居庸关。

十月七日，也先再次来到大同东门，守将郭登拒绝开门，说："赖天地祖宗之灵，国家已经有新君了。"

也先知道打也没用，不攻而去。

大同总兵郭登给朝廷送去情报，称送从漠北回来的白匠罗到北京，白匠罗听到也先开会时对部下说："北京已立皇帝，要领人马来交战，终无讲和之意。我今调军马再去相杀，令彼南迁，还我大都。"可见，也先讲和的意图是假的，占领北京才是他的真实意图。

在密云方向，镇守密云的署都指挥金事王通上奏，也先在密云地方出没不绝，必是来犯边的，请求增兵。兵部先前已经向密云增兵 3000 人守古北口，这次又为他增兵 2000 人守卫密云。

也先劫持朱祁镇来到阳和。阳和守将进献了牛、羊、酒。

也先又来到宣府，索要金银和城池。

也先令朱祁镇写下谕书，送与宣府总兵官杨洪。

杨洪接到英宗手书，不敢擅自做主，将谕书急送京师，交给景帝定夺。

景帝让使者告诉杨洪，上皇写的不管是真是假，你都当它是假的。

杨洪有了上谕，对也先和朱祁镇不理不睬，坚守在宣府的工位上，纵使也先将英宗撕票，也只当没看见。

也先知道他有防备，无处下手，不攻而去。

十月九日，也先劫持朱祁镇来到紫荆关北口。副都御史孙祥派指挥刘深出来见朱祁镇。

朱祁镇和岳谦对刘深说，此处瓦剌兵共 3 万人，其中精壮者只有 2 万人，另有 2 万人从古北口进犯。

大敌当前，孙祥却上奏，守备本关的都指挥韩青号令不严，措置无法，即今防寇之际，恐误边计，他请求调走韩青，换上彭城卫带俸都指挥金事雷通。景帝没办法，依了他，把韩青调走了。又把按察使曹泰调往倒马关，提督守备。

景帝接到也先进攻紫荆关的奏报后，紧急召集文武大臣商议备虏之策。有人说，宜选精兵去支援，命都督佥事孙镗任总兵官，前往紫荆关。孙镗、领军都督佥事王通、都指挥佥事杨寿，应该提拔，有所激励。

景帝于是升孙镗为右都督、王通为都督同知、杨寿为都指挥同知，又选精兵 2 万人，其中 1 万人补充孙镗，以 1 万人交给都督毛福寿、陶瑾，策应孙镗。景帝对孙镗说，近闻达贼从紫荆关进犯，如果送上皇回京，只许放五七骑或十数骑入关，若超过此数，拥众而来，必须坚决抵抗、飞报京师处置。

孙镗等人将要出发，听说也先已经入关，遂在北京近郊扎营。

兵部鉴于左都督毛福寿、都督佥事陶瑾率领官军 1 万人策应孙镗杀贼，但是孙镗与毛福寿平时不和，恐怕会误事，于是，又增兵 1 万人，交给陶瑾率领。

喜宁引导也先进攻紫荆关，孙祥与敌人相持 4 天。最后，敌人暗地从其他小道进入，紫荆关腹背受敌，被攻破。

指挥韩青，英勇善战，曾经是朱棣北征的先锋，立有战功。也先军队杀进紫荆关后，明军士兵溃散逃跑，韩青立即集结 100 多名骑兵，以大义相激励，反击敌军，终因寡不敌众，被敌人包围，死战不退，中箭牺牲。

关破后，孙祥指挥士兵展开巷战，兵溃被杀，当时没有找到他的尸体，言官弹劾他弃城而逃。北京保卫战胜利后，政府重修紫荆关，才发现他的遗体，焚烧掩埋，没有上报。弟弟孙祺到朝廷陈冤，景帝才下诏予以抚恤。

由于战事紧急，景帝向宗室诸王写去书信，要他们派将领进京勤王。书信说，虏寇乘机入关，侵犯京城，危急之秋，尚依赖宗室至亲，以宗社为重，命将领统率精兵，不拘多少，星夜驰援，赴京勤王，以除虏寇，以安国家，期在旬月毕集，你们自己固守藩疆。

景帝敕谕大营总兵官及大小把总、头目、士兵等，再次申明军纪。命令说，国家用兵，所以禁暴诛乱，卫国安民，若赏罚不严，则士气不猛。

凡有奇功的，升职3级，赏银20两；头功升职2级，赏银10两；常功升职1级，赏银5两；官军临阵杀死贼人的，子孙袭升2级，赏银20两；其头目同所领官军全队以杀贼而死者，升赏按奇功标准；半队死者，算头功；10人以下死者，算常功，其头目也死了的，升赏子孙。

每支队伍中，立公正掌令官2人，务令头目、士兵死生相顾，临阵务在有进无退、有勇无怯。若头目不顾士兵先自退怯的，允许掌令官立即将其斩首，另选头目代领。若士兵不顾头目先自退怯的，允许后队斩前队，按常功升赏。军士不勇不进，致头目失陷的，斩其全队，若有能立奇功，可赎前罪。头目不勇不进，致军士失陷10人的，斩首示众；失陷至20人的，斩首，不与承袭；失陷30人以上至全队的，斩首、抄家，但有奇功，量与赎免。

其总兵官，申令不明不严，致10队退怯者，罚俸一年；30队退怯者，降职二等；致50队以上退怯的，罢其职；全军退怯者，斩头目、军士。降敌者，全家斩首、抄家。

行军之际，军士敢有抢劫虏民财产至10贯以上的，斩首示众；头目纵容军士抢虏至10人的，罢职充军；抢虏20人以上至全队的，头目枭首营门，士兵一起处死。

军中及诸招募等项新来之人，平日不知军法，敢有造言惑乱人心，挠阻号令致坏事的，凌迟处死、籍没其家。头目、官军临阵脱逃及不听总兵官号令的，斩首。

这个军令杀气逼人，真是非常严格。大家除了奋勇杀敌，没有任何退路。

尽闭九门

也先来犯，景帝再次调整了一批武将部署。

命魏国公徐承宗负责前军都督府。升京卫带俸都指挥金事陶瑾为左军都督府都督金事。升指挥同知芮成为指挥使。升锦衣卫指挥同知刘源为本卫指挥使。命都督同知刘得新，暂掌左军都督府，兼管三千营操练，后命定西侯蒋琬掌管左军都督府。升都督同知武兴为右都督。

释放了忻城伯赵荣。宽宥广宁伯刘安罪行，命顾兴祖、刘聚俱复冠带，刘安任总兵官，顾兴祖、刘聚任副总兵，俱领军杀贼。

于谦抵挡也先的方法，来自远古的智慧——"背水一战"。

"背城一战"与当年韩信的"背水一战"只差一个字，精神却都是一致的，那就是置之死地而后生。楚汉相争时，刘邦命大将韩信领兵 1.2 万人进攻赵国，而赵王带 20 万大军，在太行山的井陉关迎击韩信，数量约为韩信人马的 17 倍。而韩信在河边列背水阵，派 2000 轻骑潜伏于赵军军营周围。而交战结果是：赵军 20 万大军大败。

不怕死，才不会死。只有置之死地，才能激发弥天大勇，获得生的结果。

景帝敕令兵部尚书于谦提督各营军马。

刚开始，众将讨论，是战是守，观点不一。

主将石亨建议尽闭九门，收兵入城，坚壁清野，以避开贼锋，凭借坚固的城墙抗击敌人。

于谦表示反对，说不可："贼兵张狂太甚，而我又先示弱，他们将更加张狂。奈何示弱，将使敌人更加轻视我。"

尚宝司丞夏瑄向于谦呈上三策：

一是贼寇多骑兵，长于野战，短于攻城，我军应该坚壁勿战，使之士气沮丧，然后出奇兵、设埋伏，诸道奋击。一旦贼寇深入，宜令死士夜晚袭击其大营，设伏于内地，以待追者。

二是贼寇既举国入犯，边境无所防御，宜分边兵内外夹攻，彼将自行溃败。

三是我军依城为营，退有所归，宜以三队为法，前队战退，令中队悉斩杀以徇，不斩者同罪，使士兵知法畏法。

于谦向景帝汇报后，大家认为可行，景帝下诏实行。

于谦下令："临阵，将领不顾部下先撤退，斩杀其将领。部下不顾将领先退，后队士兵斩杀前队士兵。"

于谦分别派遣诸将，率领 22 万军队，背对城墙，列阵九门之外。九门全部关闭，即使死战，也绝不撤退。景帝命令有盔甲的士兵当天必须出城，不出城的斩首。而有盔甲的士兵仅有十分之一，九成都没有盔甲。

于谦率石亨、副总兵范广、武兴等主力，守卫德胜门。于谦躬擐甲胄，出营德胜门，以示必死，泣以忠义谕三军，人人感奋，勇气百倍。

具体分工如下：总兵官武清伯石亨陈于德胜门，都督陶瑾陈于安定门，广宁伯刘安陈于东直门，武进伯子朱瑛陈于朝阳门，都督刘聚陈于西直门，副总兵顾兴祖陈于阜成门，都指挥李端陈于正阳门，都督刘得新陈于崇文门，都指挥汤节陈于宣武门，皆受石亨节制。

此外，都督孙镗驻军于城西，刑部右侍郎江渊参赞军务。起用因为撤军交阯而削职为民的王通，为中军都督府都督金事，与都察院左副都御史杨善、吏科给事中程信、户科给事中王竑，提督官军守护京城。驸马都尉焦敬巡视皇城四门，提督官军严加防卫。

景帝敕令石亨及左副总兵、署都督金事范广，右副总兵、右都督武兴，说，今达贼窥伺京城，特命尔等统率大军，屯于九门，或设伏，或设险，或守正用军，或出奇取胜，或获守城池，以逸待劳，或攻劫营阵，以计陷敌，或分兵策应，务出万全，事定，报功升赏不吝。

于是将士们人人抱着必死的决心，奋勇杀敌。

兵马司欲拆毁九门外的军民房屋，以便军队屯驻。老百姓不干了，闹得很大，争着背负行李要进城。给事中李震说，这么蛮干会动摇人心，不宜拆毁房子。景帝让兵马司立即住手。

陕西兴安侯徐亨也上奏，臣居内地偷安，乞求回北京扈从，遇警奋勇杀贼。景帝表扬他的忠诚，但是陕西重地，也必须留人镇守，就没让他来北京。

监察御史任宁，精通诸葛武侯八阵及天地人三阵左右前后策应之法，将原画阵图献给朝廷。景帝下诏石亨、于谦同任宁详细讨论。

国子监的学生也激发了爱国心。学生练纲上奏，虏寇奸计并不特别，邀留圣驾、索取金帛而已，其实效仿金人以汴宋待我也。今天下之大固，非宋室可以相比，然而求其如种师道（北宋末年抗金名将）、李纲辈为之捍御者，亦不多见。人心倚赖系国家安危者，惟兵部尚书于谦、武清伯石亨而已，宜敕其坚守中军，但派遣将领分兵接战，假设结果不利，虏必环绕国都、内外信绝，谁主勤王之大计者，乞求选择宗室亲王之中平日忠孝著闻者，会同镇守官招募义士大举入援，则虏寇听闻骨肉相救，必心怀疑惧而自己退却。若于骨肉之间，自生嫌忌，恐怕堕入胡人彀中，噬脐无及（指因遭受极大损失而后悔不及）矣。文武群臣敢有以和议为词及劝南迁者，乞求就诛杀之，勿留误国，并命各衙门堂上官分守九门，派遣人催促各处军马，及调陕西、吐番土兵入援，不宜迟缓。

景帝深表赞同。

听说瓦剌已经攻下紫荆关，景帝亲自祷告天地和祖先——现在，虏寇（指瓦剌军队）猖獗，越山进入居庸关内，布列野外，欲窥视京城，已命总兵等官，统率大军剿杀，祈求保佑将勇兵强，虏寇瓦解，国家宗社永保康宁。

吏科给事中姚夔给皇帝支招，赶快让辽东、宣府派兵支援北京。他上疏称，虏寇逼犯京师，祸患未可测，臣思考京师是腹心、辽东是手足，今军士之精锐，莫如辽东，而徒守一隅，正犹如置腹心不顾而护手足，其于轻重缓急何如哉？乞求令与右副都御史罗通筹划，量存军士守备居庸关，合兵连夜赴北京，夹攻贼阵。如此，则我内外相应，而虏腹背受敌，亦为取胜之一策。

看到姚夔的上疏，景帝紧急命杨洪率领 2 万人，辽东副总兵焦礼、施聚率领 3 万人来支援北京。

景帝又令巡抚山东、山西、河南、陕西的都御史洪英、朱鉴、王来、王文以及直隶、山东、山西、河南分守各府的监察御史金达、谢佑、王伟、陈金、姚龙、陈诚、汪庭训、苏璟、徐珵、王玉、杨鼎、李宾、夏裕、白圭、王庾等，各收所守地方的军民男女进城，以防也先剽掠，其所选拔的官军、民壮，由他们亲自率领，来北京策应。

敕令巡抚永平等处的右佥都御史邹来学、参将胡镛率兵 2 万人来支援。

敕令指挥同知石彪、都指挥孔旺等人率领所领官军来涿州接应杀贼。

派遣户部郎中汪浒前往陕西河州等卫，调兵来支援。

派遣使者带着敕书去朝鲜及野人女直卫，拨出军队与辽东明军会合杀贼。

命令发出后，全国各路兵马向北京增援而来。

这正是——

> 健儿马上吹胡笳，旌旗五色如云霞。
>
> 紫髯将军挂金印，意气平吞瓦剌家。
>
> 瓦剌穷胡真犬豕，敢向边疆挠赤子。
>
> 狼贪鼠窃去复来，不解偷生求速死。
>
> 将军出塞整戎行，十万戈矛映雪霜。
>
> 左将才看收部落，前军又报缚戎王。
>
> 羽书捷奏上神州，喜动天颜宠数优。
>
> 不愿千金万户侯，凯歌但愿早回头。

（于谦《出塞》）

于谦胸中，气吞万里如虎，面对凶恶的瓦剌，明军将士如猛虎下山，似蛟龙入海，怀着必胜的信念反击进犯。

第五章

北京！北京！

一、兵临城下

> 忆昔蒙尘实惨怛，反覆势如风雨至；
> 紫荆关头昼吹角，杀气军声满幽朔。
> 胡儿饮马彰义门，烽火夜照燕山云；
> 内有于尚书，外有石将军。
> 石家官军若雷电，天清野旷来酣战；
> 朝廷既失紫荆关，吾民岂保清风店。
> 牵爷负子无处逃，哭声震天风怒号；
> 儿女床头伏鼓角，野人屋上看旌旄。
> 将军此时挺戈出，杀敌不异草与蒿；
> 追北归来血洗刀，白日不动苍天高。
> 万里烟尘一剑扫，父子英雄古来少。
>
> （节选自李梦阳《石将军战场歌》）

诗中所描述的情景，就是轰轰烈烈的北京保卫战。

此战的灵魂人物是被誉为"救时宰相"的于谦。如果没有他，大明的北京保卫战多半会失败。

也先劫持朱祁镇车驾来到易州，到了良乡县，父老进献茶、果、羊、酒。易州、涞水的柴炭工人看见敌人来了都一哄而散。因此北京城内造战车的场所缺少柴炭。大慈恩寺等处每年支出柴炭180余万，工部拿这些柴炭用于造车。

不久，朱祁镇的车驾到达卢沟桥果园，官员拿来果品给他们吃。

吃完之后，朱祁镇命袁彬写了3封信，分别交给孙太后、弟弟及文武群臣，通报虏情，告诉他们固守社稷。

朱祁镇派遣岳谦和也先的使者那哈出，来到彰义门外，和明军对接。这一天正是十月十一日。

彰义门首胜

也先以为京城旦夕可下，有如探囊取物一般容易，然而看到官军严阵以待，顿时锐气消了一半。派去的岳谦直接就被明军杀了，吓得那哈出魂飞魄散，逃回了自己阵营。两军开战，高礼、毛福寿在彰义门北，杀退贼300人、活捉1人。

也先在第一个回合的交锋中就落了下风。

也先于是列阵至西直门外，劫持英宗来到德胜门外的土城。

景帝对武清伯石亨、尚书于谦说，高礼、毛福寿领军于彰义门北，杀退贼300人、生擒1人，尔等即选精兵于教场驻扎，以便调用。自都指挥以下，不用命者斩首以徇，然后闻奏。等于给了于谦对正二品以下的人可以先斩后奏的权力，又敕令太监兴安、李永昌同石亨、于谦等办理军务。

喜宁出鬼点子，劫持英宗来到德胜门外的土城后，派遣使者来议和，将英宗作为攻城略地的政治工具，邀请大臣出来迎驾。

景帝怀疑其中有诈，明军又杀了对方的使者，因此没有人敢去。但是有一个人例外，甘肃通渭人、中书舍人赵荣站出来慨然请行。

大学士高谷解下所佩的犀带，赠送给他，拍着他的背感叹：“您真是忠义之人啊。”

景帝火线提拔赵荣为太常寺少卿，提拔通政司左参议王复为右通政，让他俩出城，去见也先。

两人出城，慢慢来到土城庙，朝见朱祁镇，进献羊、酒等食物。只见在朱祁镇一旁，杀气腾腾地侍立着两人，身穿铠甲，手持弓矢，那正是也先和伯颜帖木儿。

赵荣等人递过去两封书信，汉文版递给朱祁镇，番文版递给也先。

也先看了看两人，不免有些泄气，说："尔等皆是小官，急令王直、胡濙、于谦、石亨来。"他想见见尚书级别的官员，还声称要索取上亿的金帛。

朱祁镇也担忧地对赵荣等人说："彼（指瓦剌）无善意，汝等宜赶快回去。"

二人辞归，回到城内，将也先邀请于谦、石亨、王直、胡濙等迎驾、参加谈判的意思说了一遍。

于谦一眼识破其中的阴谋，想必又是喜宁出的坏点子，其意图是妄图擒拿主帅，迫使明军献城。

于谦独排众议，对大家说道："社稷为重，君为轻。"大臣们商议说，于谦等人是国家所倚仗的人，不要去迎驾，以防发生不测。

这英宗一个人的性命当然没有北京城这么多人的性命重要。既然新皇帝已经上位，老皇帝就没有什么实际意义了。相反，明军打得越坚决，朱祁镇的处境就越安全。

于谦只管放手备战，拒绝任何形式的谈判。有了于谦"社稷为重，君为轻"这句话，上上下下再也没有任何顾忌，可以大展拳脚，放心杀敌。也先手中本来奇货可居、可以无限放大的政治王牌，瞬间变成无人理睬的"狗不理"包子。

狡猾的也先见于谦不上当，气急败坏，四处剽掠，引诱明军出来野战。他们来到北京郊外，焚毁三陵（朱棣长陵、朱高炽献陵、朱瞻基景陵）殿寝祭器，杀死长陵卫的官吏，掳掠走的人口不计其数。瓦剌兵向北逼近宣武门，向南跨过卢沟桥，四处抢掠，攻城益急。

也先十分猖獗！形势十分危急！

心急的石亨在朝堂上一把折断弓箭，厉声说："宰臣再不出计策，莫能支撑了！"

大学士陈循等上疏，请皇上敕令宣府总兵杨洪、辽东总兵曹义各挑选劲骑来北京，与官军夹击也先。又请旨，招募能斩杀也先的人，重赏1万两黄金，封为国公。

杨洪的厉害不用说了。曹义也有本事，镇守辽东20余年，屡次击败兀良哈。

不几日，杨洪、曹义各选精锐来到北京，明军军威大振。

大同郭登也亲率精锐赶赴北京。因为路程较远，郭登先以蜡书驰奏景帝，大略是："戎马南驱，三关失险，留连内地，为患不轻。欲悉起各处官军民壮，入护内廷。京兵击于内，臣兵击于外，使贼有腹背受敌之虞，首尾不救之患。"还顺便表达忠心说："忠臣切已，敢忘报国之心；成败在天，不负为臣之节。"

于谦又使出离间之计，伪造了喜宁与太监兴安的书信。书信里写道：两人商议，引诱也先进犯北京，乘其孤军深入之际而捉拿他。然后，派人将书信给喜宁送去。

这封书信很轻易地被也先巡逻的士兵截获。也先读罢书信，怀疑喜宁是明朝派来打入自己内部的卧底。两人之间的合作出现裂痕。

德胜门伏击

明军22万人列于城下，也先望见大军军容盛大而军纪严明，不敢轻犯，加之谈判无望，挑衅又无人上当，坚守城池的人根本不拿英宗当回事，下令于十月十三日强攻德胜门。

而这里正是明军的主力、于谦的驻防地。

天上刮起大风，下起大雨、大雪，夜晚甚至天上还打雷，这天气真有些离奇。空气中带着浓浓的寒意。

刚开始，也先以数名骑兵来窥探德胜门。

于谦令石亨率领上千名神机营的士兵在城外的两边空房预先设伏，派遣数名骑兵做诱饵，迎战瓦剌骑兵。战了几个回合，佯装不敌，引诱敌人来攻。

也先果然上当，率领1万多名铁骑杀到，副总兵范广命令埋伏的神机营，将神炮、火器一起开火。

该营装备的火枪、火铳、火绳枪，像猛兽一样怒吼着，喷出一条条火舌，硝烟弥漫，发出震耳欲聋的声响，整个大地都颤抖起来。恐怖的箭雨不断落下来。

也先的骑兵部队遭到重创。也先的弟弟孛罗、平章卯那孩中炮而死，一会儿工夫，几千具瓦剌士兵的尸体填满了街巷，血流成河。

孛罗，为瓦剌首领脱欢之子、也先之弟，素有"铁元帅"之称。孛罗的死亡，让也先震惊不已。

而击毙孛罗的辽东人范广，也是一名硬汉式的名将，精于骑射，骁勇善战。

伏击战过后，范广正式亮相。

只见他率先犯阵，一马当先冲出，跃马冲入敌阵，左右砍杀，部下踊跃跟随，勇气百倍，锐不可当。刚刚还气焰万丈的瓦剌军队，势头被打压了下去。

于谦看在眼里，对范广倍加欣赏。此战后，范广成为于谦最为看重的将领，一时诸将多在范广之下。

也先在德胜门没有占到任何便宜，反而损兵折将。双方各有不小的伤亡。经事后统计，德胜门外有3000多名明军阵亡，加上在此抗敌的1.98万人，在战后都得到了奖赏。

大战西直门

石亨走出安定门，与其从子石彪，持巨斧突入也先中坚，所向披靡。敌人退却，向西转移。

瓦剌兵转到了西直门外，这里有都督孙镗把守。

孙镗于正统十四年（1449）升任都指挥佥事，跟随总兵官徐恭平定了浙江庆元人叶宗留领导的起义军。

这次孙镗起先表现不错，与也先部队大战，斩杀其数名前锋。虏寇向北逃走，孙镗拍马追了上去。

然而瓦剌不断增兵，将孙镗团团围住，人数实在太多了，孙镗左冲右砍，突围不出去，一边力战，一边退至城下。孙镗急忙叩门，请求进入城内。监军西城的给事中程信，赶快下令开门，放孙镗进城。

也先见有机可乘，越发嚣张，城内人心益危。因为有军令在，任何士兵和武将不得进城，程信关闭城门，逼迫孙镗出战。士兵们已经置之死地，只有奋勇战斗了。

程信、都督王通、都御史杨善，站在城上为孙镗助威鼓噪，守军用神炮、火箭轰击瓦剌军，敌人陷入混乱。副总兵高礼、毛福寿率兵来增援。激战中，高礼被一枚流矢射伤。

石亨也率军来援，将敌人打退。

也先转向南门，知道明军已经由羊变成了狼，士气逐渐衰落。

于谦就各处互相支援进行部署，命都督王敬、武兴，都指挥王勇前往彰义门杀贼，金都御史王竑前往毛福寿、高礼处提督军务，与孙镗屯兵一处。若有紧急情况，立即飞报王敬、武兴、王勇，这几处军队要互相支援，不许自分彼此，以免贻误军机。

景帝敕令毛福寿等人在京城外的西南街巷，堵塞主要通道的路口，埋伏好火器、短枪。

又下诏京城夜晚严禁士兵走动，派遣郎中巡查监督，防止奸细渗透。

十月十四日，石彪率精兵 1000 人，诱贼寇至彰义门（今北京广安门）外。

也先见石彪兵少，提兵来战，石亨率众人痛击，副总兵武兴、都督高礼、都督王敬也英勇奋战。前队是神机营的都督范广，以飞枪、火箭等火器轰击，杀伤甚众；后队用箭雨压阵，挫败其前锋。

也先稍微退却，跟在明军最后边的数百名宦官也想表现一把，争功心切，跃马出击，导致阵营大乱。瓦剌兵抓住这个机会，反败为胜。

也先部队追至土城。混战中，武兴被一枚流矢射死。

武兴，为宿州（今属安徽）人，个性深沉，富有谋略，曾任漕运总兵官，镇守淮安，后改任神机营都督。武兴牺牲后，追赠山阳伯，陪葬于皇陵。

土城的居民纷纷爬上房顶，大呼大叫，投掷砖头、瓦片击敌，喊声动天。敌人稍微停止了攻势。

王竑及毛福寿率军赶到，敌人远远看到他们的旗帜，匆忙退走。

于谦派出间谍，偷偷告诉朱祁镇有夜战，要移驾远一些。做好这一切后，令石亨等人在夜里进攻。那间谍举火，给予定位，大炮朝着那有火光处猛轰。也先猝不及防，死者上万人。

而未进关的瓦剌兵，运来板木、草束进攻居庸关。守关的明军用火器还击，瓦剌兵没占到一点便宜，无法与也先会合。

二、也先退兵

相持 5 天，也先遭遇惨重失败，谈判没有希望，知道不可能攻占北京了。

景帝又敕令提督居庸关的副都御史罗通等人，领精兵 5000 人赴京策应，又怕人数不够，将赵玟、杨俊所率领的军马都领来助战。而各地的勤王师正向北京赶来，要断其归路。继续再打下去，只怕也先会死在北京城下了。

也先劫持英宗从良乡方向撤退，在所经过的州县大肆劫掠，百姓苦不堪言。也先又分别派遣部下，四处抢掠京畿内的诸府、州、县。

景帝见战势有利，客客气气地致书太师也先，还想把朱祁镇捞回来。又给知院伯颜帖木儿写了一封信，向他为朱祁镇提供的周到服务表示谢意。

也先、伯颜帖木儿接到信，自然不会放了朱祁镇。也先出了居庸关，伯颜帖木儿带着朱祁镇出了紫荆关。

东路军脱脱不花没进入北京，就听到也先撤退的消息，不敢入关，也匆忙撤军，北遁而去。脱脱不花来打北京，意志并不坚决，只是被动协助也先。他派遣使者兀灵哈等来到朝廷进贡马匹、议和，朝廷先是予以拒绝。

但礼部尚书胡濙、吏部尚书王直等人还算见识多，知道脱脱不花和也先君臣素来不和，于是献计，脱脱不花本来与也先一起来进犯，今遣使入贡，愿皇上包容受纳他，接受进贡，依例赏赐。也先知道他暗地求和，必定会心生怀疑，这也是离间他们、分化瓦解他们的好机会。

景帝于是听从其言，赐宴兀良哈，并赏赐彩币、衣服等。

乘胜追击

明军诸将乘胜追击，分兵尾随瓦剌军。

石亨与从子石彪大破瓦剌军于清风店（今河北易县西）。

石亨让间谍给也先通报，尾追他的不是石亨，而是其他将领，在阵的将领仅仅是假石亨。

也先果然中计，率众人转头来攻。两军交战，石亨本人却率领石彪与几十名精锐奔击大呼，直插也先阵中，刀斧齐下，转眼间杀死数百人。

也先军队见真石亨出马，惊骇莫名，自相践踏。

明军将瓦剌兵斩首不计其数，积尸十几里，敌军只顾逃跑，羊马、货物遗弃得如同丘陵一般。

这一仗，也先在夜色的掩护下，率数名骑兵逃走，部下仅有十之二三得以逃回，大部分战死。

孙镗、范广与杨洪率领 2 万士兵追击也先，大战于涿州深沟，颇有斩获。在霸州，擒获阿归等 48 人，追回上万被掠走的人和牲畜。

郭登率领所部，并纠集义勇军，从雁门关进入北京，此时，也先已经撤走了。郭登手下在巡逻中抓获了两名也先的间谍。

他们在锦衣卫招供：也先在北京保卫战中死伤惨重，损兵折将不下 10 万人，人数超过军队的一半。

而进攻居庸关的 5 万瓦剌军，被右副都御史罗通击退。

天气大寒，滴水成冰，凛冽的北风吹在脸上，如同刀割般疼痛。

罗通命士兵们取水灌入四周的城墙，那水在墙壁表面结了冰。墙壁坚硬得如铜墙铁壁，光滑如镜面。这情形跟燕军反击南军进攻北京一样，爬城爬不得，攻又攻不进。

瓦剌骑兵围了 7 天，无可奈何，见城内兵精粮足，自己挨冻受饿、兵困马乏，怏怏退走。罗通以逸待劳，乘胜追击，将敌人击败。因为守关立功，景帝奖励居庸关明军 2 万两白银、2 万副胖袄。

瓦剌骑兵分成小队，散掠各郡，每队人数不过 100 多人，驱赶着人畜后撤，远远望去，黑压压的一大片。在居庸关，都指挥杨俊率领 800 人追击，斩获贼首 6 级、马 120 匹、牛骡 470 余只，追回被掳掠的人口 500 余人。瓦剌骑兵战斗力尚存，在一次反扑时，杀死明军数百人，杨俊差点被抓获。

在保卫北京的过程中，于谦的才能得到了充分发挥，指挥若定，谋略过人。

十一月，京城解除戒严，景帝诏告天下北京保卫战取得光辉胜利。

当然，这个诏告里撒了几个善意的谎言，比如，来请迎复上皇屡次皆诈、遍历虏营不见大兄等，并不符合实情。

因为，景帝怕大哥真的回来啊。也先在没将朱祁镇的价值吃干榨尽之前，也不会轻易放了他。

地方军回归本位，而本来守卫宣府的杨洪等人班师回到北京，另有大用。

北京保卫战获得重大胜利，也先大约 10 万人葬身北京。

明军击败瓦剌军队凯旋，部队军威雄壮，群情欢跃。

> 将军归来气如虎，十万貔貅争鼓舞。
>
> 凯歌驰入玉门关，邑屋参差认乡土。
>
> 弟兄亲戚远相迎，拥道拦街不得行。
>
> 喜极成悲还堕泪，共言此会是更生。
>
> 将军令严不得住，羽书催入京城去。
>
> 朝廷受赏却还家，父子夫妻保相聚。
>
> 人生从军可奈何，岁岁防边辛苦多。
>
> 不须更奏胡笳曲，请君听我入塞歌。
>
> （于谦《入塞》）

于谦的情随诗意沸腾，心与军民同乐。"不愿千金万户侯，凯歌但愿早回头。"于谦率领士兵浴血奋战，不是为了个人升官发财，而是为了保卫家国。

瓦剌余寇还在易州以西扎营，四散剽掠，景帝令昌平伯杨洪，都督孙镗，都督金事范广、陶瑾，都指挥张义、陈友、刘聚，率领5万人分为两军，前后而行，声势相接，相机进行剿杀。兵部的探子（夜不收）在涿州看到瓦剌兵300余人在那里扎营，上报兵部。兵部派副总兵范广带领大军追剿。杨洪等军在霸州遭遇残虏，大破之，生擒5名引路劫掠的瓦剌士兵，夺回被掳掠的人口1万余人以及无数的马、牛、羊。

三、奖赏功臣

奖励是胡萝卜，惩罚是大棒，两者交互使用，激发出了全体将士惊人的战斗力。

也先退出居庸关之后，皇帝论功行赏，加于谦少保，总督军务。

于谦坚决推辞不受，说，臣猥以浅薄，致位六卿，任重才疏，已出望外。今虏寇未靖，兵事未宁，当圣主忧勤之时、人臣效死之日，岂以犬马微劳邃膺少保少傅的重任？所有恩命，未敢祗受。如蒙怜悯，仍臣旧职，提督军务，以图补报，庶协舆论。

皇帝坚决要给他奖赏，说，国家重务委托于卿，卿当勉之，所辞不允。

许多人纷纷颂扬于谦的功绩，于谦推辞说："四郊多垒，卿大夫之耻辱，何敢邀功请赏！"

对于有功人士，景帝批发了一大批官帽子，将白银分发了一大圈。

石亨因为指挥有方，英勇作战，战果显著，晋升武清侯。

杨洪以功，被封为昌平侯，命率所部留在京师，监督京营训练，兼掌管左军都督府。

对于郭登，景帝优诏褒答，由都督同知升为右都督，都督金事纪广等升为都督同知。范广升都督金事。

升右副都御史罗亨信为左副都御史。

连保卫景帝的侍卫官、带刀将军都督金事张轼等2250人都得到一两白银的奖赏。

在打击也先时，众人施展才智，奋勇争先。朝廷对英勇杀敌的官兵、百姓兑现奖励。所镇抚薛斌率领官旗 23 人，潜入贼营，射死 1 人，夺回被也先掳掠的 1000 余名百姓。于谦报告给景帝，景帝很高兴，下诏薛斌官升 2 级、赏银 2 两，其他人都升 1 级、赏银 1 两。舍人（仆从）叶思实在京城外杀达贼，获得首级，得到 3 两白银奖励；百姓任让等 6 人杀敌，每人得到白银 2 两奖励。

四、严厉惩处

一批人则因为失职，受到惩处。

山西雁门关缺人防守，而镇守都督孙安、巡抚副都御史朱鉴都龟缩在山西城内，不出去巡边。景帝接到兵部上奏，对他俩进行了严厉批评，令其速往本关哨守，若再怠慢，必治罪不宥。

刑部侍郎江渊、兵科给事中刘清奉命前往都督孙镗处帮助杀敌，但是江渊看到石亨处官军数量多，容易立功，跑到了石亨这里帮忙，而致使孙镗处缺人，监察部门请治其罪。景帝收到六科十三道的弹劾，命令江渊、刘清赶快去帮助孙镗，再违不宥。

都指挥魏兴等人于西直门外杀贼时不卖力，先行回营。景帝收到兵部尚书于谦上奏，宽宥魏兴死罪，让其一马当先杀贼赎罪。

应城伯孙杰犯弃所守地罪，应斩首，降职为事官，送到武清侯石亨处戴罪立功。

蔚州左卫指挥使魏真，临阵逃避，命令立即在军中斩首。

有人乘机为盗抢劫财物，有人谎报瓦剌士兵来了恐吓百姓，先前投降的瓦剌士兵有的又发生叛变，都被严厉镇压。

景泰元年（1450）初，朝廷连续处决了几名叛徒。

最先解决的是小田儿，伏诛的时间是闰正月。

小田儿（又称田达子）本为明朝人，投降也先后，积极出谋划策，侵犯边境，引导也先进犯北京。他还以贡马为名，混在也先的使团之中，伺机刺探情报，打探北京方面的虚实。

于谦密授巡边的兵部右侍郎王伟妙计，计划在大同除掉小田儿。

王伟到达阳和城，侦察到小田儿混在瓦剌人的朝贡队伍里。他预先埋伏勇士在路边，等朝贡队伍经过时，勇士突然从路边冲出来，将小田儿一把抓住，以迅雷不及掩耳之势掳走。

然后用利刀砍断小田儿的头，锄奸队迅速撤离，消失得无影无踪。

只一眨眼的工夫，这个大叛徒就死了，边患稍微有所减少。

也先的使者也不敢来交涉。明军哄骗他们说，小田儿思念亲人，已逃之夭夭了。

当年二月，叛臣喜宁伏诛。

喜宁本为女真人，仗着英宗宠信，爬上了御用监太监的位置，坏事做绝。

正统九年（1444），镇守辽东太监王彦去世，喜宁奉命去检查家财，却把王彦的奴仆、骆驼、马、金银器皿、田地、食盐等私自弄走了。王彦的老婆吴氏投诉后，金银器皿、田地、食盐物归原主，奴仆、骆驼、马为政府没收，喜宁白忙一场，却也没被问责。

正统十二年（1447），喜宁向英宗索要河间府青县超过 415 顷土地（约 4.15 万亩）。户部去核查，发现里面大多是老百姓的田地，岂能轻易给他？最后赐给他 7580 亩荒闲土地。

当年，贪得无厌的喜宁侵占土地和住宅，居然欺负到太师英国公张辅的头上，气焰是何等嚣张。张辅不干，喜宁的弟弟喜胜竟然率领自净家奴毁坏张辅佃户的居室，殴打张辅家已经怀孕的妇女，导致对方堕胎而死。

张辅向英宗告状，喜宁竟然又被放过。

土木堡之战中，大家都跑的跑了、死的死了，仅剩下喜宁跟随在朱祁镇的身边。

喜宁是个软骨头，投降了也先，泄尽朝廷机密，数次积极引导也先进犯，索取城池，抢掠财物，威胁京师安全，成为国家之仇敌、朝廷之大患。

从英宗到景帝，都认为非除掉他不可。

喜宁为也先讨要利益。正统十四年（1449）八月，喜宁、通事岳谦等到北京索要金珠、彩币等。

喜宁以英宗为要挟，妄图攻占城池。同年十月一日，也先派太监喜宁、通事指挥岳谦等人到大同城下，扬言："今天送太上皇回京，若不得正位，即使五年、十年也要进行仇杀。"大同守将没理他。

喜宁做向导夺取关隘。九日，喜宁引蒙古铁骑攻打紫荆关。副都御史孙祥与之相持4日，蒙古兵找到一条秘密路径攻入，孙祥腹背受敌，战死，紫荆关失陷。

十一月四日，喜宁又做向导深入大明，瓦剌兵埋伏于边境，诱使明军出战。十二月五日，喜宁与也先商议，欲南下侵略。跟在英宗身边的锦衣卫校尉袁彬表示反对：天寒不可去。也先大怒，欲杀掉袁彬。

除掉了袁彬，就等于砍掉了朱祁镇的左膀右臂。

喜宁将袁彬引诱出大营。袁彬不曾提防，忽然冲出几个大汉，拿绳子把他捆了个结结实实，绑缚到旷野中。袁彬见四下没个人影儿，十分绝望。这伙人准备将他杀死、肢解。

也是老天有眼。英宗此时到处寻找袁彬，四处找不到，得到了别人传来的消息，袁彬刚才被人绑架了！朱祁镇急匆匆地赶去，救下了袁彬。

英宗视袁彬犹如自己骨肉，又切齿痛恨喜宁总拿自己当人质，数次诱导也先扰边。两人密谋锄奸，计划派遣喜宁进京传命，让士兵高斌跟他一路同行。到宣府后，找准时机除掉他。

同年十二月，英宗秘密派遣高斌，向明廷传出引诱喜宁入城、立即杀掉的消息。

而在朝廷方面，除掉作恶多端的大叛徒喜宁，早成了人们的共识。景泰元年（1450）二月八日，明廷公开悬赏：若能杀也先，赏白银5万两、黄金1万两，封国公太师；杀伯颜帖木儿、喜宁者，赏白银2万两、黄金1000两，封侯爵。

皇帝此番下诏，必置喜宁于死地。重赏之下，将士们擒拿喜宁的热情高涨。

除掉喜宁的时机终于到了。英宗先命校尉袁彬和也先商量，今欲派喜宁、总旗高斌、达子那哈出回到北京，索要礼物。

也先不知就里，就答应了，派三人上路。

英宗暗地让袁彬写了一封密信交给高斌。高斌将密信绑在大腿上，随喜宁出发。路过宣府之时，高斌通知总兵等人设计擒拿喜宁。

在诱捕喜宁一事上，宣府右参将杨俊有所作为，但在上奏此事时做了手脚，说喜宁是自己擒获的，刻意抢功讨赏。

杨俊的奏报有自吹自擂、虚夸不实的成分，实际真正出力的还有都督同知江福。

江福任万全右卫守备。喜宁也动了坏心思，派遣高斌假意和朝廷和谈，妄图引诱江福出城，予以消灭。江福决定将计就计，对高斌晓以君臣大义。谁料，高斌拿出英宗写给宣府总兵的密信给他看，信中讲述喜宁谋叛的具体情节，命令他们用计擒拿。

江福这下放心了。待高斌离去后，江福请求总兵朱谦、参将杨俊率兵支援，提前在野狐岭埋下伏兵。

喜宁和高斌来会盟之时，江福让十几名士兵内穿软甲、外着常服，拿着好酒、好菜出关，到野狐岭迎接他们。

双方见面，在敬酒时，高斌突然一把将喜宁抱住，两人一起坠落于城壕，高斌大呼捉拿喜宁。士兵们将喜宁合力擒获。伏兵听到信号，趁势杀出，1000 余名瓦剌兵不敌，败走。

景帝接到奏报，大喜，将杨俊升为中督右都督，仍任参将，与朱谦各赏黄金 20 两、白银 60 两，高斌升为副千户、赏衣一袭。但这些赏赐跟当初白银 2 万两、黄金 1000 两并封侯的悬赏有很大差距。

那哈出走回瓦剌营地，报知喜宁被抓走了。朱祁镇大喜，说，干戈长久不息，人民被害，皆是喜宁所为。今后边方宁靖，我南归也指日可待了。

喜宁在北京接受审判。景帝让群臣审问后，命磔杀喜宁于市三天，仍令沿边诸将严为守备。

喜宁作为太监里的败类，落得了可耻的下场。

翻译马云、马青有通敌卖国行为，还胡说明朝公主可与也先联姻，也被抓捕。

杨俊遭到弹劾

左都督杨俊一直丑闻缠身，多次遭到弹劾，但在景帝保护下安然无恙，直到英宗复辟后，出于复仇心理，杀掉了杨俊。

杨俊，勇将杨洪之子，为人恃勇，桀骜不驯。

他并非杨洪的正室所生。

杨洪娶了3个老婆，正室魏氏生了杨杰。杨杰在景泰年间世袭，封为第二代昌平侯。杨洪有一个妾葛氏，在杨洪死后上吊殉夫，被追赠为淑人。淑人为三品官员的妻的封号。女人殉夫，以生命的损害和失去作为代价，来实现所谓的崇高道德，极其残忍而虚伪。

杨洪镇守宣府时，杨俊总督独石、永宁诸处的边务，但是在土木堡之战中表现不佳，在阿剌知院的攻击下弃城南逃，导致居庸关外丧失了坚强的防御。

瓦剌进犯京师，杨俊在居庸关打败也先部下，升为都督佥事，不久任右参将，协助朱谦镇守宣府。杨俊率领士兵巡哨怀来等处，不经请示，调动守备永宁的官军到达怀来，并将永宁城的西门砌砖封死。于谦弹劾他"方命专权，擅作威福"。

景帝在用人之际，宽宥不问。

兵部尚书于谦领导北京保卫战激战正酣时，杨洪得到诏令，率2万精兵进京勤王，到达后也先已经败退。杨洪与都督孙镗、范广等追击残敌，在霸州（今河北霸州市）擒获阿归等48人，斩杀480人，夺回数以万计的被俘人员、牲畜。到达关口时，瓦剌兵返回再战，杀死数百名明军，杨俊差点被杀。

第二年夏天，杨洪佩镇朔大将军印，从北京还镇宣府。侄子杨能、杨信任左右参将。杨俊为右都督，管北京三千营。

杨门父子手握重兵，官至极品。杨洪害怕引起别人猜忌，请求退休、将杨俊调往其他镇，没有得到景帝批准。杨洪在 71 岁高龄去世，追赠颍国公。

失去了父亲的庇护，杨俊照样升职，官至左都督，世袭为第三代昌平侯。

杨俊继承了父亲的勇敢，但是沾染了不少"官二代"的不良习气，品格、为官之道比父亲差得很远，因而命运不如父亲。

杨俊仰仗父亲是高官，自身又极具好胜心，不惜冒功升职，升职后又骄傲自大，目中无人，横恣暴虐，以致杀伤人命。这些都为他被斩首的命运埋下伏笔。

景帝即位后，给事中金达出使独石，回来弹劾杨俊贪污奢侈，被皇帝放过。

土木堡之战后，宣府参将杨俊守卫永宁、怀来，听闻也先想将英宗送还，秘密告诫军士不要轻易接纳。

等到英宗回到北京，杨俊又预言"将为祸本"。言者无心、听者有耳，这些话为日后被清算落下了把柄。

抓捕喜宁，是多人策划、共同实施的，然而杨俊将抓捕喜宁的功劳归为己有，对江福等人的功劳刻意隐瞒。他自己上报，英宗让喜宁和士兵高斌传命入京。到达宣府时，是参将杨俊出城和喜宁在城下饮酒，高斌突然抱住喜宁大喊大叫，杨俊纵兵抓住了喜宁。

大臣请求景帝兑现当初重奖的承诺。景帝找了个借口说，杨俊作为边将，抓捕喜宁是他的职责所在，不用重赏，但升他为右都督，赐予金币作为回报。

擒获喜宁的冒功之事败露后，景帝将杨俊降职，令其剿贼自效，任游击将军，同时奖励了江福。

杨俊的劣行，虽然很"坑爹"，但常常得到父亲祖护。杨俊和都指挥陶忠有过节，出于私人恩怨，将陶忠杖死。杀伤人命，在当时是死刑，甚至会连累家族。在北京操练兵马的杨洪听到儿子打死了人，心生恐惧，上奏景帝说，杨俊轻狂急躁，恐怕会耽误边境大事，乞求令他来到北京，随臣一起操练。

他以退为进，将杨俊弄到身边，加以保护。

景帝批准杨俊来到北京后，言官们仍不放过他，交相弹劾，要将他下狱论斩，景帝还是放他一马，令他随父亲戴罪立功。

杨俊在也先与脱脱不花大汗发生内讧之际，献策以戴罪立功。

原来，也先作为脱脱不花的小舅子垂涎汗位，要立自己姐姐（即脱脱不花的妻子）的儿子为太子，脱脱不花则针尖对麦芒，要立别妻所生的儿子为太子。也先进攻脱脱不花，后者战败逃走，被其岳父所杀，也先乘胜统一了西到赤斤蒙古、哈密，东到建州、兀良哈的各个部落。

景泰三年（1452），杨俊献上灭也先之策，说，也先既弑其主，吞并其众，包藏祸心，窥伺边境，只需等待时机动手。听闻其妻孕辎重，距离宣府才数百里。我边境军队不下数十万人，宜分为奇、正以待，诱使敌人来进攻。正兵列营于大同、宣府，坚壁清野，静观其变，而出奇兵设伏（选择独石、偏头），倍道捣其巢穴。他必回来自救，我军夹攻，可以得志。

大家廷议，于谦觉得这不是万全之策，怕也先部分军队、部落来偷袭京城。于谦说，报仇雪耻，为臣等的职责。顾兴兵举事，关系社稷安危。即如杨俊所言，万一我军出塞，贼以偏师牵制我，而另外派遣部落间道乘虚入寇，是自撤藩篱，非万全之计策，臣愚未见其可。

景帝认同了于谦的意见，这个计划没有施行。

第二年，杨俊送瓦剌使者回去的时候，走到永宁又犯了浑，喝得酩酊大醉，杖打都指挥姚贵80杖，还要斩杀他。因为诸将极力阻止，姚贵才从这个醉汉的淫威下捡得性命。

姚贵向上控告杨俊的罪行。宣府参政叶盛也上疏论其在独石、马营、龙门等处望风而逃的罪行，斥责杨俊为败军之将。言官们纷纷弹劾他飞扬跋扈。

杨俊上疏为自己辩护，封还所赐的敕书。家人也告发杨俊偷盗军储。

景帝将其下狱论斩，赦宥死刑，予以降职，削去爵位。

因贪侈、冒功、横恣、杖死都指挥陶忠、杖打都指挥姚贵、偷盗军储等罪，杨俊的职位总是升升降降，但都轻松过关。

于谦再次弹劾杨俊独石弃城、丧师辱国、怀私仇捶死边将等罪，说："不诛杀杨俊，无以惩戒将来。"

已是兵科给事中的叶盛等人也弹劾杨俊。

当时杨俊已经获罪，在家闲居。景帝还是没杀他。

然而到了狠人英宗掌权，杨俊的生命走到了尽头。前军都督府右都督张轨与骄傲自大的杨俊有矛盾，这两个"官二代"一直以来关系很差，倾轧不止。张轨寻机要报复杨俊。

天顺元年（1457）正月，张轨将杨俊在英宗被俘之时的言论——将士不要轻易接纳英宗、回来是祸本——告发，多次进行挑拨。朱祁镇气量可没景帝大，听后大恨，铁了心要弄死杨俊，将其抓入诏狱。

英宗说，杨俊情罪深重，按照法律应当凌迟处死，姑且斩首。其儿子杨珍被革去爵位，发往广西边卫充军。

杨俊人头落地之日，无人敢为他收尸。

唯有一个叫高娃的女子，身穿孝服，为杨俊鸣冤。

《寓圃杂记》和明代吴震元《奇女子传》记载了杨俊就刑时的情景以及这段凄美的爱情。

故事大意是：天顺元年（1457），杨俊和都督范广为石亨所忌恨，上奏英宗驾陷土木之时，杨俊坐视不救，为不忠，获斩罪。

两人赴刑场之时，英气不挫，杨俊尤为挺劲，大声说："陷驾者是谁？今何在？吾提军救驾，杀之！"（这番话其实为范广所说）。

亲戚、故旧、下属无一人敢去，独见一位身穿素服的妇女奔来，哭声甚哀。

这个女孩就是高娃，原为北京的一个卖艺不卖身的娼女，本名高三，自幼姿容美丽，昌平侯杨俊对她一见倾心。

杨俊去狎妓遇到高娃，此时高娃还是处子。两人分别后，杨俊守边数年，痴情的高娃闭门谢客，专门等他。忽然有一天，高娃听闻杨俊即将赴死，特意着一身素服赶到刑场送别。

杨俊看到她出现，吃惊地问："你来干什么？"

高娃说："来事公死。"还大呼："天乎！忠良死矣！"

在她心中，她的情郎杨俊是无罪的，可惜这等忠良、名将被奸臣害死。

观者听到鸣冤，感到骇然。杨俊也制止她说："罢了！这样无益于我，更会连累你。"

高娃说："我已办好，公先走，妾随后就到。"

只见刀光一闪，刽子手挥刀斩杀了杨俊。

高娃恸哭不止，亲口以舌头吸吮杨俊的脖子上冒出的汩汩鲜血，用针、丝将他的头慢慢缝在颈项上，让他有个全尸，然后用棺材收敛其遗体。做完了这些，高娃对杨氏的家人说："去安葬他吧。"然后自取白练，在一旁自缢而死。

高娃的爱，固然惊天动地，但更多的是一厢情愿。在当时的情境下，这种爱情几乎是绝望的。当时的女子，无论是卖艺的文艺工作者，还是卖身的风尘女子，地位都是极其低下的，别说是跟高级官员结婚，连私下的交往也是被严格限制的。例如，当时的福建按察使谢庄被发配大同威远卫充军，原因只是狎妓饮酒以及娶了部属的子女为妾。

高官杨俊与高娃的交往，为世俗所不容。高娃生前卑微，死后又遭道德绑架。然而，为了心中的那份情意，一切的苦难对她来说，又算得了什么呢？一个女人的情感，在常理看来是无法解释的，然而它又会超越世俗而存在。

杨俊被杀后，其家庭陷入困境，日子过不下去。杨俊先前从官府预先领取了 240 石禄米，因为势力倒了，也没农民向他家交租了，亲属们只能卖房子，换成银两还给官府。杨洪的妾李氏上奏，长子杨俊犯法，已正典刑，孙子杨珍已经充军，遗下一些家产，伏望恩准允许妾变卖，得到英宗批准。

五、暗箭难防

有外部威胁时，内部就会很团结；外部威胁解除后，内部的矛盾就会释放出来。

同样，也先对北京的外部威胁解除后，大明朝廷的团结程度降低了，统治阶级的内部矛盾逐渐激化，这些矛盾又会造成各种势力的分分合合，势力的天平逐渐向朱祁镇倾斜。

君臣美谈

于谦等大臣拥立年仅22岁的朱祁钰为皇帝。景帝在位期间，重用于谦，取得北京保卫战的胜利，击退也先入侵，对政治、经济、军事等进行了整顿和改革，将已脱离正常轨道的明代拉向了正轨。

对于谦，景帝是万分信任，给以极大的权力。

（一）给予军权。于谦任兵部尚书，缺乏实权。朱祁钰登基后，立即授予于谦"提督各营军马"的权力，指挥所有的将领、军队，还给予他对正二品以下的人先斩后奏的权力。有了这样的"尚方宝剑"，哪个不怕，哪个敢不服？

（二）给予人事权。对于谦的部署方略，景帝几乎全部赞同；对于他推荐的人事安排，几乎全部任用。

景帝任用一人，必密访于谦，询问他的意见。于谦具实以对，无所隐瞒，不避嫌怨，便于景帝了解和掌握官员们的真实情况。

但是，得到提拔的人感谢于谦，而那些没有得到提拔的人，皆以为于谦坏了他的好事，怨恨于谦，而任用的职位不如于谦的人，也往往对他充满了羡慕嫉妒恨。

（三）充分信任。对于说谗言暗害于谦的人，景帝一一挡了回去。

人太善良了，就很容易被人算计、欺负，上演农夫和蛇的故事。如果是王振、魏忠贤这样的狠角色，几乎很少有人敢去举报他，因为一举报，石沉大海不说，举报者的一条小命休矣。

于谦心胸坦荡，对于收集自己黑材料、伤害自己的老部下，选择了大度和原谅。

比如王伟。

王伟能爬到兵部右侍郎的位置，多半得力于于谦的荐举。

王伟，湖南攸县人，14岁时随父亲王伯灵谪戍宣府，属于军户家庭，世代当兵。宣宗北巡时，王伟献上《安边颂》，命补为保安州学生，这才有了读书的机会。

王伟发奋读书，考中进士，任翰林院庶吉士，到户部当户部主事，因为年轻有为，颇有声誉。

英宗被抓走后，王伟作为监察御史，发动民众守卫广平。

王伟的才能还是有的，边境多事，军书堆积如山，但是他处理起来中规中矩，而且处理速度快，挥笔立就。于谦推荐他任职兵部郎中。景泰三年（1452）九月，于谦对他很信任，放手使用，又推荐王伟成为本部右侍郎，成为自己的得力助手。王伟成为高官后，自己提出申请，摆脱了军户的身份。

于谦还指导他建功立业。王伟巡视边境期间，常常秘密写好守边方略上报。

于谦给他授以机宜，指挥他除去了大叛徒小田儿。壮士们埋伏在道旁，快速掳走小田儿，砍掉了这个叛徒的头。

可以说，王伟翻身，全靠有个好举主——于谦。

按照当时的制度，个人升官需要举主，举主的角色类似"伯乐＋担保人"，如果被提拔的人不称职，举主会受到牵连，同时受到贬斥。

提拔王伟，于谦为此还受到牵连。

景泰五年（1454）五月，兵部尚书于谦听闻瓦剌将进犯边境，又请升户部署郎中陈汝言、刑部郎中陈金，守备倒马关。

监察御史李琮等人对此不满，上章指责陈汝言这个人不行，挟诈怀奸，还指责于谦如果推荐重用某个人，动辄乘机决定提拔谁，素来恃权蒙蔽。

景帝看到了李琮的上章，为于谦进行辩护，但同时也给于谦"打预防针"，下诏称，凡是举官者，都是欲为国家找到贤才，然而也不能杜绝徇私的人。于谦专职兵政，推举人才也是适宜的事情，已经过去的事情，置之不问。今后如果假公营私，必用祖宗成宪治罪，不予宽宥。

于谦替王伟"挡刀"，两次提拔王伟，还把他作为自己的得力助手，然而这个王伟竟然还"背后捅刀子"，对恩公不客气。于谦以为以他们之间的关系可以谈谈感情，想不到最后还是一场买卖！

王伟看到嫉恨于谦的人很多，怕被当作于谦的朋党受到陷害和牵连，就想了一招阴的，刻意跟老上级、恩公划清界限。

王伟暗中收集于谦所谓的过错，秘密上奏景帝。

景帝拿到这个奏折，看到里面都是说于谦的坏话，以下犯上，哭笑不得。

景帝十分信任于谦，将王伟的奏章拿给他看。

于谦急忙跪下，叩头道歉。

景帝说："我很了解你，你不用道歉。"

看到于谦从皇帝那里出来，做贼心虚的王伟问上司，皇上与于公说了什么？

于谦笑道，我有什么过失，希望王君当面给我指出来，何至于这样做呢？

然后，于谦拿出王伟举报的黑材料给他看。

王伟见了，顿时羞愧得无地自容，非常沮丧。换作一般的领导，早把这种小人废了，但于谦没有为难他，照样任用。

王伟聪明敏捷，脑子转得快，议论精当，尤其熟于边境事务，但是工于心计，急于仕进，在兵部曾经公开攻击于谦的短处。

于谦听到后，也抱怨说，王士英（王伟的字）难道忧虑得不到吾此位耶？何用汲汲如此？

王伟急着跟于谦划清界限，最后还是被复辟党看作于谦党，被赶回老家，回归平民身份。后来尽管他被重新起用，但还没有当上兵部尚书就病逝了。

李琮尽管参了于谦，但是后来的发展表明，他也不是全部看走了眼。他火眼金睛地看出于谦荐举的陈汝言狡诈藏奸。果然，陈汝言当上兵部尚书后，大贪特贪。

（四）生活上关心，施与恩惠。

北京保卫战后，论功，于谦加少保、总督军务。于谦坚决推辞说："四郊多堡垒，卿大夫之耻辱，何敢邀功请赏哉？"景帝不允。

于谦之后多次请辞少保、师保、总督军务等职务、称号。景泰二年（1451），因为南京大报恩寺遭到雷击，建筑受损，于谦上《辞恩命疏》——

> 臣闻赏罚以示公论，爵禄以待有功，此古今之通义也。比者，也先入寇，逼我京畿，钦命臣总督军务，同武清侯石亨剿贼。赖宗社有灵，皇上洪福，军士同心，奋勇杀退。臣本书生，素不知兵，既无骑射之能，又乏运筹之略，因人成事，岂曰有功。叨蒙圣恩，升臣少保，臣自揆浅薄，上章恳辞，恩命下临，未俞所请。臣以此时兵事未曾宁息，臣身犹在营垒，勉受职命，未敢再辞。今贼已远遁，人心向安，虽有残孽流劫为非，见行发兵追剿，指日殄灭，臣既乏功能，难居重任，况师保之职，上以辅佐天子，下以表仪庶官，必才德兼优，声望素著者，然后足以当之，岂臣后生晚辈、肤陋鄙薄之人所能负荷？臣冒昧荣宠，不自揣度，其如士大夫清议何？其如天下后世公论何？臣又以为国家之治乱，系乎用人之当否，用人之不当则众心不服，众心不服则治功无由而成，祸乱无由而弭矣。伏望圣恩怜悯，准臣所请，乞回少保、总督之命，仍臣尚书旧职，管理部事，誓竭庸驽以图补报，若有违慢，罪甘万死，庶几上无负于国恩，下以协乎舆论。臣不胜战栗，俟命之至。

于谦写得很谦虚，认为自己是书生，既无骑射之能，又乏运筹之略，因人成事，没有功劳；自谦是肤陋鄙薄之人，辅佐天子、表仪百官难居重任；还考虑到士大夫清议、天下后世公论等，坚决请辞。

于谦不搞"一人得道，鸡犬升天"那一套。在北京保卫战中，石亨的功劳不比于谦大，而封为武清侯，内心有愧，作为回报，他上书推荐于谦的儿子于冕升职。

景帝同意了，然而于谦坚决不同意，推辞说，国家多事，臣子道义上不得顾及私恩。而石亨位居大将，不闻他推举一个隐士，没有提拔一名基层士兵，以裨益军国，而独独推荐臣的儿子，于公来说合适吗？臣对于军功，尽力杜绝侥幸，决不敢以儿子滥领功劳。

另一种说法是，石亨推荐于谦的儿子当千户。于谦拒绝的理由是，纵使臣欲为子求官，自当乞恩于君父（皇帝），何必假借石亨之手？石亨听后，大恨于谦，两人从此分道扬镳。

于谦的确高风亮节，论功行赏喜欢实打实，绝不顾及私情为儿子冒功领赏。

除了给于谦名利、照顾其儿子外，景帝还十分关心于谦的身体健康。于谦一向有痰疾（可能是哮喘或者肺病），疾病发作，景帝派兴安、舒良去探望慰问。景帝听闻于谦生活太简朴，服用过薄，让人给他做了一些酱菜，又亲自去万岁山，砍伐竹子取竹液，给于谦治疗痰疾。

痰疾发作时，于谦整夜无法入睡，一边咳嗽，有时一边想着国家大事，有时还想念杭州的亲人——

> 寒疾攻人寐不成，惺惺欹枕候天明。
> 十朝九病非无药，一刻千金浪得名。
> 恋阙心驰京国路，思亲肠断武林城。
> 男儿此外无他事，莫笑浮名绊此生。

> （于谦《嗽疾达旦不寐》）

景泰五年（1454）十二月，于谦生了病，景帝送去50两银子当医药费，还赐了敕书。

景帝看他居住简陋，仅能避风挡雨，就在西华门赐予一套房子。于谦不要，坚决推辞说："国家多难，臣子何敢自安？"

于谦还上了一道《辞钦赐第宅疏》，坚决不要房子。

他提出了很多理由，比如：门第寒微，不能住大厦；朝廷多事之秋，臣子不能安居；有痰疾，住在值班房更方便；无功不受非分之赐；天相不好，正当自我折磨，等等。于谦的确是个境界很高的人。

有人进谗言，称景帝宠爱于谦太过分。太监兴安加以反驳说，他日夜为国分忧，不问家产，朝廷上哪儿去找于谦这么好的人才？

进谗言的人听罢，哑口无言。

于谦其人

于谦有道德洁癖，其特点可以总结为"重名节，轻名利；重成仁，轻杀身；重社稷，轻君王"。

于谦是个重名节的清官。他不送礼，不拉关系，不贪污，除了皇帝赏赐的荣誉外，别无长物，死无余资。

他可是一个长期担任巡抚、兵部侍郎、兵部尚书的人，却到死都很穷。

身居高位而不贪婪，于谦是如何做到的？于谦认为，人生不过百年，功名富贵如同浮云，豪华一去，再难得到，都是区区身外之物，但是只有名节，必须千万保持住。

于谦自认一身清白，从小写《石灰吟》到做《清秋述怀》，清白贯穿了他的一生，"粉身碎骨浑不怕，要留清白在人间""仕途无愧甘清白，世味何须论苦甜"。

于谦轻名利。他不贪功、不贪财，自奉俭约，对于别人的好意或者皇帝的恩惠，一向是拒绝的。对于名利，于谦一推再推，穷达由天，不去刻意追求，显示了高风亮节的道德情操。

于谦无党无派，不搞小圈子，所以朝廷中几乎没有同盟。他不拉关系，不许私人拜谒，门庭冷清。他提拔人是出于公心，为了国家事业得人，而不是培植私人势力。比如他大力提拔的王伟，也不是他的人，反过来还整于谦黑材料。他重用的名将范广、杨洪父子、石亨、孙镗等人，都是出于工作关系。

于谦重成仁，轻杀身。该说的话他要说，该干的事他要干，不计后果，对个人生死看得很淡。这样刚直、不加修饰的个性，就很容易得罪人。

于谦重社稷，轻君王。

人们普遍认为英宗有几大污点，概括起来就是：用错一人（王振）、打错一仗（亲征）、杀错一人（于谦）。朱祁镇本人恨不恨于谦，历史书记载的地方不多，难以判断。

当然，英宗有理由记恨于谦。因为于谦经常说的一句话就是"社稷为重，君为轻"。这是一把双刃剑，也是一对矛盾体。

古代讲究忠。宣宗提拔于谦当巡抚，英宗时于谦尽管受到王振打压，在山西、河南巡抚任上还算波折不多，很受重用。于谦一片丹心图报国，忠于宣宗和英宗。

英宗做了阶下囚后，于谦大义凛然地说："社稷为重，君为轻。"杜绝也先把朱祁镇当人质要挟，不要中了也先的诡计，以免丢了城池和首都。也先如果杀掉英宗，于谦也绝不会拿国家利益做交易，作出任何让步。因此，谷应泰认为，朱祁镇北狩期间，许多廷臣主和，于谦经常说"社稷为重，君为轻"，导致也先形同抱着一具无用的空壳，英宗因此得以回来，然而于谦"祸机亦萌此矣"。就是说，于谦的这番言论是萌发灾祸、导致朱祁镇杀他的原因之一。

实际上，朱祁镇因祸得福，也是因为朝廷的不妥协政策，使英宗失去了被利用的价值，才得以回到北京。于谦的话，看似危及他的人身安全，实则帮助了他。

英宗回来后，景帝没有让位于英宗，还将他软禁。于谦尽心辅佐景帝，可以说，于谦只忠于当今皇上，忠于这个国家，本身并没有错。

于谦被捕后，有生杀大权的英宗认为他是忠臣、有功，不忍心杀害，在徐有贞的教唆下杀害了于谦，而且在位时没有为他平反。

英宗对于谦的感情应该是复杂的，有爱也有恨。

仇敌圈

于谦作为景帝的左膀右臂，被清洗自然不难理解。

然而纵观中外历史，救国救民的国之干城，为什么最后大多下场不好？这就值得深入研究了。

第一，这类人功劳高，容易引起人嫉妒。

于谦领导北京保卫战时，指挥得当，办公只留宿值班房，不回私第。

作为景帝的得力助手，他的功劳无人能比，被其他大臣嫉妒是无疑的。这么大的功绩，却被刘定之等人攻击没有功劳。

于谦掌握了将领们的升迁、赏罚等大权，这些大帅、老将只有俯首听命的份儿，也积累了一些个人恩怨。

第二，这类人大多有一种共同的性格特征——个性刚直、敢作敢当。这不是一个偶然的现象。

有一腔救国救民热血的于谦，就是一个个性刚直、敢说敢做的"铁血硬汉"。《明史》记载："谦性故刚。"

于谦遇事稍有不如意，总是拊膺，叹道："此一腔热血，意洒何地！"

拉开时间的纬度，于谦总会让我们想到之前的岳飞。岳飞也是个性刚直、不避祸福的人。《鄂王行实编年》记载，岳飞少负气节，"沉厚寡言，性刚直，意所欲言，不避祸福"。岳飞治军赏罚分明，纪律严整，率领的岳家军"冻死不拆屋，饿死不打掳"。最后他被冤杀，留下"自古忠臣帝主疑，全忠全义不全尸"的结局。

向后联想到明末的袁崇焕。

袁崇焕也有盖世之才，个性刚烈，为人粗豪，富有胆略，深得将士们拥护。这样一个屡建奇功的人，为人所不容，又中了敌方的离间计，毁于阉党之手。作家金庸评价他："袁崇焕真像是一个古希腊的悲剧英雄，他有巨大的勇气，和敌人作战的勇气，道德上的勇气。他冲天的干劲，执拗的蛮劲，刚烈的狠劲，在当时猥琐萎靡的明末朝廷中，加倍的显得突出。"

刚直的个性，是一把双刃剑。

一方面，国家危难之时需要这样个性的人，他们是时代的产物。他的主张正确、简单、直接，不转弯抹角，直达核心问题，特别是在情势危急的情况下，高效、容易执行，才能的发挥具有快、狠、准的特征。这样，他的才能不掩着藏着，容易得到展示，为上级和皇帝所熟知，容易得到重用。由于于谦个性刚直，对自己狠，对部下也狠，才能快速组织起人马，形成强大的战斗力，打赢北京保卫战，成为"救时宰相"。

另一方面，这种个性容易得罪人。

国家有了重病，治疗重病就必须下猛药，下猛药必然会有副作用，处理不好会反噬自身。

由于这种中坚力量说话不容修饰，缺乏仔细斟酌，没时间和人从容地做沟通和思想工作，容易疾言厉色，说狠话、说重话、说过头话，这样就容易得罪人、惹人生气，从而结下深深的仇怨。

《明史》记载，于谦号令明审，即使勋臣、宿将稍微不符合规定，立即请旨进行严厉批评（请旨切责）。于谦经常说的一句话就是：某某当诛。很是吓人。听到这些批评，不管是否正确，这些勋臣、宿将心理上不能接受，必定怀恨在心。

比如，永新伯许成的儿子、大同参将许贵。

许贵祖孙三代皆为名将，本人武艺高强，多次大败也先。景泰元年（1450），他上奏，也先派3人来到大同。许贵要求朝廷派遣使者讲和，并请求遣使准备丰厚的金钱，款待寇兵。

于谦拒绝议和，并下发文件，对许贵进行严厉批评，作出了按法当诛的判断。他是要拿许贵开刀，扑灭和谈的思想，从此，边将人人主张战守，无人敢言讲和。

当然，同样一句话，在不同的人听来，会有不同的反应和处理方式。有的人有则改之，无则加勉。而有的人就是摸不得、惹不起。彼时，于谦的仇敌势力十分强大，武清侯石亨、都督张軏兄弟、太常卿许彬、左副都御史徐有贞以及原王振门下的太监曹吉祥等人，都想置于谦于死地。

徐有贞：最恨于谦的人

极力要置于谦于死地的人是徐有贞（原名徐珵），时任左副都御史，是朝廷中最恨于谦的人。

徐珵，南直隶苏州府吴县（今江苏苏州）人，不是一般的人，是一个十分复杂的人。

徐珵很有智谋，是扶持英宗复辟的主要谋士，其才能虽然不如于谦，也相当有本事，但是其人品值得商榷。

徐珵长得矮小精悍，双眼炯炯有神，热衷升官发财那一套，与人论及历史上的兴亡成败，慷慨激烈，很是激动，听者为之一惊。

土木堡之变后的战守之争时，徐珵胡说八道："验之星象，稽之历数，天命已去，惟南迁可以纾难。"

如果徐珵南迁的主张真的施行，丢了北京以及半壁江山，他真就成了千古罪人，幸好于谦拒绝他的南迁主张，补救了他的言论之过。

当时，骂徐珵的人很多，太监金英斥责他，胡濙、陈循也不赞同。兵部侍郎于谦话说得最重："言南迁者，可斩也。"

这句带有杀气的话，严重伤害了徐珵脆弱的自尊心。徐珵因为建议南迁被于谦在朝廷当众斥责，无脸见人，后来受到大臣们的讥笑，特别是景帝对徐珵的印象更加坏了。

"杭铁头"于谦不怕得罪人，正是这一声断喝，那一纸"徐珵妄言当斩"的上疏，将徐珵得罪得干干净净。

那一声高呼"言南迁者，可斩也"，版权到底是谁的？当时形势混乱，很难判断那句究竟是谁喊的，肯定是有人喊了，而且是金英、兴安、于谦3人之中的一个。打心眼里，徐珵就认为那句是于谦喊的。因为于谦的上疏，白纸黑字，里面提到"徐珵妄言当斩"。

徐珵对于谦的仇恨，就从这时开始了。他因为主张南迁，在朝廷中没有立足之地，得不到景帝重用，在官场上就像一只没壳的蜗牛，缓慢爬行，没有一点安全感。

他把于谦当作政治上的死敌，除了羡慕嫉妒恨，还是羡慕嫉妒恨，心里的嫉恨和仇恨一天天像野草一般滋长。

当时用人多取决于于谦向皇帝的推荐。被提拔的人感激于谦，没被提拔的人则痛恨于谦。

徐珵谋求国立大学校长（国子监祭酒）一职，但不能不面对于谦，于是通过于谦的门生游说，找于谦当荐主。

在这种情况下，或许有人说，于谦不能当那个温暖僵蛇的农夫，而是要把毒蛇一锄头打死，至少不能让它威胁到自己的生命。

然而，于谦并没有这么做，知道徐珵很有才能，很想修好和他的关系，又充当了一把侠义的角色，在皇帝面前帮他说话。

于谦从来清清白白，公私分明，不搞拉帮结派，举荐徐珵一事都没有告诉他本人。

但是景帝一听是那个主张南逃的人，心里厌恶至极，召见于谦，屏退左右，悄悄地对于谦说："有贞虽有才，然而奸邪。"就是说他有才而无德，为人奸诈邪气，当国子监祭酒德才不配位，而且说徐珵"为人倾危，将坏诸生心术"。既然皇帝都不提拔他，于谦举荐无效，顿首而退。

于谦举荐他的时候不存半点私心，徐珵对整个过程一无所知，却错怪于谦不予推荐，因此更加切齿痛恨于谦。

见仕途无望，徐珵听从陈循的建议，改名为徐有贞，换件"马甲"转战官场，实现东山再起。他对于谦的恨，已经深入骨髓、不共戴天了。

最终在于谦的提拔下，瞒过了景帝，徐有贞升到左副都御史的高位。

然而，徐有贞的终极目标是做内阁首辅。

徐有贞曾与门客杜堇一起喝酒，大醉，两人谈论当宰相的话题。

他问杜堇，你说何等人物可做宰相？

杜堇佯装不知，让徐有贞先说。

徐有贞回答，左边堆放数十万两黄金，右边是杀人流血的场面，在这种情况下能够目不转睛，这样的人，才是真宰相。

杜堇听得心里一紧。

这话正是徐有贞内心的写照，足见一个"狠"字，可以为了达到当宰相的目标，不择手段。

徐有贞的格局是如此之小，怀恨之心是如此之深，不管于谦后来是如何善待他，他的切齿之恨始终如旧，因为他认为是于谦和景帝阻挡了他登上内阁首辅之路。

徐有贞同样恨景帝不重用他。

景泰四年（1453），景帝需要治水人才去治理黄河，大家都推荐徐有贞，景帝不知道徐有贞就是徐珵，任命他为左佥都御史，派他到张秋（今山东阳谷）治理黄河。

徐有贞乘小船四处考察，提出设置水闸、开凿支河、疏浚运河的办法。他的治水很有效果，雇用5.8万名民工，干了555天，在张秋到黄河、沁水之间，修成广济渠、通源闸。这样，黄河的河水就可引入大清河，通过济南府入海。广济渠在景泰七年（1456）经受住大洪水的考验，并发挥作用长达34年。徐有贞因为治水有功，升为左副都御史。

徐有贞在心里不认为景帝是皇帝，而是篡位。因为英宗复辟后，大家起草了复位诏，都署名了，但是徐有贞偏不署名。英宗问他什么原因，徐有贞把自己起草的诏书给英宗看，里面有一句"岂期监国之人，遽攘当宁之位"。意思就是说，朱祁钰是监国之人，匆忙窃取了皇位。

于谦被捕后，英宗不想杀他，却因为徐有贞的一句谗言，弄死了于谦。

徐有贞害死了明代的岳飞式人物——于谦，然而他本人却很崇拜岳飞。人性本来就是如此复杂，坏人有优点，好人有缺点。

所以说，徐有贞是一个复杂的人，对于谦的仇恨扭曲了他的"三观"。

蔡东藩认为于谦是君子，被小人徐有贞陷害："于少保君子也，君子不容于小人，小人固可畏矣。徐有贞小人也，小人不容于小人，小人愈可畏，君子愈可悯也。"

纪晓岚评价徐有贞"悍鸷"，太过追求功名利禄，未可称一代完人。纪晓岚说，有贞究心经济，于天官、地理、兵法、水利、阴阳、方术之书无不博览，惟倾险躁进，每欲以智数立功名。与石亨等倡议夺门，侥幸孤注之一掷，幸而得济，又怙权植党，威福自专，最后也为人构陷。所谓君以此始，必以此终，实深为君子所诟病。

头号武将石亨

扳倒于谦的头号武将是石亨，这是一个极具才能又极具野心的人，曾经是于谦最得力的助手，后来却成为于谦最凶恶的死敌。

于谦被逮之时，王文对被污蔑愤愤不平，大声争辩，只有于谦泰然自若，反而笑道："石亨的意思，争辩何益？"极力想害他们的人，正是石亨。

于谦本是他的恩人。明代的军法是很死板的，打不赢就只能战死，不能逃跑，逃跑了就要下狱。

大同一战中，石亨打不过也先，单骑逃回，于当年八月和杨洪等人被抓进锦衣卫监狱。于谦爱惜人才，宥而用之，将石亨作为自己的副手，晋升为右都督，掌管五军大营，给了他很大的军权。于谦建立团营时，命石亨任提督、总兵。

作为上下级，两人有些工作上的矛盾。

于谦是他的上司，锋芒盖过了他，商量事情的时候，于谦论议断制，无一不精，宿将都很佩服，直接领命执行。而石亨不能口赞一词，活像一个哑巴，连一句话都说不上，没有表现才能的积极性，心里就很恨于谦。再者，石亨对于谦存在畏惧之心，心理上不够亲近，行为上不敢放肆，感觉于谦像一块巨石压制着他。

两人性格、志趣也很不同。石亨邪狠粗傲，于谦谦虚谨慎；石亨热衷邀功请赏，于谦拒绝贪功冒进；石亨招权纳贿，于谦两袖清风，家无余资；石亨追求奢侈，修建的府第超过王府，而于谦居室简陋，拒绝景帝送的豪宅；石亨广罗朋党，培植私人势力，而于谦无党无派，不拉关系。

尽管两人有些小矛盾，于谦还是以大局为重，容忍了他，屡屡予以重用。

两人本来是好战友，但是，于谦刚直的个性，将心高气傲、骄横自大的石亨推向了自己的对立面。

北京保卫战中，石亨立下大功，被封为武清侯，他很感激于谦，认为自己的功劳不比于谦大，愧对如此高的封赏。

作为回报，石亨上奏推荐于谦的儿子于冕升职。但是于谦坚决不同意，对景帝说，石亨位居大将，独独推荐臣的儿子，是出于私心，不合适。另一种说法是，于谦说，纵使臣欲为儿子求官职，自当乞恩于君父（皇帝），何必假借石亨之手？

石亨本来想巴结于谦，不徇私情的于谦却不领情，反而对石亨进行狠狠的批评。

石亨闻之大恨。

大失所望的石亨感觉自己的好心被当成驴肝肺，于谦难以被收买，加上于谦贬低自己选才的贡献，于是转向了反对他的立场。

于谦有说过头话的毛病，容易得罪人。在拒绝石亨好意的同时，于谦指责石亨没有为军队和国家发现和提拔一名人才，显然说得过头了。

其实，石亨对选拔人才还是有贡献的，他主张唯才是举，任人唯贤，对优异者破格提拔。为弥补国家保举制的不足，他鉴于国家搜罗将才未广的情况，请求模仿汉、唐制度，设立军谋宏远、智识绝伦等科，令人才毛遂自荐，量才擢用，得到朝廷批准。

景泰三年（1452），石亨上奏，乞敕在朝廷的文武大臣及六科各道，推举才智优长、能守边御寇的人才，破格擢用。皇帝都批准施行。景泰四年（1453），石亨又上奏，推举智谋之士以备边，群臣推举的都是自己身边有职位的熟人，而没有埋没于行伍、隐居于山林的人。他请求开设招贤馆，榜示中外，凡军队、民间有智谋出众，或膂力过人，或精通气象，或善于设机出奇的能工巧匠，或精于骑射，或精通战略战术，都可以入馆培养，按照战功给予官爵。

但是，石亨却是个野心很大的人。

石亨大肆培植自己的党羽，喜欢冒功，给亲信们捞取了不少好处。到发动"曹石叛乱"前，以石亨为首的武将集团是军队中最大的不安定势力。石亨从子石彪贪暴，于谦将他赶到大同任职，也为石亨所不满。

程敏政评价石亨："呜呼！自昔权奸将有所不利于忠勋之臣，则必内置腹心，外张羽翼，蛇盘鬼附，相与无间，而后得以逞焉。若汉太尉李固之死梁冀，宋丞相赵汝愚之死韩侂胄，与肃愍公之死石亨，一也。"

都督张轼兄弟

于谦因为个性的原因，"粉身碎骨浑不怕"，什么人都敢惹。

都督张轼兄弟则是朝廷中资格最老的勋旧国戚。

《明史》记载，于谦对这些怯懦不前的大臣、勋旧、贵戚们很看不起（"意颇轻之"），招致对他有意见的人很多。

《明实录》评价于谦学问很好，就是太骄傲了，看不起勋旧国戚和知识分子，所以事机阴发，突然降下奇祸。

都督张轼兄弟就是被于谦看作是婴儿、稚童一类的人物，然而他们掌握军权，是于谦的死对头。

张轼来头太大，属于王、公之家。

张轼一生下来，就含着金勺子。父亲是河间王、靖难名将张玉，大哥是英国公张辅，二哥是中军都督府右都督张輗，姐妹是明成祖的贵妃张氏。

这样亮闪闪、金灿灿的勋贵之家，随便一个人，都无人敢惹，连皇帝都要让他三分。

张轼因为是"官二代"，生活奢侈而腐败，养侍妾数十人，组成了张府表演乐团。各个侍妾精通音乐，来了贵客，喝到酒酣之时，张轼必命这些美妾出来行酒。

尽管过着锦衣玉食的生活，张轼打仗却临难不惧，毫不含糊，屡立战功。

张轼曾跟从宣宗征讨朱高煦，迫使朱高煦投降。

英宗时，张轼跟成国公朱勇出塞，讨伐瓦剌士兵。在北城首战获胜，又追敌至毡帽山。瓦剌士兵悉众来战，张轼奋起还击，致对方溃散，斩首甚多。张轼因功升为指挥使。

张轼后任都指挥佥事，管理禁军，不久，升前军都督府都督佥事。

正统十二年（1448），云南麓川土司思任发发动叛乱，张轨以副帅的身份出征麓川，分道进兵，擒获思任发。

胜利还师至湖北荆州时，张轨又受命和总兵官宫聚一起，回师讨伐贵州苗民叛乱。

明军约为 1.5 万多人。张轨个人虽然勇敢，但是不太会指挥打仗，刚愎自用，胸无计谋。他轻率出兵，被当地人打得大败，万余名明军战死，他本人丢盔弃甲，慌忙逃命。

张轨吃了败仗，自然应该被追究责任。景泰元年（1450）四月，于谦不徇私情，不给脸面，对张轨进行弹劾。

这张弹劾书把张轨说得一无是处。说张轨虽然出生于豪门，却是个庸才，向来没有功劳，纵欲无度，骄奢淫逸，志大才疏，没有统帅之才。

这些话说得过头了、太狠、太伤人，已经算人身攻击了。这种话，谁也受不了，谁听了都会跳起来。

于谦除了说人家能力太差之外，没有一条能从技术上、法律上为对方定罪或者是能把对方扳倒。除了发泄自己的不满情绪、羞辱贬低张轨之外，没有起到一点作用。景帝不会惩罚他，于谦反而把对方得罪得干干净净。

双方因此结下大仇。

景帝却很重视张轨。景泰元年（1450），张轨因为镇压麓川叛乱有功，升前府右都督，总管京营军队。

中官王振败落后，张轨看中了王振又大又新的豪宅，求皇帝赏赐给他居住。

顺天府房山县有一块面积超过 19 顷的栗园地，是仁宗赐给嘉兴公主、驸马都尉井源的。井源在土木堡牺牲后，太平侯张轨据为己有，直到去世后，才交还给井源的弟弟井溁。

这种勋贵之家，皇帝捧着他、宠着他，有罪也只是轻轻拍打两下，不予治罪。

张轨性格尤其凶暴。景泰二年（1451），他私自将两名家奴阉割，因骄淫不道下狱。六科十三道弹劾他，景帝召集百官进行集体审理，应当判处他发辽东充军。景帝下诏宽宥张轼，不久释放了他。

英宗时，大哥张辅指责张轼殴打守坟的人，斥及先臣，言辞违逆不敬。英宗下令锦衣卫逮捕张轼，不久又将其释放。

在景帝更换太子时，都督张轼、都督金事张轼都签了名。英宗后来追究这件事情，没有背景的人都倒了大霉，而他俩因为背景实在太牛，不受追究，照样高官厚禄。

夺门之变前，张轼兄弟与太监曹吉祥、忠国公石亨等人勾结，准备拥戴英宗复位。

夺门之变中，张轼拿到了孙太后允许发动政变的敕符。这是最关键的命令。没有皇太后的敕符，政变是不可能取得成功的。

而他的二哥张轼，明仁宗时就是长陵卫指挥使，后调任神策卫。

张轼先后升任锦衣卫带俸都指挥金事、前军都督府都督金事，专领护驾将军。几年后，张轼升任右都督，兼太子太保。

张轼参与谋害于谦、王文、范广，得志后更加骄横，收受贿赂，卖功捞钱，奔竞者门庭若市。

司设监太监曹吉祥

于谦得罪的人，都是顶级的权臣。司设监太监曹吉祥是个文盲，早年依附王振。曹吉祥跟石亨一样，是个野心极大的人，可以说是野心最大的太监。

凡是曹吉祥监军的战争，基本都是胜利的，他也算比较有本事的一个人。

监军的宦官是临时派遣出去，代表皇帝来监督军队、协理军务、督察将帅。军队将领工作做得不好，他可以上疏弹劾。

正统元年（1436），英宗派大军到麓川征讨思任发，曹吉祥担任监军，张轼是副帅，两人之间有交往。

正统九年（1444）正月，英宗出兵数路进攻兀良哈。曹吉祥与兴安伯徐亨统率精兵万人，出界岭口。

正统十三年（1448），曹吉祥与太监王瑾提督火器，与宁阳侯陈懋等人在福建镇压了邓茂七领导的农民起义。

景帝登基后，曹吉祥已升至司设监太监。

曹吉祥与于谦的恩怨，史料上记载得不多。

于谦铲除了王振等宦官势力，还奏请取消宦官监军的制度，没被景帝批准。往年，宦官都要在真定、河间、直沽等地采办野味、鱼干，从中渔利。但是于谦认为此举扰民，上奏予以废止，断了一些宦官的财路。

于谦以国家多事，一直住在值班室，不回家住宿。夺门之变前，军队的重要决策都是于谦决定，曹吉祥监督京营军，尽管在一起讨论军机大事，但是气势上于谦压倒了曹吉祥，曹吉祥有点边缘化，心里恨于谦盖过了他的风头。

在夺门之变中，曹吉祥是宦官势力中的主力，根除景帝和于谦，只是他发动叛乱的第一个步骤。

曹吉祥的野心直逼赵高，最终目标是当皇帝，复制夺门之变的情节。为了日后发动叛乱，以前每次出兵，他都挑选一些勇敢的番将和灵活矫健的士卒隶属于自己帐下，班师后则把他们养在自己家里，在家里藏有大量武器。这些士兵是他发动夺门之变和后来发动"曹石叛乱"的老底子。

罗通怼于谦

罗通，算起来不算坏人，但是有张大嘴巴，几次三番挑于谦的刺儿，处处跟于谦作对。

罗通，江西吉水人，进士。

从北京宫殿刚刚建好、皇宫三大殿被烧算起，罗通的一张嘴就没停止过挑刺儿。第一次，他和何忠等人就借此批评时政，惹得朱棣不高兴，贬他为交阯（今越南北部）清化知州。

宣德元年（1426），当地人黎利造反，打败王通，包围并猛攻清化。罗通表现出了英雄气概，说，吾辈杀贼多，出城必无全理，与其就缚，不如尽忠而死。大家受到鼓舞，跟随罗通全力保住了清化。

但是罗通贪得无厌，是个好吹大牛说大话、要钱要官的世俗之人。正统初，他随兵部尚书王骥整饬甘肃边务。王骥发觉了罗通的贪淫之事，参了他一本，罗通因此下狱、被贬官，多年不获重用。

本来于谦是罗通的恩公、贵人。土木堡之变后，在于谦的推荐下，罗通才翻了身，任兵部员外郎，守卫居庸关，不久升右副都御史。在北京保卫战中，罗通汲水灌城。进攻居庸关的 5 万瓦剌军，攻打 7 天后无果而撤退。

北京保卫战后，罗通对于谦和石亨的升赏羡慕嫉妒恨，一张嘴又开始满嘴跑火车，不点名攻击于谦与石亨虚报军事成绩。

罗通说，诸边境报警，率由守将畏惧征调，粉饰诈骗以迷惑朝廷，遇到贼数十人，动辄声称杀败数千人。以前，德胜等城门外不知斩馘（指割下的左耳）多少，而获官者至 6.6 万余人。辇下且然，何况塞外？韩信起自行伍，穰苴（指春秋末期齐国人田穰苴）拔于寒微，宜博搜将士中如韩信、穰苴者，与议军事。若今腰间挂玉、插戴貂尾的贵官显宦，皆是苟全性命、保爵禄之人，憎贤忌才，能言而不能行，不足与这些人议军。

石亨的确喜欢冒功，给自己的亲信捞取了不少好处。罗通看到了这一点。但他认为边境、德胜等城门外的杀敌人数是虚报，则不够严谨。而且他又说大话，请求选拔韩信、穰苴这样的人一起议军。满朝的人除了于谦是这样的人，还能选拔谁呢？于谦又恰恰是懂军事、不爱钱、不爱官位、不爱名爵的人，几次三番请辞荣誉和职位。

于谦上疏反驳罗通说的 6 万人夸大其词。如果有韩信、穰苴这样的人，那你罗通推荐出来好了，他来干，免去我的总督军务职务，我只去管兵部。

大臣们都说于谦、石亨、杨洪实堪大任，不用换人；罗通忙说自己也是志在灭贼，没有其他意思。双方找了个台阶下了。

罗通喜欢谈兵，遇到一个人，就要跟他天南海北地扯半天军事。给事中覃浩等人说，罗通只通晓军事，不宜负责都察院。景帝就把他这个都察院的兼职拿掉了。

塞上军民经常被瓦剌兵抢劫，罗通又开始说大话瞎扯：请悬封爵重赏，招募能擒获斩杀也先、伯颜帖木儿、喜宁的人，"古之将帅务搜拔众才"，"今军中未见其人，乞敕廷臣各举所知，命总兵官杨洪、副将孙镗同臣考验"。景帝居然还批准了。

招募杀叛徒喜宁的人，倒也简单，后来也确实把喜宁逮住杀掉了。但是杀也先、伯颜帖木儿这种大帅级别的人物，岂是能招募得来的？所以罗通"蚂蚱跳龙门——想得高"，胡诌的毛病的确不少。

罗通本是于谦举荐，而做事总跟于谦唱对台戏，人们都说这个人人品有问题。

于谦让罗通去镇守山西，而杨洪请求派人从雁门关护饷到大同。景帝让罗通去，而罗通推三阻四，要去也得拉上于谦、杨洪一起去。

于谦说："国家多难，非臣子辞劳之日。"上奏自己去镇守山西和护饷。朝廷离不开于谦，最后景帝强令罗通去了山西。

到了英宗复辟，罗通又跳出来抢功劳，为儿子捞好处。他自陈参与策划迎接英宗有功，杀贼也有功，求世袭武职，被给事中王竑弹劾。但是，英宗还是给了他一点面子，授予他的两个儿子为所镇抚。

太常寺卿许彬

在夺门之变中，太常寺卿许彬推荐了日后发挥关键作用的人物徐有贞。

许彬本是个文人、作家，性格坦率，喜欢结交三教九流的朋友，其中不乏浮荡之士。他精通各国语言，主管外交事务。

英宗从漠北启程回北京，许彬毅然主动请求去宣府迎接，他说："主辱臣死，是分内之事。"在宣府见到英宗，英宗命他撰写《罪己诏》、宣谕群臣的敕书，还祭奠了土木之役的阵亡将士。

他和石亨本质上不是一路人，但是在扶持英宗复辟上，两人立场完全一致。

石亨等人谋划夺门之变，告诉了许彬计划，许彬就推荐徐有贞参与谋划，使政变获得成功。

英宗复辟后，升许彬为礼部右侍郎兼翰林院学士，直文渊阁。

不久，许彬和石亨产生矛盾，被一贬再贬，最后辞职而去。

投机家杨善

杨善不是进士出身，按理说，在明代没有机会当上大官。但是，"鱼有鱼路，虾有虾路"，他封伯封侯，巧取功名，靠的就是好口才和政治投机。士大夫还讲究个礼义廉耻，可权力场只讲升上去的强者和爬不动的弱者，只要能爬上去，手段无所不用其极。

既然学历低，就得成为高情商、懂交际的高手。投机家们从小不喜欢读书，最擅长的事就是读社会无字之书，吃喝玩乐，与人打交道，与人博弈。为了生存，他们很懂得修炼自己的情商。而于他们而言，不会有那么多温良恭俭让的束缚，没有道德的约束，他们在有效的社交上更放得开，更毫无顾忌。

刘邦是这样，杨善也是这样。

杨善语言幽默诙谐，对客人很少用庄重的语言，然而气场十足，讨人喜欢。

谁势力大，他就巴结谁。

王振掌权，他巴结王振，谄媚事之。

石亨、曹吉祥势力坐大，杨善又贴上去了。

迎接朱祁镇返回北京，杨善除了对朱祁镇有感情外，政治投机也是一大动因。

石亨、曹吉祥推动朱祁镇复辟，杨善参与了谋划。

于谦、王文被杀，陈循被充军，多是杨善从中作梗。

利己主义者陈汝言

陈汝言，早先是直隶潼关卫的一名没有军籍的军人，在社会上遭遇毒打，因此为人阴险狡诈，善于办奸伪、下流、鄙亵之事，一边混社会，一边发愤读书，寻求做官的机会。

当都御史陈镒镇守陕西道潼关时，陈汝言认定这就是他的贵人，就给陈镒写了一封信，巴结上了陈镒。陈镒将他带到西安，送他在西安府上学，由陕西州县荐举，推动陈汝言成为一名进士。

此后，陈汝言的人生就如同开挂了一般，先升为户部主事，后又升为郎中。

陈汝言一当官，就开始捞钱，勘查灾情、核查盐税，到了哪里就欺压官吏到哪里，巧妙地索取贿赂，心机之巧、手段之高，即使把同事卖了，同事还得帮他数钱。

陈汝言被于谦一路提拔，但很会见风使舵。看到于谦得罪的人太多了，就暗地疏远于谦，转而谄附石亨和曹吉祥，参与他们的政变阴谋策划。

陈汝言亲自参与了夺门之变，将提拔自己的于谦害死。

利己主义者，跟人的亲疏远近，全看别人能否帮助自己擅权。

于谦不徇私情

水至清则无鱼，人至察则无徒。人的命运大体是由个性决定的。

"沧浪之水清兮，可以濯我缨；沧浪之水浊兮，可以濯吾足。"人总得现实一点，社会环境如此，总得去适应它。

然而于谦是个理想主义者，甚至还有些个人英雄主义，性格中缺乏那种政治家大度包容、中庸圆融的品质。他像屈原一样，宁赴湘流，葬于江鱼之腹，而不能以皓皓之白，而蒙世俗之尘埃。

于谦的责任心太强了，管得很细。他总是将不满写在饱经风霜的脸上，写在洋洋洒洒的奏折里，在政治上是个天真无畏、说话无忌的顽童，不是一个工于心计、说话滴水不漏的政治家。

于谦无党无私，心如明月一般。他对任何人都不徇私情，即使自己亲手提拔的人才，如果犯了错误，照样不留情面。他不计较个人得失，名、官、利可以不要，但是理是不得不争论一番的。

于谦说话直来直去，喜欢把某某当斩挂在嘴边上，可是很少真的杀人。无论对方是什么样的身份和背景，他动不动就弹劾别人，而且从来不理会别人的反应，自由地表达他的不满和批评。这些酣畅淋漓的批评，使他看起来不像是一个持重老成的兵部尚书，而像是一名都察院尽职的高官，或者是一名爱挑刺儿的御史。

而那些奸臣，比如王振，把御史们当枪使，弹劾这个弹劾那个，自己往往选择躲在幕后整人。而于谦，却是自己亲自上阵，像堂·吉诃德一般骑着一匹瘦马，向着一切不公、腐败、不尽职的现象发起猛攻。于谦的这些猛攻，就像拳头砸在墙上，反作用力一定会在某个时刻反弹回来。

在他的心里，只有大明社稷，至于大臣的脸面，那不是他考虑的事情。

因此，他的仇敌越来越多。

于谦对自己的个性有清醒的认识，慨叹自己是读书太多、穷困潦倒的腐儒，像大雁一样缥缈，像仙鹤一样孤独，说自己头脑不够聪明，白发越来越多，却天真得像个顽童——

平生糟粕数行书，潦倒真成一腐儒。

天外冥鸿何缥缈，雪中孤鹤太清癯。

聪明不及顽如旧，少壮无能老更迁。

览镜自惊还自叹，又添几缕白髭须。

（于谦《自叹》）

卫颖挨骂

名将范广是于谦的得力助手。陶瑾也是尚书于谦推荐重用的，掌五军大营，进右都督，参与了北京保卫战。但是他们犯错，于谦也绝不姑息。

景泰二年（1451）二月，都督同知（从二品）卫颖、范广、陶瑾，都督佥事郭瑛、张义，在郭瑛及陶瑾家奸宿乐妇，风流快活。事后，都指挥穆晟设宴招待他们，饮酒作乐。在当时，乐妇的地位很低，官员嫖宿她们，属于犯罪行为。

校尉对他们的行为进行监督，向皇帝报告。六科十三道也交章弹劾他们的生活作风问题，但是景帝特命予以宽宥，不予处罚。

但是兵部尚书于谦对此不依不饶，要严肃军纪，再次弹劾卫颖、范广、陶瑾、郭瑛、张义、穆晟等人，骂他们不知廉耻，纵欲败度，要将他们调往边境杀贼赎罪。

这些话一点都不给人面子，如同鞭刑一般抽在他们的背上。

景帝不同意于谦的建议，说，卫颖等人罪行本来难以宽恕，既已宥之，令其改过自新，再犯，必罪不赦。

范广挨了骂，认栽了，不恨于谦，还是跟着于谦干。

但是卫颖就不同了，落得脸面无存，就跟着石亨参与了夺门之变。随后被封为宣城伯，出镇甘肃。石亨获罪被杀后，卫颖因为守边未被清算。

赵荣换岗

赵荣在正统十四年（1449）时是三千营总管，因为本人不到军营操练，士兵军容不整，纪律全无，大声喧哗，行伍错乱，遭到于谦弹劾，请景帝治罪。

景帝命令关押赵荣，以都督佥事孙镗代替他的职位。

后来赵荣自告奋勇作为使臣，积极参与从漠北迎回英宗，受到信任，成为英宗的宠臣，一步步官至工部尚书。

后来，赵荣参与剿杀曹钦叛军也很积极，在工部尚书之外，又兼任大理寺卿。

靖远伯王骥

靖远伯王骥参与了夺门之变，尽管在人群中被人挤倒了，但毕竟也参与了。

王骥为名将，进士出身，宣宗时为兵部尚书，资格比于谦还老。

英宗刚上台，鞑靼人阿台汗、朵儿只伯多次侵犯甘州和凉州，边将屡次失利，于是换上了王骥。

王骥一到边境，先杀人立威。陕西行都司都指挥使安敬第一个倒了霉。都督蒋贵、佥都御史曹翼统兵剿杀胡寇，驻军鱼海子，安敬说，前途无水草，不可再前进，于是大家撤军。都御史等官弹劾蒋贵等怀奸失机，宜治以军法。

英宗命尚书王骥责备蒋贵等死罪罪状，下令将安敬绑到辕门外斩首，杀鸡骇猴。

诸将害怕得浑身发抖。王骥分兵划定守区，让他们各自防御，于是边境安宁。不久，阿台汗再次入侵。

王骥以蒋贵为前锋，而他自己与平羌将军、总兵官任礼率大军随后前进，在石城击败胡虏朵儿只伯，剩下的敌人没有粮食吃，逃窜到兀鲁乃地，依附阿台汗。蒋贵率领轻骑2500人昼夜兼程，追了3个昼夜，追上了敌人，指挥毛哈剌奋勇杀入敌阵，诸将率麾下士兵勇敢作战，擒获敌军左丞脱欢及部属100人，斩首300余人，追杀80余里。阿台汗与朵儿只伯以数骑逃走，再也不敢进犯甘州和凉州。另一支明军由任礼率领到达梧桐林，擒获敌军枢密、知院等官员15人，次日至亦集乃地，又抓获2人，朵儿只伯再次逃走。任礼率领2000名骑兵，追袭500余里，至黑泉而还。平章阿的干率余党来投降。右副总兵、都督赵安等出昌宁，至刁力沟，擒获右丞都达鲁花赤等30人。他们兵出沙漠1000多里，东西夹击，鞑靼的士兵几乎全军覆没，边境遂安。论功，王骥兼任大理寺卿。

王骥3次奉王振之命征讨云南麓川，皆获得胜利，因功劳很大，封为靖远伯。后来被弹劾劳师费财，由于王振的庇护而免罪。

王骥平定湖广、贵州诸苗之乱后，转而任南京总督，去训练南京的军队。

这两个兵部尚书相处得并不融洽。于谦自有团操之法，不看重他的练军之法，而朝廷却以王骥是旧臣而给予礼遇。于谦对王振一党的清洗，也让王骥十分不爽。

朱祁镇被软禁南宫后，当年冬十月，王骥正是守备南宫的负责人，一直到景泰三年（1452）四月才退休。尽管年过古稀，王骥仍然身体健壮，宝刀不老。

王骥同情英宗，参与了石亨、徐有贞等人的复辟计划。

王骥自己上奏，正统十三年（1448）奉命领兵征讨孟养贼子思机发，他的儿子王祥屡有奇功，但是被"奸臣"于谦嫉恨，止升流官指挥金事、锦衣卫带俸。因为于谦没有给他儿子特殊优待，因此王骥从那时起就对于谦有意见，称于谦是"奸臣"。

他自述，天顺元年（1451）正月十七日，他们父子俩随总兵官石亨夺下南门，当时人太多了，他父子俩被挤倒在地，差点被踩死，幸亏为都督刘昱救起。论功没有他儿子，怀疑有人故意屏蔽他的功劳。他希望朱祁镇怜臣孤忠，让王祥世袭。英宗"投桃报李"提拔他儿子当了指挥金事，仍"返聘"退休老人王骥当兵部尚书，管理兵部。

可以说，夺门之变发生前，景帝、于谦、范广一方势单力薄，形式松散，而且毫无防范，对对方的阴谋一无所知。而夺门一方，孙太后兄妹、朱祁镇，武将集团石亨、张轨兄弟、孙镗兄弟、王骥、罗通、兵部郎中陈汝言，文官集团徐有贞、杨善，太监曹吉祥，锦衣卫刘敬、门达、逯呆等人，却是兵强马壮，紧密抱团，暗中积极活动。

景帝孤家寡人，文官集团见风使舵，焉能不败？

于谦得罪人的事情，没法一一列举。参与夺门之变的重要人物还有很多，政变距离发生，只差一个爆点。

景泰八年（1457）正月十二日，朱祁钰照常出巡，到郊外祭祀，住在南郊斋宫。

当天，朱祁钰疾病发作，忽然吐血，躺在床上爬不起来，不能行祭祀礼仪，命武臣总兵官、武清侯石亨代他祭祀。

太医院判董速立即赶过来，与20多名宦官日夜在跟前侍奉。

哪怕凭借现代的医疗技术，也不好判断朱祁钰得的是什么病。

景帝病重，没有引起于谦等人的高度警惕。于谦忧虑的不是政局，而是嗣君问题。他们没想到，这时有人会发动政变，推翻了景帝的统治，将原来的文臣、武将置于死地。这场政变史称"夺门之变"。

英宗这颗定时炸弹，终于在被软禁南宫7年后爆炸。

引爆这颗定时炸弹的正是于谦曾经重用却又得罪的人——徐有贞、石亨、曹吉祥等蛇鼠一窝的小集团。

附录：大事年表

洪武三十一年（1398）五月十三日，于谦出生于杭州。

永乐末年，王振入宫。

宣德二年（1427）十一月十一日，朱祁镇出生。

宣德五年（1430），于谦任兵部右侍郎，巡抚河南、山西。

宣德十年（1435），宣宗驾崩，朱祁镇即位。王振升司礼监掌印太监。

英宗正统四年（1439），脱欢去世，儿子也先即太师位。

正统五年（1440），杨荣去世。

正统六年（1441）十月，三大殿重建竣工，皇宫大筵宴，王振受礼遇。

正统七年（1442），太皇太后张氏去世。

正统九年（1444）三月十四日，杨士奇去世。此前，因为儿子杀人已告老还乡。

正统十一年（1446），杨溥去世。

当年，于谦被王振关进监狱，判处死刑，不久获释，降职任用。

正统十三年（1448），于谦回到北京，任兵部左侍郎。

正统十四年（1449）二月丁巳，邓茂七被杀。

二月己巳，王骥破思机发于金沙江，班师。

二月，也先进贡，赏少，发怒。

七月，也先向北京大举进犯。

七月十六日，英宗亲征也先。

八月十六日，土木堡之变，英宗被俘，王振被杀死。李贤脱难回京。

八月十八日，孙太后命郕王朱祁钰监国。

八月二十二日，孙太后立英宗的儿子、皇长子朱见深为皇太子，时年3岁。郕王为辅助，代总国政。

八月二十三日，于谦等人诛除宦党。

八月二十四日，于谦升兵部尚书，全权负责北京防御。

九月六日，朱祁钰即帝位，为景帝。

十月初一，瓦剌军挟持英宗大举南下。

十月十一日，也先抵达北京城下，于谦迎击于彰义门。

十月十三日，于谦、石亨大败瓦剌军于德胜门外。

十月十五日，也先挟持英宗向紫荆关撤退。

十月二十日，也先遣使进贡，来北京议和。

十一月八日，瓦剌军退出塞外，京师解除戒严。